철학영화제

– 위로의 인문학 –

철학영화제

위로의 인문학

조홍만

소리내

| 저자의 말 |

철학과 함께 있을 때, 철학을 떠나 있을 때

현대 문화의 주류는 영화와 대중음악 그리고 인터넷이다. 그런데 이 같은 문화의 산업화로 인해 거의 모든 사람의 취향이 평균화된 것 같다. 그래서 각 시대의 암묵적인 전제에 의문을 던지는 철학의 정신은 유튜브의 '좋아요'보다 인기가 시들해졌다. 여기 지금의 소비 자본주의 역시 철학의 또 다른 유산인 비판 정신을 마비시킨 채 희소성에서의 자유만을 전방위적으로 홍보할 뿐이다. 조작된 무의식적 욕망과 소비하는 인간의 노예화는 외면한 채 말이다. 이렇게 진실로 생산적인 모든 것은 불쾌감을 유발하기 마련이다. 이것들을 염두에 둘 때 무엇보다도 우리의 시작은 자명한 것으로 확립되어 단단한 권위로 추앙받는 '자연적인 것'이 사실상 변화가 생명인 '역사적인 것'임을 온몸으로 자각하는 데에 있다고 하겠다. 그리스 말에서 '아르케archē'는 '시작'이자 '지배'로 풀이되기 때문이다.

실존의 현란한 카오스 속에서 다시 묻게 된다. 철학은 오늘날 무엇이고, 왜 그것이 필요한가? 플라톤에 따르면, 지혜 사랑으로서 철학은 지혜와 무지 사이에 있다. 철학과 함께 있을 때, 우리는 지혜를 사랑하는 사람으로 살게 된다. 반면에 지혜로운 사람은 이미 지혜롭기에 그리고 무지한 사람은 무지로 인해 양편 모두 지혜로워지려고 하지 않는다. 무엇보다도 지혜롭지 않으면서 지혜가 부족하다고 생각하지 않는 무지한 사람, 즉 철학을 떠나 있는 사람이 되는 것은 전혀 권할 만한 심급이 아니다. 무지는 시대의 통념을 버리고 새로운 사고로 비상하도록 부단히 자극받기에 전혀 적합하지 않은 악덕이기 때문이다.

여기 선정된 영화들이 한물간 작품 같을 수도 있겠지만 실상은 특별한 요소들을 새롭게 발견할 수 있는 현대성이 풍부한 고전들이다. 맛, 음, 색으로 무장한 포스트 신자유주의 체제 하에서 세상을 사랑하는 하나의 방식으로서의 영화와 지혜 사랑의 철학을 씨실과 날실로 직조하는 서술 작업을 통해, 나는 영화 텍스트에 노정된 인간 삶의 조건이나 한국 사회의 이슈를 가능한 한 쉽고 재미있게 철학적으로 분석하고 비판하고자 노력했다. 아무리 그렇다고 해도 일상을 과감한 모험으로 탈영토화하면서 영화 비평의 안목까지 한층 더 고양시키는 지난한 과업은 독자 개인의 몫으로 남을 수밖에 없겠다. 하지만 독자들이 지식이 권력과 공모하여 구조화한 촘촘한 이데올로기적 금지와 명령에 무릎 꿇는 낙타적

인간이 아니라 우연의 주사위 놀이를 즐기며 시공을 넘나들고 새로운 가치를 창조하는 순진무구한 어린아이가 되시길 바라는 마음 간절하다.

책의 얼개는 이렇다. 사랑 3부작을 방불케 하는 제2강-제4강은 각각 사랑의 정치성, 비극성 그리고 불사성을 천착한다. 본격 철학을 다루는 제5강-제10강에서 제5강은 형이상학적 문제인 진짜와 가짜, 제6강은 자유 의지와 운명이 지닌 형이상학과 윤리학의 위상 그리고 제7강은 인식론과 회의주의를 각각 검토한다. 제8강은 변신론과 악의 문제에 대한 중세 철학적 고찰, 제9강은 국가보안법과 소크라테스의 법철학, 제10강은 사회철학의 일환으로 내부고발의 현주소를 소개한다. 제11강은 국가폭력, 제12강은 안락사와 그 대안 그리고 제13강은 사형제 존폐 문제를 인권의 관점에서 되짚어본다. 독자들이 앞서 언급한 주제들을 탐독하는 과정에서 기대하지 않은 심심한 위로를 자주 만나게 되시길 기원한다.

그동안 나에게 배움을 허락해준 분들의 고마운 이름들을 모두 밝힐 수는 없을 것 같다. 다만, 나의 학문 활동과 관련하여 늘 애정 가득한 채근을 아끼지 않으시는 백훈승 교수님과 나쁜 모이라의 눈부신 가치를 가르쳐 주신 법전원 유진식 교수님께 마음 속 깊은 곳으로부터 정말 감사하다는 말씀을 드리고 싶다. 또한 마치 길을 잃은 자가 귀인을 만나 방향을 바꾸듯이, 조언과 격려는 물론이고 세대를 아우르는 책의 제목까지 희사해 주신 송덕호 교수님께도 고마움을 전한다. 출판문화원 남주희 선생님은 교정 작업을 기대와 설렘으로 변화시켜 주었다. 여담이지만, 변호사는 주변 사람에게 도움이 되고, 의사는 배우자에게 유익하고, 교수는 혼자만 좋다고들 한다. 나의 가족들 생각이 궁금하다. 이 책이 대한민국의 불행한 입시 제도가 낳은 '공부-기계' 기술이가 자신의 길을 모색할 때 유용한 지도가 되길 그리고 BTS ARMY 아란에게는 RM의 랩 같기를 소망해 본다. 아내 아토포스 윤정욱은 나를 행복하게 하는 사람이다. 끝으로 한마디 덧붙인다면, 난 운명론자이지만 봄이 오면 씨를 뿌린다.

2019년 제74주년 광복절에

내 마음속, 괴레메Göreme

인천 송도에서

목차

제1강

언젠가 세상은 '철학'이 될 것이다

'천만 관객의 시대'는 영화 관련 담론에서 상투어가 된 지 오래다. 이제 더 이상 영화를 감상하고, 영화에 대해 이야기하거나 글을 쓰고, 심지어 영화를 직접 제작하는 일조차 전문가들만이 누릴 수 있는 특권적인 창작 행위가 아닌 것 같다. 이러한 문화 현상은 현대가 영상 시대이자 디지털 시대이고 그 중심매체인 영화에 대한 관심이 하나의 일상으로 자리 잡았다는 데서 비롯된 것이다. 특히, 활자보다는 그림에 익숙하고 인쇄매체보다 영상매체에 친숙한 세대에게는 영화야말로 활자나 문학 작품에 비해 접근성이나 의미전달 측면에서 훨씬 효과적이라고 판명된 매체이니 말이다.

'영화 보기'에서 '영화 읽기'로의 이행

그런데 영화로 넘쳐나는 영상 시대에 정작 대중의 영화 보기는 온통 소비자본주의의 상업적 코드 속에 회수된 듯하다. '이데올로기적 사회장치'의 하나로서 소비사회의 상업주의에 포박된 영화가 현대 대중문화의 아이콘으로 마냥 소모되고 있어서 하는 말이다. 자본주의 체계 하에서 영화의 상업화가 생산하는 대중의 표준화되고 동질화된 취향의 획일성과 영화 감상의 하향평준화는 호명되고 동원되는 대중의 영화 소비 패턴에서 기인한 결과일 것이다. 보고 잊히는 이 같은 영화 감상의 악순환의 고리를 끊는 방법은 없을까? 한 가지 방법이 '영화 보기'에서 '영화 읽기'로의 전환일 것이다. 여기서 '영화 보기'가 영화를 '즐기는' 것을 뜻한다면, '영화 읽기'는 영화를 '공부하는' 것을 말한다.

'세속적인 너무나 세속적인' 영화를 즐기는 것에서 영화를 공부하는 것으로 이행해야 하는 몇 가지 이유를 우리는 영화와 소설의 유사점들에서 찾을 수 있다. 풀어서 말하자면, 영화와 소설은 모두 혼종성, 이야기(서사), '눈으로 본다'는 시각성 그리고 사실과 환상이란 요소들까지 두루 갖추고 있다. 무엇보다도 영화와 소설의 첫 번째 공통점은 둘 다 혼종성의 장르라는 것이다. 자본주의의 정착과 함께 시민계급의 삶과 욕망을 담아내는 장르로 새롭게 등장한 소설은 변화하는 현실을 따라잡기 위해 시민사회의 다채로운 모습을 포착하려는 포식성을 주요 특징으로 갖고 있다. 영화 역시 예술과 문학, 기술 등의 여러 요소를 블랙홀처럼 빨아들이면서 현대세계의 모습을 스크린에 담아왔다.

다음으로 영화와 소설은 '이야기', 즉 서사를 담고 있다. 그런데 독해의 대상인 서사가 각각 활자와 영상이라는 차이점에도 불구하고, 소설은 활자로 보고, 영화는 영상으로 본다는 '시각성'을 공통적으로 갖고 있다. 게다가 '시각성'에는 '읽는다'는 의미가 내포되어 있기 때문에, 활자를 읽는 문학처럼 영화도 영상을 읽어야 한다는 점, 즉 적어도 읽는 행위에 있어서는 다르지 않은 것이다. 영화의 영상도 이미지화된 문자로서 판독의 대상이기 때문이다. 끝으로, 영화의 변천사를 훑어보면, 영화와 소설은 리얼리즘에 기원을 두고 있다. 경제적·시간적 여유를 확보한 중산계급의 부상으로 소설이 등장했다면, 시기적으로 이보다 늦은 영화에는 리얼리즘 소설처럼 사실과 환상의 두 가지 요소가 들어 있다. 가령, 사실의 기록, 즉 기록 영화로서의 사실주의(Realism)와 관련해서 뤼미에르 형제는 1895년 세계 최초의 영화 〈공장에서 퇴근하는 노동자들〉을 그리고 〈열차의 도착〉을 대중 관객에게 유료로 상영했다. 이와 달리, 1902년 조르주 멜리에스는 〈달세계 여행〉을 통해 영화의 상상력을 최대로 표현하는 형식주의(Formalism)의 사조를 열었는데, 소설도 이와 비슷한 양상을 띠고 있다는 것이다.

그런데 '영화 읽기'로 전환하기 위해서는 영화에 대한 몇 가지 기본 소양도 필요하다. 영화 분석 작업에서는 영화의 내용(플롯과 인물 등), 영화 매체의 표현 특성과 기법 그리고 영화의 산업적 측면을 포함한 영화의 사회적 역할(마케팅, 자본, 검열과 같은 사회적 관계) 등이 다각도로 논의돼야 한다. 또한 영화가 전달하고자 하는 내용, 즉 이야기를 좀 더 명확하게 이해하기 위해서는 영화 구문법의 형식적인 구성요소인 기술적 특성도 함께 알아둬야 한다. 예컨대, 프레임, 테이크, 숏, 프레이밍 그리고 촬영 기법으로는 카메라 이동(팬 쇼트, 익스트림 롱 쇼트, 미디엄 쇼트, 틸트 쇼트), 카메라 촬영 각도(부감촬영, 앙각촬영, 평각촬영), 조명 및 색채 등이 있고, 미장센(Mise en scene)에 대한 이해는 작가주의 이론에서 필수적이다. 특히, 미장센은 희곡에서 유래한 용어로, '장면 안으로 집어넣기(putting into scene)', '연출하기' 또는 '장면화' 등으로 해석되는데, 영화의 틀 안에 배치되는 요소에 대한 감독의 조절력인 미장센은 어떻게 연출하느냐에 따라 메시지가 많이 달라진다.

'관객'에서 '수용자'로의 전환

'영화 보기'에서 '영화 읽기'로의 이행이 성공적으로 이뤄지면, '관객(spectator)' 또한 '수용자(audience)'로 바뀌게 된다. 여기서

'관객' 또는 '구경꾼'은 영화 관람 행위에 대한 이론으로 '관음증(voyeurism)' 개념과 밀접하게 관련되어 있다. 영화 화면은 '창문'이고, 영화 감상은 어두운 객석에서 몸을 숨기고 밝은 방을 엿보는 행위(peeping)와 유사하기 때문이다. 그런데 현대 사회에서 관객들은 현실 생활 속에서 얻은 경험을 바탕으로 영화를 하나의 텍스트로 간주하는 적극적인 해석자로 등장하고 있다. '수용자'라는 용어는 이러한 능동적인 관객의 지위를 특정하기 위해 사용하는 표현이다. 수용자는 자신의 경험을 영화 속 세계에 투영하고 영화에서 얻어진 경험을 다시 자신의 일상적인 삶 속으로 투영하는 과정을 끝없이 반복한다. 요컨대, 장면 하나 하나에 노정된 감독의 의도를 예측하는 지난한 '영화 읽기' 훈련을 거치고 나면 '수용자'의 삶을 살게 된다고 말할 수 있다.

영화로 철학하기

들뢰즈는 이렇게 말했다. "언젠가 세상은 영화가 될 것이다." 영화에 대한 애정이 남다른 사람들은 촌철살인의 이 유명한 말을 곱씹으며 그 의미화 실천을 나름대로 실감하며 살아가게 마련이다. 세상은 영화보다 더 영화 같으니까. 그런데 들뢰즈의 이 표제어를 기리면서 '영화'란 낱말을 홑 따옴표를 붙인 철학으로 바꾼 "언젠가 세상은 '철학'이 될 것이다."는 다음과 같은 명증한 속내를 드러내려는 것이다. 세상을 사랑하는 하나의 방법인 영화를 통해 세상을 사랑하는 또 다른 방법인 철학적 사유를 펼쳐 나가자는 것이다. 간단히 말해서, '영화로 철학하기'랄까.

철학적 사유의 근육

'철학'은 세계와 인간에 관한 정보로서의 지식의 축적이나 무엇을 생산할 수 있는 기술의 연마가 아니라, 우리가 일상적으로 믿고 있던 모든 것에 대해 반성적 물음을 궁구하고 거기서 '경이驚異'를 발견하고 그 경이를 풀기 위한 논리적 사유를 추구하는 능력의 행사를 말한다. 그런데 초심자가 철학에 접근하는 방법은 대체로 두 가지, 즉 '철학사'와 '철학개론'을 통해서다. 전자는 시간의 축에 따라 여러 철학자들의 다양한 이론과 그것의 인과적 관계를 통시적通時的 서술 형태로 제시하는 '역사 중심적인 철학'이고, 후자는 철학적인 문제들의 논리적 분류와 그러한 문제들에 대한 다양한 철학적 대답을 공시적共時的 분석, 비판 및 평가에 초점을 맞추고 있는 '문제 중심적인 철학'이다.

그러면 철학사와 철학개론은 참된 철학인가? 철학의 본령은 끊임없는 경이와 물음이지 대답이 아니다. 그래서 과거 철학자들의 철학적 사유에 관한 것이지만 하나의 역사라는 점에서 철학적 지식에 불과한 철학사는 철학적 사유라고 할 수 없다. 다른 한편으로 통시적인 차원에서 과거에 있었던 철학의 근본 문제들과 그것들에 대한 각각의 대답들 및 그러한 것들 간의 논리적 관계에 대한 명석한 정보와 지식이기 때문에, 철학개론도 철학적 사유로 볼 수 없기는 마찬가지다. '지식'은 객관화할 수 있는 정보의 소유인 반면에, '사유'는 오로지 한 주체의 실존적 경험에 기초한 경이를 그 자신의 자율적 행위로 규정할 수 있기 때문이다.

철학은 안에서 밖으로 그리고 밖에서 안으로 종횡무진하며 현실을 비판적으로 성찰할 수 있는 낯섦과 차이를 제공하려는 학문이다. 그러므로 철학은 맛, 음, 색의 신자유주의적 체계가 당연한 것으로 가정하여 의문의 밖에 놓는 체계적인 신화, 즉 거짓 자명함에 이의를 제기할 뿐만 아니라 이미 논의가 끝난 낡은 대답보다는 열려 있고 도전적인 새로운 물음에 더 큰 가치를 부여하려는 인문정신이다. 우리는 일상사가 지니고 있는 이들 신화에 도전하는 영화들을 통해 생생하고 심오한 철학적 사유를 체득할 수 있고, 바로 이 점에서 철학과 영화의 상보적인 교육적 관계도 명증하게 해명될 수 있다.

'영화로 철학하기'는 영화에 재현된 각종 사회적 이슈들에 접근하여 철학적 사유의 근육을 키움으로써 스스로 철학자가 되어가는 평생학습의 일환이다. 근육에도 '보기 좋은 근육'이 있고, 진짜

'힘을 쓰기에 좋은 근육'이 따로 있다. 보는 관점에 따라 다르겠지만, 보기 좋은 근육은 스테로이드와 같은 약물에 의지해 건강을 심각하게 해치면서 얻어지지만, 힘을 쓰기 좋은 근육은 단계적으로 무게를 늘려가며 정직하게 운동함으로써 만들어진다. 근육의 쓸모가 중력을 거스르는 데에 있듯이, 철학적 사유의 근육은 현실의 거짓된 자연스러움에 대항하는 데서 그 진가가 드러난다. 사회적 '합의'에 의문을 제기하고 자연스러운 현실을 낯설게 만드는 철학함의 일상은 힘을 쓰기 좋은 근육을 만드는 방법과 다르지 않다. 결국 "언젠가 세상은 영화가 그리고 '철학'이 될 것이다."

생각해 보기

롤랑 바르트는 『현대의 신화』 서문에서 다음과 같이 말했다. "이러한 고찰이 시작되게 된 것은 대개의 경우, 우리가 살고 있는 이 현실만 보아도 알 수 있는 바, 현실이란 완벽히 역사적인 것임에도 불구하고, 저널리즘·예술·상식 등에 의해 자연스러운 것, 본래적인 것으로 둔갑해 버리는 현상, 즉 현실의 거짓된 자연스러움이 참을 수 없이 느껴져서였다." 한국 사회의 거짓된 자연스러움들을 찾아 비판해보자.

제2강

가면의 사랑

자아 동일성: '되기'와 '이기'의 간극

"당신은 다른 누군가가 되고 싶은가?" 또 하나의 질문으로 이에 대한 답변을 대신하고자 한다. 그럼 당신은 왜 그토록 혹독한 다이어트를 견뎌내고 나아가 남들 모두가 선망하는 사회적으로 성공한 리더가 되려 하는가? 우리는 대개 아름다운 외모에 넋을 잃고 돈 많은 부자를 존경한다. 그런데 스파이크 존즈Spike Jonze 감독의 〈존 말코비치 되기〉(Being John Malkovich, 1999)를 감상하고 나면 잠시 멈춰서 좀 더 진지하게 생각하게 될지도 모른다. '다른 사람이 된다는 것'의 철학적 의미를.

열정과 재능에 비해 돈 벌이가 신통치 않았던 인형술사 크랙(존 쿠삭 분)은 무직유업의 난관을 타개하려고 머틴 플레머 빌딩의 7층과 8층 사이, 즉 7과 1/2층에 위치한 레스터 사社에서 서류 정리 사원으로 일하게 된다. 구직 결정은 애정 결핍으로 동물에 집착하는 아내 라티(카메론 디아즈 분)의 조언에 따른 것이었지만, 첫날부터 크랙은 일은 뒷전인 채 성적으로 솔직한 직장 동료 맥신(캐서린 키너 분)에게 매료되고 만다. 그러나 맥신은 정작 그의 관심에 시큰둥할 뿐이다. 그런데 크랙이 우연히 사무실 벽에서 영화배우 '존 말코비치'의 뇌와 연결된 입구를 발견하자 맥신은 비로소 사업을 제안하며 그를 연인으로 인정하려는 것처럼 행동한다.

200달러에 15분간 만인이 선망하는 인물인 존 말코비치 되기라는 그야말로 영화에서나 가능할 법한 체험도, 수확 가속의 법칙에 따른 기술의 진화가 특이점을 향해 가고 있는 바야흐로 '제4차 산업혁명의 시대'가 성숙한다면 언젠가 현실이 될지도 모를 일이다. 어쨌든 처음에는 수입도 짭짤하고 '다른 사람 되기' 사업이 순항하는 듯 보이지만, 아무런 동의도 없이 자신의 뇌를 점령당한 존 말코비치가 사업 중단을 요구하고 나서면서 점차 또 다른 영화적 상상력이 가미된다고 암시하는 정도면 당장은 충분하겠다.

이쯤에서 사실 잠시 우리가 눈여겨봐야 할 것은 영화 제목이다. "존 말코비치 되기"로 번역이 되었지만 직역하면 "존 말코비치 이기(Being John Malkovich)"가 맞기 때문이다. 영화에 깊이 있게 접근하는 데서도 중요한 길잡이인 제목 번역은 초보적인 실수가 아닌 분명한 의도였겠지만, 결국 '되기'와 '이기'의 철학적 의미 규정을 잘 살리지 못한 결과를 낳고 말았다. 그래서 다음 질문을 통해 이 중대한 문제에 다가가 볼 필요가 있는 것이다. 존 말코비치가 '되기'나 존 말코비치 '이기' 중 어느 쪽이 더 어려울까?

> 실은 훌륭한 사람이 되기(genesthai)가 참으로 어렵지만, 적어도 얼마 동안은 가능하다고, 그러나 훌륭한 사람이 되어, 이 상태에 지속적으로 머물며 훌륭한 사람이기(einai)는, 피타코스님, 당신께서 말씀하시듯, 불가능하며 인간이 바랄 것이 아니고, 신만이 이 특권을 가질 수 있을 것이라는 겁니다.(『프로타고라스』 344b-c)

길게 줄지어 선 이들처럼 어느 정도의 비용과 시간을 감당할 수 있다면, 때때로 존 말코비치가 '되는' 일은 크게 어렵지 않을 것이다. 그러나 아예 존 말코비치로 존속하는 것, 즉 존 말코비치 '이기'는 인간의 능력 밖의 일로 이는 불가능하다. 따라서 이 둘의 근본적인 차이를 제대로 파악하지 못한다면, 우리는 크랙이 존 말코비치가 되는 데 성공했는지 여부를 답하기 곤란하게 되거나 잘못된 대답을 할 수밖에 없다. 이 대목에서 우리는 참신한 영화적 상상력을 동원하여 영생을 위해 존 말코비치의 몸에 들어간다는 설정에 주목할 필요가 있다. 불멸을 꿈꾸는 레스터 박사와 그 일행은 맥신을 납치해 크랙을 협박하는데, 인형술사의 장점을 살려

존 말코비치의 몸을 거의 완벽하게 조종하게 된 크랙을 존 말코비치에게서 나오게 해야 했기 때문이다.

같은 맥락에서 크랙이 햄릿처럼 중대한 선택을 앞두고 들어간 술집에서 발생한 몸싸움은 왜 일어났을까? 이 난투극의 원인은 겉모습이나 감각 지각은 존 말코비치의 것이었지만 의식이나 기억은 크랙의 것이었다는 데에 있다. 술집 소동 후 만신창이가 된 크랙은 맥신을 위해 레스터 박사의 요구에 응한다. 이때 잠시 동안이지만 의식이 돌아와 자유를 찾게 된 걸 기뻐하는 존 말코비치의 회한을 통해서도, 우리는 크랙의 목각 인형 같았던 그였지만 잠재의식은 원래 존 말코비치 자신의 것이었음을 짐작할 수 있다.

다른 한편으로, 크랙과 존 말코비치가 동일 인물인지에 관한 논란은 '자아 동일성의 문제'로 접근해 볼 수도 있다. 여기서는 개인의 정체성, 즉 나를 나로 만들고, 나를 나이게 하는 것이 무엇인지를 『향연』의 소크라테스-디오티마의 논변에서 살펴보자. 디오티마는 몸 전체에 있어서 머리카락, 살, 뼈, 피 등의 지속적인 상실을 말한 다음 인간의 영혼으로 옮아간 뒤, 몸에서처럼 영혼에서도 어떤 것들은 동일한 것으로 있지 않고 생성하고 소멸한다고 말한다(207d6-7). 이것은 몸과 마찬가지로 영혼도 유전流轉 상태, 즉 과정적(processive) 상태에 놓여 있다는 것을 뜻한다.

특기할 점은 디오티마가 영혼에 있어서는 상실과 회복을 둘 다 말하지만, 몸과 관련해서는 상실만 말할 뿐 회복을 말하지 않는다는 것이다. 풀어서 말하자면, 이것은 몸의 차원에서 지속적인 정체성은 환상에 불과하지만, 영혼에 있어서 성격, 성품, 의견, 욕망, 쾌락, 고통, 두려움 등의 생성과 소멸은 인간이 일시적으로라도 향유할 수 있는 자아 동일성의 근거라는 말이다. 예컨대, 세포가 붕괴되면 새로운 세포가 생겨나지만, 피타고라스의 정리는 동일한 피타고라스의 정리로 지속되는 것이다.

> 연습한다고 우리가 부르는 것도 앎이 우리에게서 떠나가기 때문에 있는 것이니까요. 망각(lēthē)은 앎이 빠져나가는 것인데, 연습(meletē)은 떠나가는 기억 대신에 새로운 기억을 다시 만들어 넣어 줌으로써, 같은 앎으로 보일 정도로 앎을 보존하니까요.(208a3-7)

인간적 인식의 가변성은 인식 대상보다는 인식 주체의 조건에 의존적이다. 연구 자체가 학문이 우리에게서 빠져 나간다는 근거에서 성립되는 지적 행위이고, 망각은 학문의 출구인 반면에 기억은 떠나는 것을 대체하는 행위이다. 결국 우리가 아는 것은 우리가 안다는 사실만큼이나 일시적인 것이라고 해도, 피와 뼈의 경우에는 회복되는 것이 동일하지 않지만, 학문의 경우에는 변화에도 불구하고 지속성이 들어 있어서 동일한 것이 지속된다고 할 수 있다. 이렇게 되면 자아 동일성의 적절한 토대가 몸보다는 영혼인 이상, 우리는 크랙과 존 말코비치를 동일인으로 간주할 수 없게 된다.

—

이 시대의 사랑

크랙, 라티 그리고 맥신의 애정 관계는 구조나 내용면에서 신자유주의 시대에 시사하는 바가 크다. 라티와 크랙은 부부이지만 둘 다 맥신을 사랑하고 있어서 특이한 삼각관계를 형성하고 있다. 게다가 맥신은 있는 그대로의 여성으로서의 라티가 아니라 남성성과 여성성이 한 몸에 구현된, 즉 라티가 존 말코비치 안에 있을 때 그리고 그럴 때에만 라티를 사랑한다. 반면에 크랙은 아내 말고 맥신에게 푹 빠져있고 그녀의 관심을 전혀 받지 못하지만 그나마도 둘이 함께 있을 수 있다는 이유에서인지 동업자 관계에 만족하고 있는 것 같다. 그러나 결국 크랙은 라티와 맥신 모두에게 버림받고 그 둘의 애정 행각에 분노한 나머지 라티를 감금하고는 존 말코비치 안으로 들어가 라티인양 맥신과 사랑을 나눈다. 얼마안가 전말이 밝혀지지만, 맥신은 라티를 버려둔 채 존 말코비치 안의 크랙과 더 큰 사업을 구상할 뿐이다.

앞서 언급한 이 기이한 애정의 삼각관계는 무엇을 상징하는 것일까? 이왕이면 이들의 애정 관계를 자본주의 자유시장경제의 관점에서 들여다보면 어떨까? 요컨대, 아마도 맥신은 남성의 돈 버는 능력과 여성의 성적 매력을 체계적으로 착취하는 자본주의 사회를 상징적으로 닮아 있는 것 같다. 우선 라티는 성전환 수술을 심각하게 고려하는 모습을 통해 성 정체성의 혼란을 겪고 있고 그만큼 자신의 성 정체성에 대한 뚜렷한 입장을 갖고 있지 못했다는 점이 부각되고 있다. 달리 보면 이것은 맥신과의 관계에서 라티가 여성으로서 있는 그대로의 모습을 거부당하면서도 존 말코비치라는 남성적 코드로 사회화된 자본 시장에 수용되고서야 그나마 성적 착취의 대상이 될 수 있다는 여성의 사회적 성性의 이중 구속 상태를 웅변하고 있는 것만 같다.

비근한 예가 '성형 수술'일 것이다. 좀 비틀어서 말하자면, 대한민국은 명실 공히 성형공화국이다. 한국 사회에서 성형은 단순한 얼굴 미용을 넘어선 자기 개조, 나아가 열등감을 치유하고 삶에 자신감과 활력을 불어넣는 '셀프 리더십'의 차원으로 진화한 지 오래다. 알고 보면, '취업 9종 세트'의 대미를 장식하고 있는 것도 성형수술이다. 스펙으로 과열된 취업 시장에서 '외모는 경쟁력'이라는 성형시장의 뿌리치기 힘든 유혹은 성의 상품화와 사회적 공모 관계를 확연히 드러내고 있는 것이다.

다른 한편으로, 맥신에게 크랙은 일차적으로 돈 버는 능력을 착취당할 뿐만 아니라 부수적으로는 성적인 착취의 대상으로 전락되었음을 알 수 있다. 여성도 예외일 수 없겠지만, 결혼 시장에서 경제 능력에 대한 기대는 대체로 남성에게 향해진다. 맥신이 크랙과의 관계를 새로운 국면으로 전환시켰던 계기도 따지고 보면 존 말코비치의 뇌로 가는 통로의 최초 발견자가 크랙이라는 사실과 그녀가 상업적 가치를 간파했기 때문이다. 배우의 길을 뒤로 하고 인형술사로 직업을 변경한 것도 맥신의 제안에 따른 것이 아닌가. 게다가 어차피 그게 누가됐든 둘이 한 몸으로 구현되어야 만족하는 성적 취향을 갖고 있는 이상, 맥신은 꿩도 먹고 알도 먹게 됐으니 라티의 사후 보고에 크게 신경 쓸 필요가 없었을 것이다.

그런데 이들의 자본주의적 사랑 관계가 최근 논란이 된 '사랑의 종말'과 궤를 같이 하고 있다는 데에 문제의 심각성이 놓여 있다. 달콤한 사랑을 향유하는 연인에게 사랑이 죽었거나 적어도 죽어가고 있다는 경고 표지는 그야말로 기우일 수 있을 것이다. 하지만 사랑 관계를 대표하는 청춘들이 신자유주의 치하에서 감행하는 이 시대의 사랑을 톺아보면, 청춘의 사랑은 위협받고 있거나 좀 극단적으로 말하자면 일찌감치 사망이 선고됐다고 해도 과장이 아닐지 모른다. 언제나 찬란할 줄 알았던 사랑이 왜 이러한 최후를 맞게 됐단 말인가? 다음의 질문에서 그 해답을 구해볼 수 있을 것이다. 신자유주의의 노동의 유연화, 아니 '실업의 유연화'가 초래한 불완전한 노동과 불투명한 미래는 오랜 시간 인간 사이의 친밀성과 유대감에 토대를 두고 성장하는 사랑 관계와 양립할 수 있을까?

—

연인 군대

사랑에 관한 신자유주의적 살풍경에 대한 철학적 분석은 플라톤의 소크라테스에게서 찾아질 수 있다. 이것은 결코 우스갯소리(geloia)가 아닌데, "사랑밖엔 난 몰라"라고 공언했던 최초의 철학자가 소크라테스이다. 이에 대한 자세한 논의는 "제4강 소년애와 철학"에서 전개될 것이기 때문에, 여기서는 그 대강만 정리하고 넘어가겠다. 소크라테스는 가장 현명한 사람은 자신의 무지에 대해 아는 사람이라면서 일평생에 걸쳐 무지無知의 지知를 역설했던 철학자이다. 그런데 이런 소크라테스가 정작 자신이 아는 것이라고는 단지 "사랑에 관한 일들"(ta erōtika, 『향연』 177d)이라고 그것도 아테네의 내로라하는 지성인들 앞에서 고백했으니 하는 말이다. 더군다나 그가 그런 주장을 반복적으로 되풀이하고 있다는 점에도 유념한다면, 사랑에 관한 소크라테스의 지혜를 탐구하는 과업은 우리에게는 일종의 의무와도 같다고 할 수 있겠다.

사랑 예찬론이 펼쳐지는 『향연』에서 첫 번째 연설자로 나서게 된 파이드로스는 사랑하는 사람과 사랑받는 사람으로 연합된 '연인 군대'에 대해 이야기한다.

그런데 우리를 훌륭한 삶으로 인도해줄 이 원리는 무엇이겠는가? 그것은 비천한 사람들에 있어서는 염치이고, 훌륭한 사람들에게는 명예로움이 아니겠나? 왜냐하면 이러한 염치나 명예로움 없이는 어떤 국가나 개인도 위대하고 훌륭한 업적을 남길 수 없을 것이니 말일세. 내가 말하고자 하는 것은, 만약에 누군가를 사랑하는 사람이 어떤 수치스러운 행동을 했거나 다른 사람한테서 수치스러운 일을 당하고도 용기가 없어서 자기 방어조차 못한 사실이 명백하게 밝혀졌을 때, 그리고 그 사실이 아버지나 친구 또는 그 외의 어떤 사람에게 보여지는 것보다 자신의 연인에게 보여질 때, 그 사람은 가장 커다란 고통을 느끼게 될 것이란 말일세. 이와 마찬가지로 사랑을 받는 사람도 그가 어떤 수치스러운 일을 저질렀음이 밝혀졌을 때, 그것도 특히 자기를 사랑하는 사람 앞에서 밝혀졌을 때 더 큰 수치심을 느끼게 되지 않겠나? 그러므로 만약에 어떤 방법을 써서 사랑하는 사람과 사랑받는 사람들로만 이루어진 나라나 군대를 만들 수만 있다면, 그보다 더 이상적인 나라나 군대는 없을 것이네. 왜냐하면 나라나 군대가 그렇게 조직되었을 때만 사람들은 모든 수치스러운 행동들을 멀리하고, 서로가 경쟁적으로 훌륭한 일을 실천하려고 들 것이기 때문이지! 그렇게 서로 협력하여 함께 싸우면, 그들의 숫자가 아무리 적어도 모든 적에게 승리를 거둘 것일세! 사실 사랑을 하고 있는 사람은 자기가 전열을 이탈하거나 무기를 내던지고 도망가는 모습이 다른 어떤 사람에게 보여지는 것보다 자신의 연인에게 보여지는 것을 훨씬 더 견딜 수 없어 하기 때문에, 만약에 그러한 일이 일어난다면, 대부분 죽음을 선택할 것이네! 하물며 사랑하는 사람을 전쟁터에 혼자 남겨두고 떠난다거나, 그가 위험에 처했을 때 그를 도와주지 않을 정도로 형편없는 사람이 어디 있겠는가? 왜냐하면 사랑의 신은 사랑을 하고 있는 사람을 모두, **선천적으로 탁월한 사람**과 비슷할 정도로, 마치 신들린 사람처럼 용감하게 만들어줄 것이기 때문이지. 정말로 신은 어떤 영웅들에게 용기를 불어넣어 주었다고 호메로스가 이야기한 것과 같이, 에로스는 사랑하고 있는 사람들 스스로에게서 용기가 생겨나도록 만들어준다네. (178d5-179b1) (강조는 저자).

인류학자 미드Mead와 베네딕트Benedict의 영향을 받은 에릭 R. 도즈는 최초로 고대 그리스 문화를 죄 문화(guilt-culture)가 아닌 수치 문화(shame-culture)로 규정한다. 행위의 기준이 '양심'인 죄책 문화와 달리, 수치 문화는 남이 나를 어떻게 보느냐에 따라 행위 양태가 결정되기 때문에 타인의 이목耳目이 절대적이다. 물론 문화 현상 안에는 사실상 수치 문화와 죄책 문화 양 측면이 모두 들어 있을 뿐 아니라 두 문화가 복잡하게 얽혀서 영향을 주고받는다는 점을 감안할 때, 호메로스의 영웅시대를 수치 문화가 아니라 '수치 중심 문화(shame-centered culture)'로 보는 편이 좀 더 타당하다.

방금 읽은 파이드로스의 연설 바로 앞 구절에도 수치 중심 문화의 근간을 이루는 두 가지 핵심 원리인 수치(aidōs)와 명예(timē)가 언급되어 있다. 이를 바탕으로 그는 덕(aretē)인 용기(andreia)를 사랑(erōs)이 산출한다는 것에 근거하여, 가장 강력한 군대가 연인으로 이뤄진 군대일 것이라고 논증한다. 실제로 기원전 379/8년경 테바이의 장수 고르기데스Gorgides가 남성 커플 150쌍으로 창군한 '신성부대(Hieros Lochos; Sacred Band)'가 있었고 기원전 338년 소탕되기까지 불패 신화를 쓴 것으로 전해지고 있다(크세노폰, 『향연』 8.32-35).

그렇다면 파이드로스의 연인 군대가 본래부터 안고 있는 치명적인 약점은 무엇일까? 과연 연인 군대는 연인들이 서로 보고 있지 않을 때도 서로 보고 있을 때와 마찬가지로 용맹을 떨칠 수 있을까? 연인의 시선의 유무에 좌우되는 용기가 특징인 연인 군대는 나면서부터 최고로 용맹한 사람들로 이뤄진 군대를 대적해서 승리를 거둘 수 있을까? 그리스의 장군 크세노폰도 이러한 진지한 의문들을 대충 넘길 수는 없었던 모양이다.

8.34 그럼에도 불구하고 파우사니아스는 테베 사람들과 엘리스 사람들도 위와 같은 정책을 사용했음을 자신의 주장에 대한 증거로 끌어 들였습니다. 파우사니아스의 말에 따르면, 그들은 사랑하는 이들과 동침했지만, 사랑하는 소년들을 전쟁터에서 나란히 싸우도록 했습니다. 하지만 이것은 잘못된 비유입니다. 왜냐하면 그 사람들에게는 이런 풍습이 합법적일지 모르지만, 우리는 이런 일이 수치스럽기 짝이 없다고 여기기 때문입니다. 제가 생각하기에는, 자신이 사랑하는 이들을 전쟁터에서 나란히 싸우도록 명령하는 사람들은 연인들이 따로 떨어져 있게 될 경우 용맹스런 사람들의 임무를 완수하지 못하지 않을까 의심하는 것입니다.

8.35 반면 라케다이몬인들은 만약 어떤 사람이 육체적 욕망을 느낀다면 이 사람은 훌륭하고 선할 수 없다고 믿기 때문에, 그들이 사랑하는 사람들을 완전히 용감히 만들어서, 사랑하는 사람들이 이방인들과 함께 정렬해서 연인과 같은 장소에 배치되어 있지 않을 경우라도, (연인과 더불어 싸울 때와) 마찬가지로 동료를 버리는 일을 수치스럽게 생각하는 것이지요. 왜냐하면 라케다이몬인들이 섬기는 신은 뻔뻔함의 여신이 아니라 부끄러움의 여신이기 때문입니다.

> 제가 생각하기로는, 만약 다음과 같은 방식으로 문제에 접근할 경우, 제가 말하는 것에 관해서 우리 모두가 동의에 이를 수 있을 듯합니다. (크세노폰, 『향연』) (강조는 저자)

수치 중심 문화의 견지에서라면 사랑 관계에서 내면보다 겉으로 드러나 보이는 것을 더 가치 있게 생각한다는 것은 파이드로스에게는 일견 타당해 보인다. 그러나 연인들은 자신에 대한 의미 규정의 힘을 자기 자신에게 두어야 하는 인간적인 역량으로서의 덕인 용기를 연인이 보고 있는지 여부, 즉 타자의 시선에 맡기는 도덕적 무능에 노출될 수밖에 없는 것이다. 아무도 실제로 상대방이 원하는 것을 알 수 없고, 또한 각자가 상대방을 알 수 없기 때문에, 각자는 사회적으로 요구되는 인습, 특히 여기서는 수치와 명예의 견지에서 상대방이 원한다고 자신이 간주하는 관습으로 나아가게 된다. 이런 상호인식의 괴리 상황에서 서로 친밀한 관계를 의미하는 사랑 관계가 가능할 수 있을까?

가면의 사랑

이를 좀 더 고찰해보면, 연인들이 상대방이 원한다고 각자가 믿는다는 것을 핑계로 해서 현재의 자신들에게 사회적 '가면

(persona)'을 착용하게 한다는 것을 알 수 있다. 물적 개념인 '스펙'이 인적 개념으로 활용되고 스펙의 성별 경계조차 모호해졌다는 것을 감안한다고 해도, 한국 사회의 88만원 세대에게 강요되고 있는 이 시대의 가면은 남성에게는 돈 버는 능력이고 여성에게는 빼어난 외모라고 잘라 말할 수 있겠다. 스펙 쌓기에 목을 매는 사회, 성형중독과 부작용으로 몸살을 앓고 있는 이 사회의 청춘들이 사회적 가면들 배후의 인간 개별자들을 만나기는 갈수록 어렵고, 결과적으로 상호간에 춤추고 있는 가면무도회의 가면들로 전락해 가고 있는 것은 아닐까. 상대방의 사회적 겉모습을 넘어설 수 없다면, 인격체로서 상호간의 탐구에 토대를 둔 좀 더 내밀한 사랑 관계는 불가능하기 때문이다.

안타깝게도 두 사람 각각은 상대방이 자신의 내면 때문에 자신을 사랑하기를 원하면서도 동시에 사랑을 획득하려는 노력에서 친밀한 사랑 관계를 원천적으로 가로막는 구조적인 비극에 포박되어 있다. 가령, '갑'이 '을'을 유혹하기 위해 가면을 착용하고 그래서 '을'이 유혹된다고 가정해보자. 그러나 '을'이 유혹된 것은 '갑'이 아니라 '갑'이 착용하고 있던 가면이다. 결국 '갑'은 사랑받고자 하는 자신의 욕망을 실현시키는 데 실패한 것이다. 게다가 그나마 획득된 작은 것을 상실하지나 않을까 하는 두려움 때문에 '갑'은 감히 가면을 벗어 놓지도 못한다.

가면의 메커니즘

그렇다면 '가면'이 하는 사랑이 왜 불완전하고 실패로 귀결될 수밖에 없는지를 '가면의 메커니즘'을 분석하며 고찰해보자. '가면의 메커니즘'은 풀어서 말하자면 자기기만의 구조를 닮아 있다. 무엇보다도 '자기기만'은 전혀 녹록한 개념이 아니다. 이 개념이 위선이나 허영을 그것의 존립 조건으로 갖고 있어서 하는 말이다. 모호한 개념인 '기만'은 기만당하는 대상이 기만 행위를 간파하지 못하는 데서 목적을 이루고, 따라서 속이는 자와 속는 자가 같지 않다. 그런데 '자기기만'은 자기 자신이 속는 자도 되고 속이는 자도 되는 특수한 조건 속에서만 성립한다. 이러한 자기기만의 특성을 '화장(cosmetic)'의 예를 통해 좀 더 면밀하게 살펴보자. 사실 영어 단어 'cosmetic'은 피타고라스가 처음 사용한 그리스어 'kosmos'에서 유래했다. 이 말은 '질서'의 뜻도 갖고 있는데, 결국 화장한다는 것이 얼굴을 형성하고 있는 눈이나 코 등 구성 요소들의 질서를 잡아주는 것임을 짐작하게 해주는 낱말이다.

그래서 화장 전후를 비교해보면, 화장하는 사람은 자신의 타고난 얼굴을 있는 그대로 긍정하기보다는 '이 맨 얼굴은 나의 것이 아니다'라며 화장 전(before) 자신의 민낯을 부정한다. 그런데 이 자기부정 행위는 곧 자기기만 행위이기도 한데, 왜냐하면 이러한 형식적 부정을 하면서도 역설적으로 화장 전 얼굴이 자신의 소유임을 암묵적으로 긍정하고 있기 때문이다. 그렇지 않다면, 왜 고가의 유명 화장품을 자신의 얼굴에 바르겠는가? 다음으로 화장을 잘 끝마친 사람들은 자신의 모습이 화장 전보다 더 매력적이고 예뻐졌다며 흐뭇해하게 마련이다. 화장 후(after) 단계는 자신의 모습을 인공적으로 질서 잡힌 아름다운 얼굴과 동일시하는 좀 더 강한 긍정이다. 이를 정리해 보면, 자기기만 행위가 '자기부정에 근거한 약강의 이중 긍정' 형식을 갖고 있음을 알 수 있다.

이와 같이, 가면의 메커니즘이 자기기만의 구조를 갖고 있고, 자기기만 행위가 자기부정을 통한 약강의 이중 긍정임이 드러났다. 그렇다면 가면의 메커니즘은 인간의 불가피한 존재 양태인가 아니면 늘 경계하고 독신獨愼해야 할 인간의 기본적인 과제인가? 고故 신영복 선생님의 『나무야 나무야』에 나오는 한 대목이 큰 울림을 줄 것 같다.

> 관객들의 뜨거운 갈채와 함께 막이 내리면 그는 홀로 분장실에 남아 통곡하였다고 하였습니다. 당신은 그의 통곡 때문에 그를 사랑한다고 하였습니다. 갈채는 그에게 보내는 것이 아니라 드라마의 주인공에게 바치는 것임을 잘 알기 때문에 그는 통곡하였다고 하였습니다. '나는 왜 그와 같은 삶을 살지 못하고 무대 위의 그림자로 살고 있는가?'이

> 것이 통곡의 이유였다고 하였습니다. 텅 빈 분장실에 홀로 남아 쏟아내는 그의 통곡 때문에 당신은 그를 사랑한다고 하였습니다. 통곡은 그를 인간으로 세워놓는 것이기 때문이라고 하였습니다.

어느 연기자의 '갈채와 통곡'에 관한 이 이야기에는 드라마의 주인공에게 보내는 갈채와 무대 위 그림자로 사는 연기자의 통곡이 극명하게 대비되어 나타난다. 작품상의 이미지를 실제 인물의 품성으로 착각하기 좋아하는 일반 대중과 달리, 이 연기자는 자신의 통곡 의례를 통해 갈채의 대상이 자신이 아니라는 것을 스스로에게 각인시키고 있다. 통곡을 통해 만나는 내면이야말로 가면을 가면으로 깨닫게 해주고 나아가 사랑받을 자격이 있는 아름다운 영혼을 소유한 인간으로 살아가게 해 주는 버팀목이기 때문이다. 쓰다가 버려지는 가면들의 종류나 두께, 재질 등에 노심초사할 것이 아니라 가면의 메커니즘이 안고 있는 자기 부정의 계기를 단호히 거부하고 있는 그대로의 자신을 철저하게 긍정할 수 있어야 한다. 그럴 때에라야 사회적 가면이라는 거짓된 자연스러움, 즉 신화에 저항하고 그것을 비판할 수 있게 되고, 각자의 영혼의 아름다움과 온전히 조우할 수 있을 것이다.

사랑은 정치적이다

신자유주의가 초래한 노동의 유연화는 대부분의 인간관계를 일시적이고 잠정적인 관계로 대체시키기 때문에, 많은 시간이 필요한 친밀한 사랑 관계와는 결이 맞지 않는다. 생존이 지상명령으로 등극한 경제 환경 아래에서는 청춘들에게 상대의 내면을 발견할 충분한 시간이나 여건이 허락되지 않기 때문에, 이러한 상황에서라도 연애와 사랑 경쟁에서 승리하기 위해서는 사회적 가면을 쓸 수밖에 없는 형국이다. 있는 그대로의 자신을 부정하고 나서야 비로소 약강의 이중 긍정이 허용되는 가면의 메커니즘은 청춘들을 자아 분열의 상태에 빠지게 만들고 자신들의 진짜 얼굴을 대면할 기회조차 체계적으로 박탈하고 있다. 그래서 한국 사회 '88만원 세대'에게 진짜 사랑은 사치이거나 슬프고 그래서 죽음에 직면해 있는 것인지도 모른다.

이 시대의 사랑이 죽어가고 있거나 이미 종말을 고했을지 모른다는 절망적인 시대 진단이 기정사실화되어 가고 있는 이 시기에, 우리는 사랑에 대해 어떤 책임 있는 태도를 고수해야 할까? 친밀성이 전제된 사랑 관계를 부활시키기 위해서라도, 한국 사회의 청춘들은 스펙과 성형을 강제하는 현 사회에 대해 분노(mēnis)하고 각자의 목소리를 내는 정치적 저항 운동을 전개해야 한다.

고액 등록금은 당연히 받아들여야 할 현실이 아니고, 안정적인 데이트 비용을 마련하기 위해 최저임금 인상에도 적극적인 지지를 보내야 하며, 동거비 지원을 위한 제도적 뒷받침을 쟁취하기 위해 깨어있는 청년 세대의 조직된 힘을 발산해야 한다. 이 시대 청춘들의 사랑은 이만큼 정치적이다.

생각해 보기

1. 크랙, 라티 그리고 맥신의 애정의 삼각관계를 자본주의 자유시장경제의 관점에서 설명하시오.

2. 크랙이 존 말코비치가 되는 데 성공했는지 여부를 개인의 정체성(동일성) 논변을 통해 규명하시오.

3. '분노(Zorn)'와 '화(Ärger)'의 차이점을 말하시오.

제3강

성과 사랑

사랑과 '봄'의 관계

고대 그리스인들은 사랑 감정의 원인을 도무지 특정할 수 없었던 모양이다. 그래서인지 그들은 눈병을 앓는 사람과 눈이 마주쳤다는 것 말고는 눈병을 옮은 사람이 딱히 다른 이유를 댈 수 없다는 속설(『파이드로스』 255d)로 사랑의 원인에 대해 눙쳤던 것 같다. 사랑에 빠진 이들은 자신이 겪은 일이 혼란스러운 나머지 도대체 설명할 수 없었을 테니 하는 말이었을 것이다. 그렇지만 일견 이들의 궁색해 보이는 변명이 전혀 쓸모가 없는 것도 아닌데, 본다는 것과 사랑은 떼려야 뗄 수 없는 상관관계에 놓여 있기 때문이다. 폴란드의 거장 크쥐시토프 키에슬로프스키Krzysztof Kieslowski 감독의 〈사랑에 관한 짧은 필름〉(A Short Film About Love, 1988)은 '진정한 사랑은 무엇인가'에 관해 음미하게 만드는 작품이다. 다른 무엇보다도 이 영화는 '봄'의 질적 변화와 '보는 자'의 역전 현상을 통해 참된 사랑을 드러내는 수작이다.

수줍음이 많은 19살의 고아 청년 토멕Tomek이 망원경으로 맞은편 아파트에 사는 30대 중반의 독신녀 마그다Magda를 훔쳐본 기간은 어림잡아 1년 남짓이다. 이것만 놓고 보면 우리는 토멕이 관음증 환자가 아닌가 하는 확신을 한동안 떨쳐 버릴 수 없을 것이다. 우연한 성적 호기심에서 촉발된 '엿보기'가 자칫 변태적인 범죄가 될 가능성을 배제할 수 없기 때문이다. 그도 그럴 것이 늦은 밤 전화를 걸어 아무 말도 하지 않는 토멕의 사랑 표현(?)이야말로 마그다에게는 '짐승 같은' 스토커의 음란 전화일 뿐이었으니까. 그런데 시선으로 경험하는 토멕의 쾌락은 시간이 지남에 따라 마그다와 연인 간의 잠자리 장면에서 망원경을 치워버리거나 허위 가스누출 신고로 정사情事를 무산시킬 정도로 순수한 애정과 관심이 담긴 '바라보기'의 사랑 감정으로 전화되어 간다. 급기야 마그다가 보고 싶은 토멕은 가짜 송금 통지서를 보내 그녀를 우체국으로 불러내거나 우유 배달원을 자청하여 그녀의 일상생활에 개입하는 방식으로 자신의 편집증적 욕망을 해소하기도 한다.

토멕과 마그다가 조우한 사랑의 감정

그러던 어느 날 평소처럼 마그다의 아파트를 엿보고 있던 토멕은 그녀의 귀가가 늦어지자 기다림에 지쳐 망원경을 천으로 덮어 놓는다. 잠시 후 날카로운 자동차 급제동 소리가 났고, 차에서 내린 마그다에게 그녀의 연인이 외마디 욕설을 하고는 급하게 차를 몰고 사라져버린다. 아파트로 달려 들어온 마그다는 냉장고에서 흰 우유가 반쯤 담긴 병을 꺼내 식탁에 내려놓고 의자에 앉으려다 그만 우유병을 건드려 흰 우유를 식탁에 쏟고 만다. 이내 엎질러진 우유 앞에서 어깨를 들썩이며 울고 있는 마그다를 평소와 달리 토멕은 무력하게 바라보아만 했다. 친구 집에 얹혀사는 토멕은 친구 어머니에게 마그다의 눈물의 의미를 알고자 사람들이 왜 우는지를 묻는다. 다른 이유들도 있겠지만, 홀로 남겨졌을 때 운다는 대모의 말에 토멕 역시 고아가 됐을 때 딱 한 번 울었다며 자신의 정신적 고독의 깊이를 엿보인다.

그렇다면 대부분의 사람은 언제 철학적이게 될까? 그가 슬픔 속에 있을 때이다. 실연의 아픔을 겪기 전보다 정작 당사자가 되고 나면 이별의 슬픔을 노래하는 대중가요 가사가 다 자신의 이야기 같지 않은가. 그런데 여기서 주의해야 할 점이 있다. 이 슬픔이 번지수를 잘못 찾아 타자를 향한 분노나 격분으로 표출되어서는 안

되고, 자기 자신에 대한 슬픔 나아가 인간의 유한성에 관한 성찰이 되어야 비로소 철학적 사유의 시작이라고 할 만하다. 토멕 역시 마그다를 좀 더 깊이 이해하게 되는 계기가 방금 언급한 엎질러진 흰 우유 사건이다. 마그다가 유희하듯 흰 우유를 손으로 만지고 있는데, 엔딩 장면을 선취해서 이 장면을 독해해보면 그녀는 고독에 대한 성찰을 통해 또 다른 사랑의 영역을 맞을 준비를 하는 것만 같다. 이와 같이 외로움을 안고 살아가는 토멕과 마그다는 각자의 슬픔의 감정 속에서 서로의 내면과 만나게 된다. 자신의 것으로 성찰되는 슬픔만이 철학의 참된 원천이라는 말은 이런 실존적인 의미를 담고 있다.

토멕과 마그다: 사랑의 의미와 한계

마그다의 '슬픈 고독'을 목격한 토멕은 그녀를 만나야겠다는 욕망을 억누를 수 없었던 것 같다. 그런데 그녀를 위로할 목적으로 기획됐던 가짜 송금 통지서 사건은 결국 뜻하지 않게 자신이 그녀를 훔쳐봤다는 깜짝 고백으로 귀결되고 만다. 토멕을 관음증 환자로 오인하여 빚어진 마그다의 계획적인 복수가 있고 난 다음 날 아침, 멍든 눈으로 우유 배달 온 토멕은 아파트 로비에 마그다와 나란히 서서 자신이 그녀를 훔쳐본 이유가 사랑 때문이고, 자신의 사랑이 무엇인지를 그녀에게 이해시키려 애를 쓴다. 토멕의 간결하지만 절절한 사랑 고백 덕분에 마그다는 자신의 사랑의 의미와 한계를 깨달았을까? 당장은 그런 것 같지 않다.

마그다는 자신이 경험해온 연인 간의 사랑 행위인 키스, 잠자리 그리고 밀월 여행에 대해 열거하며 토멕이 원하는 것이 육체적인 쾌락인지를 확인하려 하지만, 토멕은 언급된 그 어떤 것도 원하지 않을 뿐만 아니라 사실상 원하는 것이 전혀 없다고까지 말한다. 달라도 너무 다른 둘의 사랑론이 빛을 발하고, 마그다를 만나고 싶은 토멕의 욕망이 결국 그들을 카페 데이트로 이끈다. 그런데 마그다는 토멕이 말하는 그런 사랑은 없다며 단호하게 그의 순수한 사랑을 비웃고 강하게 부정하면서 동시에 그에게 자신의 손등을 만지게 해서 자신이 알고 있는 육체적인 사랑으로 이끈다. 이뿐만 아니라, 낯선 사랑 개념에 준비가 안 된 토멕에게 마그다는 더욱 대담하고 노골적인 성적 유혹을 감행한다. 언제부터인지는 몰라도 그녀는 육체적인 사랑으로 점철된 자유분방한 성적 편력에 길들여진 나머지 사랑은 성관계라는 도식에 갇혀 있는 것 같다. 토멕을 집에 초대한 마그다는 여성의 성적 흥분 상태를 상세하게 묘사하며 그의 손을 자신의 허벅지 안쪽으로 끌어당겨 결국 자신의 은밀한 유혹의 목적을 달성한 후, 사랑이 성적 흥분과 긴장 해소일뿐이라고 동정하듯 냉소적으로 그를 훈계한다.

그렇다면 유혹 사건 이후 토멕은 왜 자살을 시도하는 것일까?

그는 이 짧고 불만족스러운 마그다의 유혹으로 회복하기 힘든 큰 내상을 입는 것 같다. 사실상 처음으로 마그다에게 사랑한다고 고백할 때도, 사랑에 관한 대화 도중에 토멕은 아파트 옥상으로 내달려서 '날카로운' 차가운 얼음 조각을 볼과 귀에 대고 성적 흥분 상태를 가라앉히려 노력한 바 있다. 또다시 도발된 마그다의 유혹에 그는 그녀의 집에서도 도망치듯 뛰쳐나간다. 사랑에 문외한인 토멕은, 자신이 순수하다고 믿는 사랑의 감정이 자기 안에 잠재된 육체적인 욕망에 의해 압도당할 때마다 그 자리를 피하는 것으로 자신의 순수한 정신적 사랑을 지키려고 안간힘을 썼는지도 모른다. 하지만 자신이 사랑하는 마그다의 저항하기 힘든 강한 유혹에 육체적인 사랑에 미성숙한 토멕은 통제 불능 상태에 놓이게 되어, 그의 환상은 깨지고 그의 순수성도 발가벗겨지게 된 것이다. 다행히 자살미수로 끝났지만, 그는 자신의 원초적 욕망을 영원히 끊어 버리기 위해 어리석게도 손목을 그어 스스로를 벌했던 것은 아닐까.

그렇다면 토멕과 마그다의 사랑 중 누구의 사랑이 더 우월한 사랑일까? 토멕의 지고지순한 헌신에도 불구하고, 그의 순수함에 상처를 줬다는 미안함과 죄책감에 마그다는 평소와 달라진 모습을 보이기 시작한다. 마그다가 자신의 잘못을 뉘우치는 자기성찰의 시간을 갖게 되자마자 그녀는 자신의 옛 연인을 집에 들이지도 않는다. 우리는 마그다의 이러한 태도 변화를, 토멕이 마그다의 방을 나간 후부터 아이러니하게도 엿보기의 대상이던 그녀가 엿보는 자가 되는 '보는 자'의 역할 전도가 일어난다는 데서도 감지할 수 있다. 마치 사랑받는 사람이 사랑하는 사람이 되듯이 말이다. 게다가 마그다가 올려다봐야 할 만큼 토멕의 아파트가 더 고층이고, 카메라의 촬영 각도가 위로 올려 찍는 앙각촬영(low angle)인 점에 주목할 때, 토멕의 사랑이 더 상위의 사랑이라 볼 수 있을 것 같다.

그렇다면 마그다는 결국 참된 사랑을 깨달았을까? 일방적인 순수한 사랑을 내포하는 '망원경'을 성물 다루듯 했던 토멕과 달리, 상호성 및 정신과 육체가 통합된 사랑을 형상화하고 있는 마그다의 '쌍안경'은 그 상징성이 크고 다르다. 토멕의 소식을 수소문하던 중, 마그다는 그가 사랑 때문에 혈관을 끊었다는 얘기를 우편배달부로부터 전해 듣게 된다. 심적 고통이 심해질수록 쌍안경을 통해 토멕의 아파트를 관찰하는 일은 그녀의 일상으로 자리 잡고 만다. 우연히 토멕의 퇴원 사실을 알고 기쁨에 찬 마그다는 그를 병문안하고, 마그다는 토멕의 방에서 그의 시선으로 망원경을 통해 자신의 방을 내려다보며 엎질러진 흰 우유 앞에서 울고 있던 과거의 자신과 꿈을 꾸듯 조우한다. 이 위에서 내려다보는 엔딩씬을 통해 마그다는 참된 사랑을 깨닫는 것 같다. 왜냐하면 마그다의 애정행각의 말로는 외로움과 고독이었고 이런 그녀의 어깨에 손을 올려 슬픔을 위로하려던 토멕의 진심을 깨닫게 됐기 때문이다. 또한 그녀는 토멕의 얼굴을 감싸는 자신의 행위를 통해 사랑이 갖는 육체적 차원의 의미까지 잘 알고 있는 것 같다.

—

사랑의 종류

영어와 마찬가지로, 그리스어에서 '사랑'에 대한 낱말은 악명 높게도 폭넓은 범위를 갖고 있다. 에로스erōs, 필리아philia 그리고 아가페agapē에 대한 각각의 의미규정을 통해, 고대 그리스에서 통용되던 사랑의 종류 몇 가지를 간략하게 짚어보고자 한다. 매우 강한 승리욕을 뜻하는 '에로스'는 호메로스의 양대 서사시에서는 음식과 음료에 대한 세속적인 욕구 그리고 대체로 성적인 파트너인 특정 개인에 대한 매우 열정적이고 강렬한 욕망을 의미했다. 다른 한편으로, '필리아'는 국가 간의 우호적인 상태, 동료 간의 친애 그리고 부모, 자식, 절친한 친구 또는 성적 욕망이 결합된 배우자나 연인에 대한 사랑을 뜻했다. 끝으로, 신약성서에 사용되어 널리 일반화된 '아가페'는 고전기 그리스에서는 그리스도교적 의미와 달리 성적 관계가 포함된 사랑으로 알려져 있었다.

성교性交는 아프로디테 여신의 영역으로 간주되어 "ta aphrodisia"로 불렸고, 성적 욕망은 "epithymia"라는 욕망 일반에 대한 낱말이 사용됐다. 전자는 성적 상대가 특정되어 있어서 '당신이 아니면 안 된다'는 의미를 함축하고 있지만, 후자는 상대의 동일성에 개의치 않고 단지 성적 긴장의 해소가 목적이기 때문에 성적 파트너가 불특정 다수일 수 있다. 참고로 한 가지 덧붙이자면, 우리는 사랑하는 사람이 현존할 때와 부재할 때 중 어느 때에 좀 더 강렬한 욕망을 느낄까? 이 물음은 사랑의 욕망이 대상이 현존하느냐 부재하느냐에 따라 애수哀愁의 차이를 드러낸다는 것을 전제하고 있다. 그리스어 himeros(애욕, 愛慾)는 현존자, pothos(정욕, 情慾)는 부재자와 상관된 개념어인데, 그리스인들은 부재하는 사람에 대한 욕망보다 현존하는 사람에 대한 욕망이 보다 더 강렬하다고 보았다. 사랑할 때 연인들은 서로 보고 있어도 보고 싶은 법이니까.

아리스토파네스의 신화: 인간 본성에 대한 신화적 탐구

『향연』은 희극작가 아리스토파네스가 등장하는 플라톤의 유일한 대화편이다. 『구름』에서 소크라테스를 바구니에 들어앉아 천체 현상을 탐구하는데 골몰하는 자로 조롱하고 희화화했던 아리스토파네스는, 소크라테스에 대한 정식 고발의 원인 제공자이자 최초의 비공식적인 고발자였다(『변론』 18c8-d1, 19c-d). 역사적으로 소크라테스의 죽음에 부분적인 책임이 있던 아리스토파네스였지만, 플라톤은 스승을 위한 복수를 단행하는 대신에 인간의 사랑에 관한 성공적인 묘사를 등장인물 아리스토파네스의 영예에 귀속시킨다. 그래서 16, 17세기에 '플라톤적 사랑'은 천상의 이상적인 것에 대한 사랑과 남녀추니의 분리된 반편들 간의 사랑이라는 두 얼굴을 갖고 평화롭게 공존하고 있었다.

아리스토파네스 신화의 골자는 에로스 신의 힘(dynamis)에 관한 교육(paideia)이다. 그가 전하는 인간 본성과 그것의 변화에 얽힌 이야기에 따르면, 처음 인간의 성性은 '남성', '여성' 그리고 지금은 이름만 남아 있는 '남녀추니'로 이루어져 있었다고 한다. 그러면 남녀추니는 왜 소멸한 것일까? 이 의문은 사실상 하늘로 올라가 신들을 공격하려 했던 최초의 둥근 인간의 반란을 통해 말끔하게 해소된다. 먼저 형태(eidos)에 관해 말하자면, 둥근 인간은 등과 옆구리가 둥글었고, 네 개의 팔다리를 갖고 있었으며, 둥근 목 위에 하나의 머리에 쏙 빼닮은 두 개의 얼굴이 반대 방향을 바라보며 붙어 있었다. 머리와 목을 제외하면 네 개의 귀와 두 개의 생식기 등 육체의 다른 모든 부분은 정확히 두 배였다. 또한 이들은 빠른 원형 운동이 가능했는데, 그들 각각이 태양, 지구 그리고 달의 자손으로 부모인 우주적인 신들을 닮았기 때문이었다.

그런데 우주적 신들의 자손인 최초의 둥근 인간은 막강한 힘과 활력, 고매한 생각으로 올림포스 신들에 대한 반란을 획책하기에 이른다. 한편으로 인간의 불경스러운 행위에 대한 신들의 대응

전략 안에는 인간의 생존을 확보해야 그들로부터 숭배와 제사를 보장받을 수 있다는 곤혹스런 난제도 포함되어 있었다. 그러나 마침내 제우스는 인간의 힘은 약화시키면서 동시에 수적으로 증가시킬 수 있는 형벌로 반란을 제압하기에 이른다.

> 그래서 제우스가 간신히 생각을 짜내어서는 다음과 같이 말했네. '어떻게 하면 인간들이 계속 살아 있으면서도 힘이 약해져서 방종을 멈추게 될 수 있을지 그 방도를 나는 갖고 있다고 생각한다. 이제 나는 그들 각각을 둘로 자르겠다. 그러면 한편으로는 그들이 약해지면서 동시에 다른 한편으로는 그 수가 더 많아지게 되어 우리에게 더 쓸모 있게 될 것이다.'(190c6-d3)

제우스는 형벌 이후에도 인간의 반란이 계속된다면 인간을 한 차례 더 반쪽으로 쪼개겠다고 거듭해서 경고하는데, 곧 드러나겠지만 이것은 제우스의 간계가 미봉책에 그칠 수 있다는 우려를 나타내고 있는 희극적인 요소이기도 하다. 만에 하나 이런 일이 실제로 발생한다면, 인간의 생식기가 파괴되어 상황이 더욱 악화되리라는 것도 분명하다.

에로스erōs와 성애(aphrodisia)

인간이 신적 자양분의 원천이라는 사실을 상기시키려는 의도에서인지 몰라도, 제우스는 "마가목의 열매를 자르는 사람들처럼 또한 머리카락으로 계란을 자르는 사람들처럼"(190d8-e1) 인간을 둘로 자른다. 이것은 우주적 신의 자손인 인간이 천상의 영역에서 세속의 음식으로 강등되었다는 것을 의미할 뿐만 아니라 열매나 계란이 둘로 잘린 것은 생산력이 박탈된 거세를 뜻하는 것이기도 하다. 이제 제우스의 명령에 따라 1차 외과수술의 뒷마무리를 담당한 아폴론은, 잘린 부분을 보고 한층 더 순종하는 인간이 되도록 만들기 위해 인간의 얼굴과 목을 쪼개진 쪽으로 비틀어 돌려놓는다. 그리고 살가죽을 한 데 끌어모아 배꼽을 만들고는 오래전에 겪은 형벌을 잊지 않도록 약간의 주름까지 남겨 놓는다.

그렇다면 제우스와 아폴론 각각의 둘로 쪼개기와 분리된 반편 꿰매기는 당면한 목적을 성취했는가?

> 그런데 이제 그들의 본성이 둘로 잘렸기 때문에 반쪽 각각은 자신의 나머지 반쪽을 그리워하면서 줄곧 만나려 들었네. 서로 팔을 얼싸 안고 한데 뒤엉켜 한 몸으로 자라기를

욕망하다가 결국에는 상대방과 떨어진 채로는 아무것도 하고 싶어 하지 않았기 때문에 굶어서 혹은 다른 아무 일도 하지 않음으로 해서 죽어 갔네. (191a5-b2)

포옹으로서의 에로스erōs가 탄생한 지점이 바로 이곳이다. 분리된 인간의 반편 찾기는 음식이나 휴식과 관련한 일체의 육체적 필요들까지 전적으로 무시할 만큼 절박했고, 그 결과 정작 신들에게 명예와 희생을 제공할 수 없는 심각한 상황으로 치닫고 말았다. 죽음의 행렬에 연민을 느낀 제우스는 인간을 올림포스 신들과 유사하게 만들 묘안을 생각해 낸다. 그것은 생식기를 앞쪽으로 옮기는 제우스의 2차 외과수술인데, 이를 통해 인간들 상호간에 성애(aphrodisia)를 도입시키는 것이었다.

여기서 우리는 성애와 사랑의 차이점을 목도하게 된다. 최초의 둥근 인간의 본성으로 되돌리려는 반편의 인간들의 '포옹'에 현시된 사랑이 에로스(erōs, 사랑)이고, 분리의 고통을 성적 만족을 통해 일시적으로나마 경감시켜서 신에 대한 숭배와 제사를 확보하려는 것이 아프로디시아(aphrodisia, 성애)이다. 인간 종의 생존을 유지시키기 위한 신들의 책략인 '성애'가 제우스의 자기 이익으로부터 유래했다면, 인간 본성의 치료자이자 고대적 본성의 회복을 위한 인간의 자연적인 욕망인 '사랑'은 획득 불가능한 것에 대한 갈망이다. 성애가 성적인 욕망의 궁극적인 목표도 아닐 뿐만 아니라 최초의 인간 본성이라는 전체성도 본질적으로 충족될 수 없는 것이기 때문이다. 그러므로 불행하고 아픈 인간의 현재적 본성인 사랑은 이렇게 비극적이다.

—

헤파이스토스의 그물: 육체에서 영혼으로

다음으로 아리스토파네스는 '헤파이스토스의 그물'이란 사유 실험을 통해 사랑 담론의 무게중심을 육체에서 영혼으로 이전시킨다. 여기서 논점은, 성애가 필요 불가결한 측면이라고 해도 사랑하는 사람들이 서로 함께 있는 데서 얻는 기쁨이 단순히 성애 때문만은 아니라는 데에 있다(192c2-d2). 이들의 고통은 더는 육체 안에서 감지되지 않고, 그 고통이 성적인 결합, 즉 성애에 의해 치료될 수 있는 것도 아닌 탓이다. 고통의 장소가 육체에서 영혼으로 바뀌자, 제우스가 성애를 통해 육체의 갈망만을 진정시켰을 뿐 영혼의 고통은 철저하게 외면했다는 점이 불거지기 시작한다.

그럼 대장장이 신 헤파이스토스가 최초의 반편을 만난 연인들에게 자신의 그물을 제안하는 유명한 장면을 살펴보자.

> '인간들이여, 그대들이 서로에게서 받아 갖게 되었으면 하고 바라는 게 무엇인가?'하고 말일세, 또 그들이 어쩔 줄

몰라 하고 있을 때 재차 묻는다고 해 보세. '그대들이 욕망하는 게 바로 이것인가? 밤이고 낮이고 서로에게서 떨어져 있지 않을 정도로, 할 수 있는 한 많이 서로와 같은 곳에 있게 되는 것, 그것인가? 그대들이 욕망하는 게 이거라면 나는 기꺼이 그대들을 한데 다 융합, 용접시켜 줄 용의가 있거든. 그렇게 되면 그대들은 둘이던 것이 하나가 되어 살아 있는 동안에는 하나로 있으니까 둘 다가 삶을 공유하게 되고, 죽은 후에는 이번에는 저곳 하데스의 집에서 둘 대신 하나가 되어 죽음을 공유하게 되지. 그대들이 사랑하는 게 바로 이것인지, 이걸 얻게 되면 그대들이 만족하는지 살펴보세.'하고 말일세.(192d3-e5)

아리스토파네스는 제우스의 징벌적인 1·2차 외과수술을 전복시키는 헤파이스토스의 제안을 듣는 누구도 이것을 거절할 수 없을 것이라고 단언한다. 사실상 헤파이스토스는 사랑하는 사람들에게 신들에 대한 보복의 기회를 제공하고 있는데, 앞서 살펴본 바와 같이 에로스는 성적 욕망이라기보다는 오히려 신들에 대한 반란이기 때문이다. 진정으로 하나가 되고 그래서 최초의 둥근 인간이 될 수 있다면, 이들에게 삶 자체는 그렇게 중요한 것 같지 않다. 게다가 이러한 절망적 사태는 제우스를 곤경에 빠뜨렸던 에로스의 탄생 국면과 매우 닮아있기까지 하다.

사랑의 비극: 에로스는 성취될 수 있는가

그러면 최초의 반쪽을 만난 연인들, 다시 말해서 진정으로 에로스적인 인간들은 도대체 왜 자신들이 욕망하는 바를 말할 수 없는 것일까? 이 욕망이 언표 불가능한 이유는 자기 모순성 때문인 것 같다. 우선 사랑하는 사람들의 욕망은 신들의 욕망과 양립 불가능하다. 사랑하는 사람들이 언제나 함께 머문다면 신들은 결코 영예로울 수 없을 것이기 때문이다. 또한 사랑하는 사람들의 욕망은 사랑 자체와도 양립 가능하지 않다. 사랑하는 사람들이 에로스의 요구를 따를 수 있다면 단순히 그들은 멸망할 것이고, 그렇게 그들이 성공하게 된다면 사랑 또한 소멸할 것이기 때문이다. 아리스토파네스가 헤파이스토스에게 귀속시키는 제안은 사실상 연인들의 파멸을 보증하는 것이다. 사랑은 하나의 삶을 공유하고 점차 하나가 되어가는 것이다. 아리스토파네스는 사랑이 전체적인 것에 대한 욕망과 추구에 대한 이름이라고 말한다. 이러한 고대적 본성에 대한 추구에서 비롯된 육체들의 완전한 결합은 죽음을 뜻할 뿐이고, 결국 하나가 된다는 것은 회복될 수도 없고 충족될 수도 없는 욕망인 것이다.

다른 한편으로, 사랑하는 사람들의 융합으로 둘이 하나가 된다는 것은 각기 분리됐던 정체성의 완전한 파괴인데, 이를 현대적인 표현으로 바꿔 말하면 '자아의 상실'일 것이다. 헤파이스토스가 사후에 함께 사는 것과 사후 정체성의 지속 문제에 대해 육체가 아니라 영혼에 의존하고 있는 것도 이런 이유 때문이다. 이것으로부터 우리는 육체들의 단일성은 죽음 없이는 불가능하고, 영혼들의 단일성은 죽음 이후에나 가능하다는 사실을 깨닫게 된다.

이와 같이, 아리스토파네스의 가르침은 불가능한 것에 대한 갈망인 사랑이 결코 완성될 수 없다는 것이다. 죽은 후에만 융합을 이룰 수 있고 사랑도 가능하다면, 비극은 인간의 사랑에 필연적인 구성 요소인 것이다. 이와 같이 희극작가 아리스토파네스는 사랑이 본질적으로 비극적이라는 것을 가르치는 비극적 희극 시인으로 재탄생하고 있다.

생각해 보기

1. 〈사랑에 관한 짧은 필름〉에서 '엎질러진 흰 우유'와 '짧고 불만족스러운 유혹' 장면들을 자세하게 분석함으로써 토멕과 마그다 각각의 사랑의 의미와 한계를 밝히시오.

2. 마그다가 진정한 사랑을 깨달았는지 여부를 엔딩 장면 '드림 시퀀스'를 분석하고 설명하시오.

제4강

그리스 소년애와 철학적 에로스

고대 그리스의 소년애

사랑 관계는 자연적인 것이라기보다는 역사적인 것이다. 고대 아테네 사회에서 발견되는 사회 현상과 현대 사회 현상 간의 구별의 견지에서 볼 때, 고대 그리스의 '동성애' 에 해당하는 전문 용어로는 소년애(paiderasty)가 남색(pederasty)보다 적절하다. 무엇보다도 고대 아테네의 소년애는 현대적 의미의 동성애와 몇 가지 차이점을 갖고 있기 때문이다. 현대 동성애는 나이 제한이 전혀 없고 성교가 최종 목적이며 성적 행위가 강제는 아니더라고 최소한 위협의 관계에서 발생하기 십상이다. 반면에, 고대 그리스의 소년애는 성인 남성들 간의 사랑 관계가 아니라 나이 많은 남자와 나이 어린 소년 간의 동성애적 관계이다. 좀 더 구체적으로 말하자면, 소년애는 사랑하는 사람(erastēs; lover)으로서 연장자인 자유민 남성과 사랑받는 사람(erōmenos; beloved)인 나이 어린 소년(pais) 또는 소년 애인(ta paidika) 간의 사랑 관계를 지칭한다. 소년 애인의 생애 나이를 특정해보면, 사춘기 연령이 시작돼서 턱수염이 날 때까지의 연령대에 속하는데 대체로 12-18세 남짓이었다. 그래서 사랑받는 사람의 성적 매력은 그의 뺨에 솜털이 나기 시작할 때에 정점에 이르고, 이들의 사랑 관계도 턱수염이 날 때까지로 제한되어 있었다. 따라서 턱수염이 난 뒤에도 자유민 남성 시민과의 성적 관계에서 수동적 역할을 지속하는 사랑받는 사람은 사회적으로 조롱의 대상이 되었다.

소년애 관계가 비대칭적인 관계이기 때문에 연인 간의 역할 구분은 대단히 중요하다. 먼저, 사랑받는 사람은 그를 사랑하는 사람을 사랑할 것으로 기대되지 않는다. 그래서 아킬레우스가 그를 사랑하는 사람인 파트로클로스를 위해 자기 생명을 희생한다는 것은 결코 평범한 일이 아니었던 것이다. 또한 사랑하는 사람은 공통적으로 남성과 연관된 역할을 채택하는 것으로 예상되었고, 따라서 사랑 관계를 확립하는 데서 추구자이고 능동적 행위자였다. 이와 달리 사랑받는 사람은 통념상 사회적으로 여성에게 기대되는 역할에 특징적인 것들을 취하는 것으로 알려져 있었다. 그래서 소년 애인은 사랑하는 사람의 욕망에 복종하는 수동적인 구성원이었던 것이다.

그렇다면 그리스에서는 왜 소년애적 사랑 관계가 용인되었던 것일까? 이에 대한 한 가지 답변은 전문 교육 기관이 설립되어 있지 않았던 당시 고대 아테네 사회에서는 소년애가 사회화 과정의 일환으로서 장려되는 분위기에 있었다는 것이었다. 그런데 본래의 취지와 달리 점차 변질되어 성적 탐닉이나 착취 문제가 생겨났지만, 아테네의 엘리트들은 대체로 소년애적 사랑 관계를 선호했던 것 같다. 플라톤 『향연』의 분위기가 고대 아테네 사회 일반의 분위기를 대표한다고 가정해서는 안 되겠지만, 당대의 대표적 지성인들인 일곱 연설자들 모두가 소년애적 관계에 있거나 적어도 그것에 관해 우호적이었다는 것을 알 수 있다. 다른 한편에서 고대 그리스 사회의 소년애적 경향은 다양한 요소들과도 연관되어 있었다. 당시 남성 시민들이 무사武士였다는 사회적·정치적 배경이나 아테네 사회가 성별이 분리된 구조인 관계로 낭만적 사랑의 개념이 형성되어 있지 않았다는 정신사적 사실도 그 원인들로 거론되고 있다. 게다가 당시에는 여성의 지위를 낮게 보아 여성을 대등한 정서적 대상으로 여기지 않았다. 『향연』의 여사제 디오티마에서 『국가』의 철인왕 담론을 통해 여성을 지혜의 담지자이자 정치적 파트너로 환영했던 플라톤도 예외는 아니었다. 아무리 그렇다고 해도, 고대 아테네 사회는 기본적으로 이성애적 사회였다.

『일리아스』: 트로이아 전쟁 이야기

위대한 시인 호메로스Homeros는 그리스 문화의 원형이자 모든 서양 철학의 시원이다. 따라서 사실상 호메로스 이후 모든 시인과 철학자들이 이 시인의 정신적 영향 아래 있었다고 해도 결코 과장이 아니다. 호메로스는 기원전 5세기 소피스트들이 등장해 새로운 교육 이념과 내용을 가르치기 전까지 모든 고대 그리스인들의 유일한 스승이었다. 당시 그리스인들은 모두 호메로스를 읽음으로써 "훌륭한 사람(anēr agathos)"이 되고 참된 그리스인이 된다는 것을 믿어 의심치 않았다(크세노폰, 『향연』 3.5). 호메로스 서사시에서 비도덕적인 신들의 행태를 작심한 듯 꼼꼼히 비판하며 우호적이지도 않았던 플라톤조차 호메로스가 그리스를 교육했다고 단박에 인정할 정도로 그의 영향력은 막강하고 독보적이라 할 수 있다.

그리스 비극의 원형인 『일리아스』는 현재 남아 있는 것으로 서양 최초의 문학작품이고 기원전 8세기에 보통 호메로스가 지었다고 알려져 있는 서사시, 즉 이야기 시이다. 『일리아스』와 더불어 『오뒷세이아』는 호메로스의 양대 서사시로서 모든 그리스인들의 거의 유일한 파이데이아paideia의 교본이었다. 단순한 문학작품 이상의 가치를 갖고 있는 이 위대한 서사시들에는 고전기 그리스의 교육과 문화의 토대로서 그리스인들의 삶을 규정하는 원칙적 가치와 규범 그리고 삶의 지혜가 담겨 있었다.

특히, 『일리아스』의 서시(序詩, prooimion)에는 작품 전체의 주제가 잘 나타나 있다. 서양 문학 최초의 이야기인 『일리아스』의 첫 단어는 "분노를"이고 첫 줄의 마지막 단어가 "아킬레우스의"이다. 이 두 단어로부터 우리는 이 서사시가 트로이아 전쟁 전반을 다루는 것이 아니라 '아킬레우스의 분노' 사건을 다룬다는 것을 짐작하게 된다. 『일리아스』에는 아킬레우스의 두 가지 분노(mēnis)가 나타나 있는데, 그의 분노들이 어떻게 시작되고 어떤 이유로 방향을 틀어서 어떤 식으로 해소되는지가 이 작품의 주된 내용이다. 이를 통해 『일리아스』는 인간이 인간 조건(human condition)으로서의 '죽음'을 피할 수 없는 존재라는 존재론적 통찰을 드러내는 비극 작품임이 밝혀진다.

—

영화 〈트로이〉와 『일리아스』의 차이점

『일리아스』의 대략적인 줄거리는 다음과 같다. '그리스 연합군의 총지휘관인 아가멤논은 그리스 군의 최고 영웅 아킬레우스를 공개적으로 모욕한다. 분노한 아킬레우스는 참전 거부를 선언하고, 어머니 테티스 여신에게 연합군이 전투에서 패배하도록 제우스에게 간청해 달라고 부탁한다. 연합군은 처음에는 아킬레우스 없이도 잘 싸우지만 결국 큰 위기에 봉착하게 된다. 최고 전사의 영웅주의(heroism) 분노가 아군인 그리스 인들을 맹금과 맹견의 밥으로 만든 "파멸적인(oulomenen, 1.5)" 분노임이 밝혀진 것이다. 이를 참다못한 아킬레우스의 친구이자 연인인 파트로클로스가 직접 전투에 참가한다. 그런데 그는 큰 공을 세우고 적을 격퇴하다가 결국 헥토르에게 죽고 만다. 파트로클로스의 죽음에서 비롯된 아킬레우스의 또 다른 분노는 친구를 죽인 헥토르에게로 방향을 튼다. 그는 헤파이스토스가 만든 새로운 무장을 걸치고 나가 친구를 대신해 복수를 완수한다. 아킬레우스는 파트로클로스의 장례를 치른 후에도 화가 풀리지 않아 날마다 헥토르의 시신을 학대하지만, 결국 신들의 중재로 그 시신을 트로이아로 돌려보내게 된다.'

당시의 시대 상황과 맞지 않을 뿐만 아니라 설정도 전혀 말이 안 되는 볼프강 페터슨Wolfgang Petersen 감독의 〈트로이〉(Troy, 2004)는 원전 『일리아스』를 왜곡하는 점들이 뻔하고 소소한 것들까지 포함하면 가짓수가 상당하다. 여기서는 그리스 신화와 비극 작품들을 영화 〈트로이〉와 대조해가면서, 트로이아 전쟁의 원인, 메넬라오스와 헬레네의 사랑, 아가멤논의 죽음 그리고 파트로클로스와 아킬레우스를 비교해서 살펴보려 한다.

1. '맹세'냐 '제국'이냐

일반적인 그리스 신화에 따르면, 파리스와 함께 달아난 절세미인 헬레네 때문에 트로이아 전쟁이 발발하게 된다. 그렇다고 해서 이 전쟁이 단지 남편 메넬라오스의 질투심 때문에 촉발된 것은 아니었다. 헬레네가 결혼 적령기에 이르자, 그의 아버지 튄다레오스는 빼어난 미모의 딸에게 적합한 상대를 구해주기 위해 그리스 전역에서 수많은 구혼자들을 불러 모은다. 헬레네의 남편감을 선택 못해 망연자실한 왕에게 오뒷세우스는 구혼자들이 '헬레네가 누구와 결혼하건 신랑에게 변고가 생기면 지켜주겠다'는 맹세를 받으라고 조언한다. 그래서 모든 구혼자들은 자신들 중 선택된 자에게 훗날 누군가가 도전하여 헬레네를 차지하려 한다면 그 선택된 자를 도와 남편의 권리를 지켜주겠다고 제물로 바쳐진 말(馬) 위에 올라서서 맹세한다. 메넬라오스는 튄다레오스나 헬레네 자신에 의해 선택되었다고 한다.

행복한 결혼 생활 중에 메넬라오스는 트로이아에서 이미 파리스의 환대를 받은 적이 있던 터라 파리스를 자신의 궁정으로 피신시켜 그의 살인죄를 정화시켜준다. 그런데 메넬라오스가 외할아버지의 장례식 참석으로 출타한 틈을 타서 파리스와 아이네이아스는 헬레네와 함께 배를 타고 트로이아로 항해한다. 불행한 소식을 접한 메넬라오스는 튄다레오스에게 서약을 했던 모든 구혼자들을 불러 모았고 어렵지 않게 결집됐다. 온 그리스인들이

집결하여 그리스의 여인이자 한 사람의 아내이자 왕비인 헬레네를 강탈해간 파리스에게 보복하고자 했다. 평화적인 해결책도 있었지만 모든 타협이 결렬되어 전쟁으로 치닫고 만다.

영화 〈트로이〉의 가장 큰 특징은 신들을 배제시킨 데에 있다. 이 때문에 프티아의 왕 펠레우스와 바다의 여신 테티스의 결혼식장에 초대받지 못했던 불화와 질투의 여신 에리스Eris가 보낸 선물인 그 유명한 '황금 사과'도 없다. 황금 사과가 사라졌으니 그 사과의 글귀 '가장 아름다운 이에게'의 주인 찾기, 즉 헤라, 아테네 그리고 아프로디테가 벌인 미인 대회도 있을 수 없었다. 사실상 심판자로 나선 파리스는 아프로디테 여신을 최고의 미녀로 선택하는 위험한 결정을 내렸고, 이것이 트로이아 전쟁의 발단이 되었다. 따라서 영화 〈트로이〉에서는 전쟁을 위해 전사들을 불러 모을 또 다른 수단을 모색해야만 했던 것 같다. 신 앞에 했던 '맹세'를 대체한 것이 바로 인간의 권력, 즉 아가멤논의 '제국'이다. 투퀴디데스의 『펠로폰네소스 전쟁사』(1.9.1-3)에 따르면, 아가멤논은 당시 가장 유력한 통치자였고, 트로이아 원정군 모병에는 충성심보다는 위압감이 더 중요한 역할을 했던 것 같다.

2. 메넬라오스와 헬레네

아가멤논의 형제 메넬라오스는 헬레네의 전前남편이다. 『일리아스』의 첫머리에는 메넬라오스와 현現남편 파리스의 일대일 결투 장면이 펼쳐진다. 상처를 입어 죽음의 문턱에 이른 파리스를 아프로디테 여신이 가로채서 헬레네의 침실로 데려갔는데(3.380-383), 정작 헬레네는 싸움터에서 돌아온 파리스를 힐난한다. 그리스 신화와 비극 작품에 따르면, 메넬라오스는 트로이아 전쟁에서 죽지 않고 스파르타로 돌아가 '많은 남자의 여인'이었던 헬레네와 행복하게 산다(『오뒷세이아』 3.260-264). 헬레네와 메넬라오스의 귀향과 재회에 대해서는 여러 전승이 있는데, 두 사람이 트로이아나 아이귑토스(이집트)에서 만난 것으로 전해진다.

그런데 영화 〈트로이〉에서 메넬라오스는 파리스와의 일대일 대결에서 파리스에게 부상을 입혀 주도권을 빼앗은 후 맹렬한 공격을 퍼붓는다. 그러나 그는 죽게 된 아우를 위해 결투 중단을 요구하던 헥토르의 칼에 운명을 달리한다. 한편, 헬레네는 전쟁 막바지에 비밀 통로로 도망을 간다. 그러나 비밀 통로 역시 영화적 발명이고, 헬레네는 전쟁 후 전리품으로 전락되었지만 오뒷세우스의 중재로 간신히 목숨을 건졌다거나 헬레네의 의도적인 상체 노출에 메넬라오스의 사랑이 다시 불타올라 같이 살게 되었다고 전해진다.

3. 아가멤논의 죽음

그리스 신화와 비극 작품에 따르면, 아가멤논은 전장에서 죽지 않고, 종전 후 고향 땅 미케네에서 그의 아내 클뤼타임네스트라와 그녀와 밀통한 아이기스토스에 의해 살해당한다. 아가멤논은 목욕하다가 죽은 것으로 전해지는데, 아이스퀼로스의 비극 『아가멤논』도 이 전통을 따르고 있다. 다만, 이 비극에서는 클뤼타임네스트라가 세 번 타격하여 죽인 것으로 되어 있다(1383-1388). 하지만 『오뒷세이아』에서는 아가멤논이 직접 '식탁 전투'에 대해 말하면서 아이기스토스가 준비한 잔치 도중에 자기 부하들과 함께 몰살당했다고 밝힌다(11.409-413). 후자의 경우에는, '아가멤논이 살해당할 때, 그의 부하들은 무얼 하고 있었나?'하는 의문을 해결해 줄 뿐만 아니라 그를 죽인 자들의 사악함도 더욱 부각시킬 수 있다는 장점이 있다. 가장 큰 호의를 전제로 한 환대의 자리에서 정반대의 일을 저질렀으니 말이다. 아가멤논은 거기서 "제물로 바쳐진 황소처럼" 죽었다. 그래서 오뒷세우스가 소를 잡아 잔치를 벌인 후에 죽은 자신의 동료들에 대해 언급하는 것은 자동적으로 잔치 자리에서 소처럼 죽은 아가멤논을 상기시킨다.

영화 〈트로이〉에서 아가멤논의 운명은 사랑에 의해 결정된다. 그는 트로이아 성이 불길에 휩싸인 영화 막바지에 아킬레우스가 사랑하는 여인인 브리세이스의 단도에 죽임을 당한다. 『일리아스』에서 브리세이스는 트로이아 왕가의 신녀가 아니라 아킬레우스가 이웃나라 뤼르넷소스Lyrnessos에서 약탈해온 포로였는데, 그는 아가멤논에게 이 명예의 선물(geras)을 강탈당한다. 따라서 트로이아 왕가의 신녀로 나오는 브리세이스는 순전히 영화 속의 허구적 인물이다.

4. 파트로클로스와 아킬레우스

대부분의 고전 작가들과 비평가들은 아킬레우스와 파트로클로스를 연인이라고 간주했다. 아킬레우스와 파트로클로스가 호메로스적인 친구가 아니라 진정으로 연인이라는 것은 『일리아스』의 언어, 선례 그리고 극의 전개 국면에서도 뚜렷하다. 물론 호메로스는 그 영웅들의 정열에 대해 결코 분명하게 명명하고 있지는 않다. 그렇다고 해도 『일리아스』에서 동성애까지는 아니어도 '동성 간의 성적 끌림(homoeroticism)'이 압도적으로 표현되어 있다는 것을 부인하기는 쉽지 않다.

일반적으로 사랑하는 사람의 죽음을 접한 사람들의 반응은 어떨까? '무릎이 풀려서' 그 자리에 주저앉거나 심지어는 혼절하기도 하겠지만, 첫 반응은 '슬픔의 먹구름이 그를 덮어서' 사고 작용이 제대로 이뤄지지 않는 것이다. 그 다음이 부정否定이다. 그럴 리가 없다면서 있는 힘껏 심신心身 합일의 부인 행위가 전개될 것이다. 내적 원망怨望이나 외적 분노는 마지막에 온다. '원망'은 나쁜 짓을 하지 않았는데도 왜 자신이 가혹한 운명의 희생자가 되어야 하느냐며 자신의 억울한 심정을 초자연적 존재들에게 따져 묻는 내밀한 '통곡' 행위이다. 이와 달리, 자신이 사랑하는 사람을 죽인 것에 대한 원망이 외적으로 폭발하여 분노로 바뀌게 되면,

지켜주지 못한 자신의 무능력에 대한 책임에 자살하거나 살인자에 대한 복수에 돌입할 것이다.

영화 〈트로이〉에는 파트로클로스의 죽음이라는 슬픈 소식을 전해 들은 아킬레우스의 반응이 대단히 인상적으로 연출되어 있다. 비보悲報를 전한 안틸로코스를 때리고 발로 짓밟는다거나 이를 뜯어말리려는 브리세이스의 목을 조르는 폭력적인 행위들은, 아끼고 믿었던 파트로클로스와 부하들이 자신의 참전 금지령을 위반하고 출전한 불복종과 이로 인한 파트로클로스의 죽음까지 염두에 둔다면 전혀 이해 못할 바도 아니다. 그런데 영화 속 아킬레우스의 행동은 『일리아스』와는 많이 다르다. 슬픈 소식을 접한 아킬레우스는 검은 먼지를 머리에 뿌리고 먼지 속에 대자로 드러누워 자기의 머리를 쥐어뜯는다. 내면의 극심한 고통 때문에 아킬레우스가 자살하지나 않을까 두려운 나머지 안틸로코스는 아킬레우스의 두 손을 잡고 놓지 않고 있고, 그의 통곡이 바닷속 자신의 어머니 테티스까지 소환할 정도이니 말이다.

통렬한 비탄의 이유를 묻는 테티스에게 아킬레우스는 자신의 목숨만큼 중요한 파트로클로스의 죽음 때문이라고 말한다. 여기서 두 영웅의 소년애적 관계를 파악하기 위해서는 『일리아스』의 본문을 직접 인용하는 것이 도움이 될 것이다.

제가 제 모든 전우들보다도 더, 아니 제 머리만큼이나 / 사

랑하는 전우 파트로클로스가 죽었으니 말예요. / 그를 저는 잃었어요. (18.82-83)

이 대목에서 아킬레우스의 두 가지 상반된 선택적 운명에 대해 알아둘 필요가 있다. 그는 고향 땅에서 범부凡夫로 장수할 운명과 전쟁터에서 요절하여 불멸의 명성(kleos aphthiton)을 얻을 운명을 타고 났다. 그런데 메노이티오스의 아들 파트로클로스의 죽음으로 아킬레우스는 아가멤논에 대한 첫 번째 분노를 거둬들이고 헥토르를 향한 새로운 분노가 시작됐음을 알린다. 자기 아들의 운명을 직감한 테티스는 다음과 같이 일갈한다.

내 아들아, 네 말을 들어 보니 너는 역시 단명短命하겠구나 / 헥토르 다음에는 곧 네가 죽게 되어 있으니 말이다 / 그녀에게 준족 아킬레우스가 크게 역정을 내며 말했다 / 당장이라도 죽고 싶어요. 전우가 죽었는데도 도와주지 못했으니 / 말예요. (18.95-99)

사실상 아킬레우스의 분노는 연인을 위한 복수임과 동시에 불멸의 명성에 대한 추구이기도 하다. 바꿔 말해서, 그가 싸움터로 복귀하는 일차적인 이유는 자기 연인의 복수 때문이지만, 다른 한편으로는 명예(timē)와 달리 죽음과 결부되어 쓰이는 명성

(kleos) 때문이기도 하다. 따라서 아킬레우스가 자신의 죽음의 운명을 분명하게 의식하고 있고 그 운명을 받아들여 죽음을 향해 돌진하고 있다는 것을 알 수 있다.

> 이제 저는 나가겠어요. 제가 사랑하는 사람을 죽인 헥토르를 / 만나기 위해서, 제 죽음의 운명은 제우스와 다른 불사신들께서 / 이루기를 원하시는 때에 언제든지 받아들이겠어요. (18.114-116)

영화 〈트로이〉에서 파트로클로스는 아킬레우스의 손아래 사촌이다. 또한 그는 아킬레우스 몰래 전쟁터에 나가 혁혁한 공을 세웠지만 끝내 전사한 것으로 나온다. 그러나 『일리아스』에는 파트로클로스가 아킬레우스보다 약간 나이를 더 먹었고, 아킬레우스의 허락 없이 그의 갑옷과 방패를 들고 출전한 것이 아니라 그의 무장을 입고 구체적인 작전 계획도 지시받은 후에 아킬레우스의 축원 기도까지 듣고 전투에 참여했다(16.64-256).

5. 아이아스

『일리아스』에는 헤파이스토스가 만든 무장 두 벌이 등장한다. 하나는 부모님의 결혼 선물로 아킬레우스가 출전하면서 받아 온 것인데, 파트로클로스가 입고 나갔다가 죽어서 헥토르에게 빼앗겼다. 다른 하나는 파트로클로스가 죽은 후, 테티스가 다시 헤파이스토스에게 부탁해서 새로 만든 것이다. 『일리아스』에서 아킬레우스는 헥토르를 죽인 후 그가 걸치고 있던 무장을 되찾는다. 따라서 아킬레우스가 죽는 시점에 그리스군 진영에는 신이 만든 무장 두 벌이 있었다.

그런데 『일리아스』에서 그리스군 진영에서 아킬레우스 다음으로 2인자이고 거대한(megas) 아이아스는, 소포클레스의 비극 『아이아스』에서 아킬레우스가 전사한 후 그가 남긴 무기의 소유권이 트로이아 포로들에 의해 오뒷세우스에게 돌아가서 '가장 용맹한 전사'로 인정받지 못한 충격에 실성하고 '양 무리'를 해하고 이내 정신이 들자 수치심에 끝내 자살하고 만다. 『오뒷세이아』에서도 아이아스의 혼백은 이 판결에 대해 여전히 승복하지 않은 채 노한 감정을 감추지 않고 있다(11.541-563). 그러나 『일리아스』이 전승을 따른다면, 아이아스와 오뒷세우스는 다툴 이유가 없다.

이와 달리, 영화 〈트로이〉에서 큰 아이아스는 육중하고 거대한 그 유명한 방패를 들고 "그리스인들의 성벽"(『일리아스』 3.229)처럼 용맹스럽고 인상적으로 싸웠지만, 결국 전사하고 만다.

소년애에 대한 플라톤의 비판과 수용

플라톤은 성적 쾌락(ta aphrodisia)을 최고로 광적인 쾌락으로 규정짓고, 바른 사랑(ho orthos erōs)이려면 사랑하는 사람과 사랑받는 소년이 무절제(akolasia)에 관여해서는 안 된다고 말한다(『국가』 402e2-403c3). 이를 통해 우리는 플라톤이 고대 그리스의 소년애적 관습에 긍정적이지 않았다는 사실을 알 수 있다. 나아가 그는 여기서 그치지 않고 소년애에 대한 비판을 성적인 차원과 교육적 차원에서 좀 더 심화시킨다.

『법률』에서 아테네인은 남성들 상호간에 성적으로 끌린다는 것을 부정하지는 않지만, 성교의 자연적인 목적이 자녀 생식임을 명확하게 강조하고 있다(838e-839b). 이 과정에서 아테네인은 소년애에 대해 두 가지 반대 논증을 제시한다. 우선 소년애는 생물학적으로 불필요한 것으로 바위나 돌에다 씨를 뿌리는 일과 같고, 인간 종족을 살인하려는 의도적인 시도인데 결과적으로 폴리스의 실존을 위험에 빠뜨리는 것이라고 논증된다(838e7).

또한 소년애가 성적 욕망의 과잉을 낳아 방종한 성적 행동을 허용하게 만드는 원인이 된다고 말해진다. 특히, 이 논증에서 아테네인은 소년애 금지와 근친상간의 금지를 연계시키고 있다. 물론 최상의 정체 내에서 부모와 자녀 간의 근친상간적 관계는 금지되지만, 형제와 자매간의 근친상간적 관계는 배제되지 않고 있다(『국가』 461d-e). 부모와 자녀 간의 성교를 금지하는 조처가 사실상 그러한 욕망이 본성적으로 발생한다는 것을 상기시키려는 것임을 알 수 있다.

그러나 근친상간은 적어도 두 가지 이유에서 정치적 삶에 파괴적인데, 첫째, 폴리스는 족외혼에 의해 생기지만 이 경우는 가족을 자기 충족적으로 만든다는 문제가 발생한다. 둘째, 자녀들이 부모에게 빚지고 있는 존경은 시민과 폴리스 사이의 관계에 대한 상징인데, 이러한 구분이 성적 결합에 의해 연결되면, 존경의 조건인 경외감을 약화시킬 것이라는 우려가 제시된다.

다른 한편으로, 소년애에 대한 교육적 차원의 비판으로는 그것이 덕(aretē)의 실현을 방해한다는 것이 지적된다. 유혹을 당한 자, 즉 사랑받는 소년의 혼에 용감한 성품이 그리고 유혹하는 자, 즉 사랑하는 사람의 혼에 절제하는 종류의 성품이 배양되지 않기 때문이라는 것이다(『법률』 836b8-e). 나아가 비대칭적인 소년애적 관계는 전통적인 아테네 교육의 근간이었고, 이 때문에 교육 체계 자체가 권위주의적인 주입식 지식 전달 방식에 얽매일 수밖에 없었다. 플라톤도 『향연』의 알키비아데스 연설에서 스승과 제자의 역할 전도를 역설하고 공동의 능동적인 진리 탐구를 촉구하면서 당시 그리스 사회의 전통적인 교육 모델을 신랄하게 비판하고 있다.

이러한 비판에도 불구하고, 고대 그리스의 소년애와 철학 간의 유비는 이 둘이 육체의 자녀들보다 고매한 사상들의 생식을 고무시킨다는 점에 있는 것 같다. 이에 대한 본격적인 논의의 준비과정으로 당장은 아킬레우스의 죽음의 원인에 주목할 필요가 있다.

—

'아킬레우스의 죽음'에 관한 두 가지 해석

파이드로스는 파트로클로스에 비해 아킬레우스가 더 멋있었고 수염도 없었다고 주장한다. 그래서 그는 아킬레우스가 사랑하는 사람(erastēs)이라는 아이스퀼로스의 말은 부당한 것이고 그가 나이가 훨씬 더 어린 사랑받는 사람(erōmenos)이었다는 호메로스를 신뢰한다고 말한다. 게다가 사랑받는 소년 애인 아킬레우스는 자신의 선택적 운명을 익히 알고 있었으면서도 파트로클로스를 위해 복수하고자 죽음을 선택했다는 것이 파이드로스의 논점이다.

이와 달리, 소크라테스-디오티마는 아킬레우스의 죽음이 불사하는 명예를 위한 죽음이었다고 주장한다(179e1-180b5). 디오티마는 몸에서의 임신과 영혼에서의 임신을 구분한 뒤, 영혼의 자손인 명예에 대한 사랑이 불사성과 밀접한 관련이 있다는 것을 상세하게 논의한다. 그러면서 그녀는 아킬레우스가 파트로클로스를 뒤따라 죽은 것도 자신의 덕, 즉 용기에 관한 불사의 기억을 위해서라고 해석한다. 이름난 자들이 되는 것 그리고 계속 이어질 미래를 위해 불사의 명성을 쌓는 것을 사랑하기 때문에 그가 죽음을 택했다는 것이다(208c1-e2).

사실상 아킬레우스의 죽음의 의미를 둘러싼 논쟁은 『일리아스』 자체 내에서도 두 가지 경쟁적인 해석으로 남아 있을 정도이다. 그럼 이제 디오티마가 언급한 불멸성에 대한 사랑이 무엇인지를 좀 더 살펴보기로 하자.

사랑의 사다리와 철학적 에로스

가르치는 자인 디오티마에 따르면, 에로스는 위대한 신이 아니라 가사자와 불사자 사이의 위대한 신령(daimōn)으로서 아름다운 것과 추한 것 그리고 좋은 것과 나쁜 것 사이에 있는 존재, 즉 '중간자(ti metaxy)'로서 아름다운 것과 좋은 것을 사랑하는 자로 규명된다(201d1-203a8). 이처럼 에로스의 정체가 검토된 뒤, 좋은 것이 자기의 것이 될 때 행복하게 되기 때문에, 에로스가 좋은 것을 자신의 것으로 늘 소유하려는 욕구라고 강조되어 정의된다(204c7-206a13). 그런데 인간이 좋은 것을 영원히 소유하려면 어떻게 해야 할까? 디오티마는 몸과 영혼 모두에서 아름다운 것 안에서의 출산(tokos en kalōi)이라는 에로스의 기능(ergon) 논의를 전개하여

답한다(207a5-208b6).

그렇다면 우리가 출산을 하는 이유는 무엇일까? 남녀를 불문하고 모든 사람의 임신과 출산은 가사자인 생물 안에 들어 있는 불사적인 것이고 신적인 것이기 때문이라는 점이 밝혀진다. 요컨대, 새로운 것을 낳음으로써 불사하려는 것이 에로스의 원인이다(207a5-208b6). 인간은 출산을 통해 불사성을 획득하는데, 모든 면에서 동일하고 불변하는 존재인 신적인 것과 대조적으로, 이 불사성은 가사적인 것과 불변적인 것 사이에 있는 것이다. 그것은 늙어가고 떠나가는 것이 그것 자체의 원래 모습과 닮은 또 다른 새로운 것을 남겨 놓는 연속적인 대체를 통한 과정의 지속성, 즉 '과정적 불멸성(processive immortality)'을 말한다(208a7-b4). 이것의 철학적인 차원을 좀 더 깊이 있게 논의하자면, 사랑이 욕망이고 어떤 욕망이든 욕망의 대상 안에는 욕망이 충족되는 지점까지는 욕망하는 주체의 지속적인 실존이 포함되어 있는 것으로 미리 전제되어 있기 때문에, 주체의 지속적인 실존에 대한 욕망은 욕망들을 욕망하고 만족시키는 과정의 지속성에 대한 욕망이다. 따라서 불멸성에 대한 사랑은 모든 가사자의 실존에 필수적이다.

그렇다면 몸에 임신하고 출산한 '인간적인 아이들'과 영혼에 임신한 더 아름답고 더 불사적인 '영혼의 아이들' 중에 어떤 아이들이 더 불사적인가? 앞선 일련의 논의를 통해, 우리는 비로소 디오티마가 아킬레우스의 죽음의 원인이 용기에 관한 불사의 기억과 불멸의 명성(kleos)에 대한 사랑 때문이라고 말하는 이유를 이해할 수 있게 된다. 아킬레우스에게 신들이 약속한 불멸의 명성은 인간적인 아이들이 제공할 수 없는 불사적인 자식이고 따라서 이 영혼의 자식이 그에게 불사의 명성과 기억을 가져다주기 때문이다.

끝으로, 소크라테스-디오티마의 연설에서 플라톤적인 사랑은 올라가야 할 '수직의 사다리(a vertical ladder)'로 형상화되어 있다. 디오티마 연설의 고급 과정인 세 번째 단계는 에로스의 사다리에 관한 종교적이고 비의적인 것들에 대한 계시에 가깝다. 종교적 신비주의자들의 영적 체험과 마찬가지로, 초월적 실재들과의 지적 접촉에 대한 플라톤의 경험은 너무도 강렬한 것이어서, 성적 결합의 언어만이 그것을 표현하기에 적합했을지 모른다. 아름다운 것 자체에 대한 앎으로의 상승인 에로스의 사다리에 관한 첫 번째 설명은 모두 다섯 단계로 이뤄져 있다. 첫 번째 단계는 하나의 몸에 대한 사랑, 두 번째 단계는 모든 몸들에 대한 사랑, 세 번째 단계는 아름다운 행실과 법에 대한 사랑, 네 번째 단계는 아름다운 앎에 대한 사랑 그리고 다섯 번째 단계이자 최종 단계는 아름다운 것에 대한 직관이다.

디오티마가 최대한 주의를 기울이라고 촉구하는 최종 단계는 사실상 '말할 수 없는 것'이다. 그러나 '말할 수 없는 것'에 대해 말하는 최선의 방법은 예를 드는 것이다.

> 우선 그것은 늘 있는 것이고, 생성되지도 소멸하지도 않고, 증가하지도 감소하지도 않는 것입니다. 그 다음으로 그것은 어떤 면에서는 아름다운데 다른 면에서는 추한 것이 아니고, 어떤 때는 아름다운데 다른 때는 아닌 것도 아니고, 어떤 것과의 관계에서는 아름다운 것인데 다른 것과의 관계에서는 추한 것도 아니며, 어떤 자들에게는 아름다운데 다른 자들에게는 추한 것이어서 여기서는 아름다운데 저기서는 추한, 그런 것도 아닙니다.(210e6-211a5)

디오티마에 따르면, 아름다운 것은 본성상 언제나 존재하는 것으로 영원하다. 그런데 그녀는 사랑의 사다리에 관해 반복해서 그러나 차이를 드러내며 이야기하고 있다. 다섯 단계인 첫 번째 설명과 비교하면서 그녀의 두 번째 설명을 살펴보면, 하나의 아름다운 몸에서 아름다운 몸 둘, 아름다운 몸 둘에서 모든 아름다운 몸, 아름다운 몸에서 아름다운 관습, 아름다운 관습에서 아름다운 학문, 아름다운 학문에서 아름다운 것 자체에 대한 앎이라는 여섯 단계의 이행이 제시되어 있다는 것을 알 수 있다(211c1-d3).

이러한 철학적 에로스 교설을 통해 마침내 디오티마는 인간에게 가치 있는 삶이 신적인 아름다운 것 자체를 관조하며 사는 삶이라고 선언하기에 이른다. 행복에 관한 앞선 설명과 함께, 이것은 아리스토텔레스 행복론의 우월론적 해석과 맞닿아 있다(『니코마코스 윤리학』 1095b15). 플라톤은 모든 인간 영혼에 아름다움을 향한 깊은, 반쯤 의식된 욕구를 상정하는데 궁극적으로 이 욕구는 이성 자체와 동일하지만, 에로스로서 경험될 수 있는 것이다. 그에 따르면, 에로스의 사다리의 정점에 도달하여 자신의 지성으로 신적인 아름다움을 응시하는 철학적으로 사랑에 빠진 자야말로 참된 덕을 산출하고 신이 친애하는 자가 되며 불사자가 된다. 에로스의 사다리 이야기는 이성적 욕구를 부적절한 대상에 대한 집착에서 해방시키고 그 방향을 그것의 고유한 목표인 "아름다움 자체에 대한 진정한 앎"을 향한 상승으로 재설정하려는 플라톤 에로스론의 철학적 기획이다. 사랑은 이렇게 불사적이다.

생각해 보기

1. 영화 〈트로이〉가 그것의 원작인 호메로스의 『일리아스』를 왜곡하는 점들이 무엇인지를 밝히시오.

2. 아킬레우스의 영웅주의(heroism)가 안고 있는 문제점을 규명하시오.

제5강

현상과 실재

형이상학과 실재

'실재'(實在, reality)는 존재는 존재인데 '참된'이란 형용사가 붙는 '참된 존재'를 말한다. 그렇다면 '진짜 존재'인 실재란 무엇인가? 서양 철학사에서 실재의 본질에 관한 의미규정의 차이는 대립하는 형이상학적 입장으로 면면히 지속되고 있는데, 이와 관련하여 헤라클레이토스Herakleitos와 파르메니데스Parmenides 각각의 형이상학적 세계관을 간단하게라도 정리하고 넘어가는 편이 낫겠다. 헤라클레이토스가 감각과 지각에 드러나는 변화를 실재의 참된 모습이라고 강조했다면, 파르메니데스는 실재가 변화의 배후에 숨어 있고 이성적 사유를 통해서만 접근이 가능하다고 역설했다. 전자는 사물의 참모습을 우리의 감각에 나타나는 모습, 즉 현상

(phenomenon)과 전혀 분리되지 않는 것으로 주장하는 반면에, 후자는 실재와 현상을 상호간에 분리된 것으로 간주하는 것이다.

그럼 세상은 헤라클레이토스가 주장하듯이 생성과 소멸의 반복 속에 있는 것일까 아니면 변화하는 현상의 배후에는 불변적인 어떤 것이 존재하는 것일까? 현상이란 말은 어떤 것이 나타난다는 것을 뜻한다. 따라서 현상 배후에 우리가 그때그때 경험하는 것으로 나타나게 하는 어떤 것이 존재해야 한다. 그리고 이 어떤 것은 현상의 배후에서 변화하지 않고, 따라서 감각지각에 의해 파악될 수 없는 비가시적이고 초경험적인 것이어야 할 것이다. 그것은 그 자체로 불변적이고 독립적이며 감각에 의존하지 않고 이성적 통찰에 의해서만 파악될 수 있기 때문이다. 플라톤의 현상 구제 기획을 논외로 하면, 그래도 파르메니데스의 존재 사상은 플라톤의 이데아론과 매우 흡사하다. 플라톤은 가변적인 현상세계의 배후에 있는 불변적이고 영원하며 보편적인 실재를 찾고자 했다. 이를 테면, 지구가 둥글기 때문에 현실 세계에서 우리가 작도하는 모든 삼각형은 내각의 합이 180°보다 클 수밖에 없다. 그래서 그는 삼각형들의 형이상학적 근거를 한 치의 오차도 없이 내각의 합이 180°인 '삼각형 자체'라는 이데아로 제시했던 것이다.

실재를 '변화'라고 하든 '존재'라고 하든 간에, 우리는 이러한 실재의 근본 구조를 탐구하는 철학의 한 분과를 우리말로 '형이상학(形而上學, metaphysics)'이라고 부른다. 'metaphysics'란 낱말의 유래를 찾다 보면, 우리는 기원전 1세기 후반으로 거슬러 올라가게 된다. 책 제목은 그리스어로 『ta meta ta physika』인데, 이것은 아리스토텔레스 자신이 직접 붙인 것이 아니라, 기원전 1세기 후반 아리스토텔레스의 저술을 최초로 편집한 안드로니코스Andronikos가 붙인 것으로 알려져 있기 때문이다. 이 명칭은 그가 아리스토텔레스의 저작집 편찬 작업 중에 제목도 붙어 있지 않고 오르가논이나 윤리학 등 어떤 분야에 귀속되기도 곤란한 내용을 담고 있는 논문들을 한데 모아 자연학(ta physika)의 저술들 또는 문제들 '뒤에(meta)' 배치한 편집 순서에서 유래됐다. 이러한 서지학적 사실 말고도 이와 관련된 비교적 최근의 또 다른 해석은 형이상학이 감각으로 경험할 수 있는 세계의 구조, 즉 자연학적인 탐구를 얻고 난 '다음에야(meta)' 비로소 변하지 않는 형상의 개수와 본성에 관한 문제를 다룬다는 학문방법론을 함축한다는 것이다.

그렇다면 우리는 왜 실재가 무엇인지 알아야 하고 나아가 이러한 형이상학적 실재를 추구해야만 하는 것일까? 무엇보다도 그 이유는 인간의 사유가 일정 정도 존재론적 전제를 바탕으로 이루어진다는 점에서 찾을 수 있다. 왜냐하면 '실재' 개념 자체가 어떤 담론에서든 매우 기본적인 개념이고, 따라서 모든 형태의 지적 탐구들이 암묵적으로 어떤 것을 '실재'로 볼 것인지를 미리 전제하고 있기 때문이다. 이보다 심각한 문제는 실재에 대한 추구를 거부할 경우 가짜와 허위가 판치는 세상을 비판할 존재론적 가치

능력을 상실하게 되어 '가치의 무정부 상태'에 직면하게 된다는 것이다.

특이점과 포스트휴먼 시대

인류 역사를 돌이켜보면, 인간이 특별한 존재라는 공인된 견해에 도전하여 인간의 자존심을 크게 훼손시키는 이론적 실천은 언제나 비판의 표적이 되어 왔다. 지구가 우주의 중심이 아니라는 코페르니쿠스의 지동설에도, 인간이 다른 영장류에서 조금 더 진화한 존재일 뿐이라는 다윈의 변화론도 예외는 아니었다. 최근에 인간 향상(human enhancement)이란 다양한 기술공학적 수단을 통해 인간 이후의 존재인 포스트휴먼posthuman이 가능하다는 최근의 미래 예측 또한 심원한 쟁점이 되고 있다. 심장을 기계 펌프로 교체하고, 부실한 한쪽 뇌는 인공지능으로 대신하는 등 포스트휴먼이 되어 가는 과정에 있는 존재인 트랜스휴먼transhuman에 대한 현 인류의 정서적 저항이 만만치 않기 때문이다. 이러한 정서적 반감의 밑바탕에는 특별한 존재인 인간의 본성(human nature)이라는 철학 쟁점이 자리 잡고 있다.

그렇다고 해도, 수확 가속의 법칙에 힘입어 특이점(the particularity)이 도래하고 여기서 탄생할 인간-기계 문명으로, 비생물학적 지능, 즉 컴퓨터가 인간 지능에 맞먹거나 그것을 능가할 수 있다는 예측과 우려가 부인할 수 없는 현실이 되고 가고 있다. 생물학적 지능이 미래의 기계에 진화의 우위를 내준다는 것은 인간의 지위에 대한 또 하나의 심각한 도전일 뿐 아니라, 의식이 없어 보이는 컴퓨터가 의식을 가질 가능성을 배제할 수 없게 됨으로써 야기될 묵시록적 미래가 이미 시작됐을지도 모른다. 인공지능이 우리의 몰락인지 비상인지는 알 수 없지만, 컴퓨터가 인간과의 간극을 좁히고 오히려 전세를 역전시키는 미래의 인공 지능에 관한 공상과학영화가 있다. 워쇼스키 자매의 〈매트릭스〉(The Matrix, 1999)는 인간이 '매트릭스'라는 1999년의 가상현실 프로그램을 현실로 지각하며 살아가는 디스토피아적 미래를 다룬 영화이다.

〈매트릭스〉와 동굴의 유비

그 어떤 영화보다도 진지한 철학적 무게를 지닌 〈매트릭스〉는 문화산업, 종교, 상품물신주의나 포스트모더니즘 등 많은 철학적인 주제들에 말을 거는 매우 보기 드문 작품이다. 지금 보아도 전혀 촌스럽지 않은 이 영화와 관련하여 미리 밝혀두자면, 몇몇 주제는 앞으로도 이 책의 다른 논의에서 비중 있게 다뤄질 것이다. 여기서는 그것들 중 하나인 플라톤의 '동굴의 비유(Allegory of the Cave)'를 통해 '여러분이 믿고 있는 주변의 모든 것들에 의문을 제기하라'는 영화의 핵심 메시지에 다가가 보려 한다. 왜냐하면 『국가』의 동굴의 비유에 나타난 네 가지 단계들이 『매트릭스』의 네오Neo가 겪는 자기 인식의 변화와 상당히 유사하게 맞물려 있기 때문이다. 따라서 동굴의 각 단계와 네오의 인식 변화의 심급을 병치하여 설명해 가면서 철학의 다양한 주제들을 검토해 보고자 한다.

키아누 리브스Keanu Reeves는 낮에는 컴퓨터 프로그래머 토마스 앤더슨으로 살아가고 밤에는 해커로 활동하는 '네오'를 연기한다. 무엇보다도 그를 움직이는 것은 '매트릭스는 무엇인가?'라는 의문이다. 나중에 명확하게 드러나겠지만, '마음속의 가시(splinter in the mind)' 같은 이 질문은 사실상 예언자 오라클의 부엌 문 위에 걸려 있던 라틴어로 쓰인 현판의 글 '너 자신을 알라(Temet Nosce)'와도 일맥상통하는 말이다. 그러면 매트릭스의 정체 규명과 네오의 자기 인식의 상관성을 동굴의 알레고리를 통해 구체적으로 이야기해보자.

1. 동굴 안 벽면 보기

플라톤이 말하는 이상한 비유와 이상한 죄수는 다음과 같다. 지하 동굴에서 죄수들은 어릴 적부터 사지와 목을 결박당한 상태로 앞만 보도록 되어 있고 포박 때문에 머리를 돌릴 수도 없다. 이들의 뒤쪽에는 불빛이 타오르고 있고, 이 불과 죄수들 사이에는 가로로 길이 하나 나 있다. 이 길을 따라 담(흉장)이 세워져 있고, 인형극을 공연하는 사람들처럼 이 담을 따라 사람들이 온갖 인공의 물품들과 돌, 나무 또는 그 밖의 온갖 것을 재료로 하여 만든 인물상과 동물상을 담 위로 쳐들고 가면서 어떤 이들은 소리를 내거나 조용히 지나가기도 한다.

그런데 죄수들은 불로 인해서 자기들의 맞은편 동굴 벽면에 투영되는 그림자들만 바라볼 뿐이다. 머리조차 움직이지 못하도록 강제되어 있는 탓에 죄수들은 자기 자신은 물론이고 서로를 본 일조차 없다. 따라서 운반되는 것들과 관련해서도 죄수들은 벽면에 비친 지나가는 것을 실물로 지칭할 것이고, 누군가가 지나가면서 소리를 낸다면 당연히 그림자가 소리를 내는 것이라고 밖에는 생각할 수 없는 상태이다. 결론적으로, 이들은 그림자들을 실물이라고 말할 뿐 아니라 그림자들 이외의 것을 진짜(실재: to on)라고 생각하는 일도 결코 없을 것이다.

동굴 속의 결박된 죄수들에게 동굴 벽면에 '그림자'를 생기게 하는 모형들은 사실상 동굴 밖에 있는 것들이기 때문에 동굴 벽면의 그림자는 '그림자의 그림자'일 뿐이다. 그렇지만 그들은 인형극 공연자들이 보여주는 인형의 그림자들을 진짜, 즉 실재로 생각하며 살아가고 있다. 여기서 인형극 공연자들은 당대의 소피스트나 민중선동가들을 상징하는데, 이들은 대중들에게 허위

의식으로서의 이데올로기를 심어줄 뿐만 아니라 그것으로 이들을 선동한다고 할 수 있다. 이들로 인해 죄수들은 나쁜 통치 체제하에서 잘못된 교육을 받아 올바른 판단이 불가능한 상태에 처해 있다고 할 수 있다.

동굴 감옥 속 수인囚人들은 태어날 때부터가 아니라 어릴 적부터 포박상태에 있는데, 이것은 영혼의 눈이 이미 시력을 소유하고 있다는 것을 나타낸다. 이와 달리, 모피어스는 네오가 '마음의 감옥'에서 태어났다고 진술하는데, 이것은 인간이 지각하는 현실이 인공지능에 의해 만들어진 가상현실이고 컴퓨터가 만든 통제 시스템, 즉 '매트릭스'라는 것을 뜻한다. 네오의 현재의 삶이 진짜가 아닌 가짜라는 것은 진리를 알기 위해 빨간 알약을 먹는 선택을 하기 전에는 결코 알 수 없는 것이다. 빨간 알약을 선택할 때에라야 그는 머리 뒤쪽에 매트릭스에 접속하는 구멍을 갖고 있는 자신이 진짜 네오라는 사실을 받아들일 수 있게 된다.

지하 동굴의 죄수들은 사지와 목이 결박되어 정면만을 응시하게 되어 있고, 포박 때문에 머리도 돌릴 수 없다. 비슷하게도 네오는 후두부에 플러그가 장착되어 있고, 온몸에 케이블이 연결된 상태로 누에고치 같은 용기에서 깨어난다. 인간은 자신의 생체 전기 에너지와 체열을 수집하여 컴퓨터로 보내는 용기 안에 갇힌 채 일생을 보내는 것이다. 그런데 자신을 볼 수 없는 플라톤의 수인과 달리, 네오는 자신이 사슬에 매여 있다는 것, 좀 더 정확히 말하자면 매트릭스의 검은 케이블 전선에 꽂혀 있다는 것을 발견한다.

게다가 다른 죄수들을 볼 수 없는 플라톤의 수인과 달리, 네오는 온몸에 검은 케이블 전선을 꽂고 분홍색의 끈적끈적한 액체로 가득 한 동굴 같은 고치 안에서 잠들어 있는 다른 인간들의 모습을 보고 경악한다. 모피어스는 인간이 오로지 기계에 의해서, 기계를 위해서 사육되고 생명이 유지된다고 말한다. 매트릭스의 목적은 인간을 기계를 위한 인간 발전소의 건전지, 즉 기계류의 에너지원으로 만드는 것이다. 그렇다면 기계들은 무슨 일을 하는데 배터리가 필요한 것일까? 케이블에 의해 매트릭스 속 인간에게 그들의 눈을 현혹시키는 그림자극을 제공하여 인간을 문화 산업의 소비 유혹이라는 노예 상태에서 깨어나지 못하도록 하는데 쓰이고 있다.

2. 동굴 안 불빛으로의 전향

동굴 유비의 두 번째 단계는 누군가가 결박에서 풀려나서 불빛을 바라봄으로써 어리석음에서 치유되는 단계이다. 죄수들 중 한 사람이 결박에서 풀려나 일어서서 목을 돌려 불빛 쪽을 쳐다보도록 강요당한다면, 이것들 하나하나가 그에게는 대단히 고통스러운 경험이 될 것이다. 또한 처음에는 그림자들의 실물을 눈부심 때문에 볼 수조차 없다. 전에는 그가 엉터리를 보았지만 이제는 진짜에 좀 더 가까이 와 있다고 조언하며 지나가는 것들 각각을 그에게 가리키며 그것이 무엇인지 대답하도록 강요당한다면, 이 사람은 당혹해 하면서 동굴 벽면 그림자가 방금 지적받은 것들보다 더 진실한 것이라고 믿을 것이다. 나아가 그에게 불빛 자체를 보도록 강요한다면 그는 눈이 아파서 자신이 바라볼 수 있는 것들로 달아날 것이다.

케이블이 제거된 네오는 모피어스에 의해 구조되어 그의 네브카드네자르 호에 승선하게 된다. 하지만 인공적으로 구성된 편안하고 질서 정연한 '현실' 대신 '진실의 사막'을 선택한 저항 대원들에게는 그만한 대가가 따르는 법이다. 현실 세계에 온 네오는 발전소에 갇혀 있느라 퇴화되었던 근육을 단련시키기 위해 전기 자극의 고통을 경험해야 했다. 치료 과정 중에 그는 자신의 눈이 아픈 이유를 묻는데, 모피어스는 네오가 눈을 써 본 적이 없기 때문이라고 대답한다. 나아가 보통 우리는 감각기관에 의해 지각한 바를 '진짜'로 받아들인다. 안락의자에 앉아 나누는 모피어스와 네오의 대화를 들어보면, 〈매트릭스〉에서 감각 대상을 진짜라고 하게 되면 실재는 뇌가 해석하는 전기 신호에 불과한 것으로 드러난다. 그런데 정작 영화에서는 감각 자체가 잘못됐다는 좀 더 중대한 문제가 제기되고 있다. 이것에 관해 매트릭스 안과 밖, 즉 1999년의 '꿈의 세계'와 2199년의 '진실의 사막'에 관한 역사를 전해들은 네오는 극심한 혼란 때문에 구토까지 하고 만다.

휴식을 취한 네오는 매트릭스 안과 밖의 차이, 정신과 몸의 관계에 관해 학습하며 현실 적응기를 갖는다. 그는 매트릭스와 유사한 컨스트럭트에서 각종 무술을 내려받은 후 모피어스와 대련을 하는데, 이 장면에서 모피어스는 네오의 패배 원인이 그의 마음에 있다며 마음을 자유롭게 할 것을 계속해서 충고한다. 훈련 시뮬레이션에서 점프에 실패한 네오는 매트릭스에서 빠져 나오자 입에서 피가 흐르는 것에 대해 묻는다. 놀란 네오에게 모피어스는 마음이 현실을 만든다며 정신과 몸의 상관성에 대해 언급하면서 정신이 죽으면 몸도 죽는다고 잘라 말한다.

3. 동굴 밖으로의 상승

동굴 유비의 세 번째 단계는 가장 역동적인 이미지를 갖고 있다. 누군가가 그를 험하고 가파른 오르막길을 통해 햇빛 속으로 억지로 끌고 나가는데, 짐작할 수 있듯이, 이 과정 역시 수인에게는 고통스럽고 언짢을 것이다. 마침내 그가 빛에 이르렀을 때 그는 광휘 때문에 진짜들이라고 하는 어떤 것도 볼 수 없게 될 것이다. 이 때문에 높은 곳의 것들을 보려면 익숙해짐(synētheia)이 요구된다. 적응은 순차적으로 이뤄지는데, 처음에는 그림자들, 다음으로 물속에 비친 사람들이나 다른 것들의 상(eidōlon)들을 보게 되고, 그런 다음 실물들을 보게 될 것이다. 나아가 하늘에 있는 것들과 하늘 자체를 낮에 해와 햇빛을 봄으로써 보다는 밤에 별빛과 달빛을 봄으로써 더 쉽게 관찰할 것이다. 최종적으로 그는 제자리에 있는 해를 그 자체로서 보게 될 것이다. 그러면서 그는 태양이 계절과 세월을 가져다주고, 보이는 영역의 모든 것을 다스리고, 그가 보았던 모든 것의 원인이 되는 것이라고 결론짓게 된다.

훈련 프로그램을 마친 네오 역시 예언자 오라클에게로 안내된다. 오라클은, 운명을 믿는 모피어스는 '그'를 찾아낼 것이고 운명은 믿지만 사랑을 믿지 않는 트리니티는 '그'를 사랑하게 된다고 말한다. 네오와 오라클의 만남은 자유 의지와 운명이라는 주제와 깊이 연관되어 있다. 운명을 믿지 않는 네오에게 오라클은 자기인식(Temet Nosce), 즉 그가 '그'인지 여부와 꽃병 사건, 그리고 다음 생애 등을 언급한다. 특히, 그녀는 모피어스와 네오 둘 중 하나는 죽는다고 예언한다. 그러나 이 예언이 빗나간다는 사실에 주목할 때, 둘의 만남에서 그녀는 자신이 해야 할 말만을 했고 네오는 그것을 나름의 방식대로 받아들인다는 것을 알 수 있다.

사이퍼의 배신으로 동료들을 잃은 네오는 자신의 생명이 희생돼야 한다는 것을 인식한 후 요원들에게 붙잡힌 모피어스를 구하러 나선다. 네오는 모피어스의 구출과 자신의 안위 사이에서 선택을 해야 했고, 자기희생이라는 선택을 감행으로써 자신이 실제로 '그'라는 사실을 깨닫게 되고 동시에 인간적인 면모도 유지하게 된다고 할 수 있다. 모피어스를 구한 후, 네오는 탈출 과정에서 요원 스미스에게 죽지만, 매트릭스 밖에서 트리니티의 키스를 받고 부활하는데, 그것이 생명을 주는 키스이자 죽음보다 강한 사랑의 행위임을 알 수 있다. 부활한 네오는 사방에서 녹색 코드가 흘러내리는 것을 통관하게 되고, 놀라운 새로운 힘까지 소유하게 된다. 스미스 요원을 제거한 후 네오의 몸은 광채까지 발산한다.

4. 동굴 안으로의 하강

동굴의 비유의 최종 단계는 만물의 원인이 태양이라는 사실을 깨닫게 된 죄수가 최초의 거처와 거기서의 지혜, 그리고 동료 죄수들을 상기하고는 자신과 행복과 그들의 불행에 관해 골몰하는 심급이다. 앞의 세 단계를 거친 그가 동굴 감옥에서 수여되는 명예, 칭찬 그리고 상을 경멸하겠는가 아니면 부러워하겠는가? 만약에 이 사람이 동굴로 다시 내려가 어둠에 익숙해지지도 않은 상태에서 줄곧 그곳에 머문 이들과 경합을 벌이도록 요구받는다면, 그는 그림자들을 제대로 판별하지 못한다고 비웃음을 살 것이다. 또한 이런 상황에 대해 동굴의 수인들은 위로 올라가더니 눈을 버렸다며 올라가려 애쓸 가치가 없다고도 말할 것이다. 이렇다 보니 자기들을 풀어 주고 위로 인도하려는 자를 붙잡아 죽이려 하지 않겠느냐는 것이다.

영화에서는 '짧은 에필로그'가 이어진다. 매트릭스로 돌아온 네오의 마지막 내레이션은 관객에게 전화를 거는 목소리다. 그는 매트릭스에 갇힌 자들에게 '모든 것이 가능하다'는 것을 증명하겠다고 공언한다. 그는 요원들에게 불확실하고 예측할 수 없는 세계에 직면하게 될 것이라고 선전포고를 한다. 반면에 그는 우리에게 1999년의 가상현실 프로그램이라는 제한된 거짓 세상이 아닌 인간이 자유롭게 만들어가는 세상에서 진짜가 되고 싶은지 묻고 있는 것이다. 여러분은 영화의 마지막 장면에서 하늘로 날아오르는 네오처럼 진정 자유롭고 싶은가.

네오의 선택 VS 사이퍼의 선택

네오와 사이퍼 두 사람의 선택 중 누구의 선택이 더 도덕적인가? 사이퍼는 스미스 요원과 비열한 거래를 한다. 그는 9년 동안 모피어스의 명령을 좇는데 넌더리가 났고 실재 세계의 고통에도 신물이 난 나머지 매트릭스 안에서 부유하고 배우처럼 중요한 사람, '미스터 레이건'으로 새로운 삶을 살고 싶다는 의지를 분명하게 밝힌다. 우리는 사이퍼가 실재로부터 등을 돌려 매트릭스로 다시 들어가려고 저지르는 갖가지 끔찍한 실수들을 목격하게 된다. 그에게는 도덕적 이성이 결여되어 있었다. 이성은 우리로 하여금 외부 세계의 존재를 받아들이도록 강요할 뿐만 아니라 우리가 이 세상을 인정하고 그 안에서 스스로 의미 있는 삶을 살고, 그리고 성숙한 인간으로서 세상사에 참여할 것을 요구한다.

물론 사이퍼는 매트릭스가 진짜가 아니라는 것을 잘 알고 있다. 그러나 그는 이러한 사실에 눈감을 수만 있다면 착각과 환상의 즐거운 세계로 퇴행하는 것이 오히려 더 나은 삶이 될 수 있다고 믿고 있다. 사이퍼는 줄곧 유혹과 죄를 연상시켰던 육체적 감각의 쾌락을 추구하기 때문이다. 이 과정에서 그는 도덕적인 오류뿐만 아니라 인식상의 계산 착오까지 저지르고 만다. 왜냐하면 그는 실재보다 환상에 거주하기 때문이다. 그러나 저항군들에게 중요한 것은 무엇이 그럴듯해 보이느냐가 아니라 무엇이 현실인가였다. 그들에게는 환상으로 구성된 삶, 즉 주관적인 쾌락은 바람직하지 못한 것이다. 그런데도 이를 자발적으로 선택한다면 그것은 대단히 수치스러운 일일 것이다.

사이퍼는 쾌락만이 자신의 삶을 가치 있게 만들어 주는 유일한 것이라고 전제하는 오류를 저지른다. 〈매트릭스〉에서 미각은 금욕적인 가치와 더불어 언급된다. 음식이 주는 쾌락은 매트릭스에 대한 저항을 무력화시키는 가장 위험한 유혹을 구현하고 있다. 매트릭스에는 부드러운 육질의 스테이크가 있지만, 진짜 세계에는 밍밍한 죽이 있을 뿐이다. 실재 세계와 비교할 때 매트릭스는 감각적 쾌락의 낙원이다. 사이퍼는 철두철미한 쾌락주의자이고, 가장 저급한 인물이며 그는 경멸받을 만하다. 게다가 동료 간의 신뢰에 대한 사이퍼의 배신은 분명 최악의 것이다. 사이퍼가 네오에게 밀주를 권할 때, 그는 우정을 가장하면서 사실은 세상을 구원할 당사자인 네오에 대해 조롱도 마다하지 않는다.

사이퍼가 등장하는 장면은 미각이 가진 또 하나의 전통적 의미, 즉 먹는 행위와 성욕의 상관성도 드러내고 있다. 그는 동료들을 주저 없이 죽인 후 꿈꾸고 있는 트리니티의 몸에 다가가 위협적으로 중얼거린다. 그의 말과 몸짓은 위협하는 것 같기도 하고 애무하는 것 같기도 하다. 그는 매트릭스가 진짜 삶보다 더 진짜 같다고 단언한다. 매트릭스가 제공하는 경험이 훨씬 더 완벽하기 때문이다. 그에게 무지에 안주하는 것은 그야말로 지복至福인 것이다. 하지만 다른 네브카드네자르의 대원들에게는 쾌락 이상의 중요한 무언가가 있다. 그것은 진실과 자유다. '진실의 사막'을 대면하기로 결심한 네오에게는 삶에 의미를 부여하는 참된 행위와 참된 경험이 허락된다. 그러므로 그의 결심은 도덕적 가치가 있다.

경험 기계

자유 의지에 따른 선택이 얼마나 가치 있는 것인지를 증명하는 '경험 기계'라는 사유 실험을 살펴보자.

> 그대가 원하는 그 어떤 경험이라도 마련해 줄 경험기계(經驗器械, experience machine)가 있다고 생각해 보자. 탁월

한 신경 심리학자들이 그대의 두뇌를 자극하여 그대가 마치 위대한 소설을 쓰거나, 친구를 사귀거나, 또는 흥미 있는 책을 읽고 있듯이 생각하고 느끼게 만들 수 있게 한다. 이렇게 느끼는 동안 내내 그대의 두뇌엔 전극電極이 연결되어 있고, 그대의 몸은 경험 기계에 연결되어 있을 것이다. 그대의 생애의 체험들이 모두 미리 처리되어 그대의 뇌에 심어진 채, 그대는 이 경험 기계에 평생 연결되어 있기 원하겠는가? 그대가 어떤 바람직한 경험을 놓칠까 두려워한다면, 기업가들이 많은 다른 사람들의 생애를 철저히 조사했다고 상상할 수도 있다. 그대는 그 기업가들이 소유한 거대한 도서관이나 그러한 경험의 뷔페 식당에서 원하는 바대로, 가령 한 2년 동안의 경험을 선택해 살 수 있다. 2년이 지난 후면 그대는 그 경험 기계에서 한 10분 또는 10시간이건 나와서 그대의 다음 2년을 위한 경험들을 선택한다. 물론 그대가 그 기계 속에 있는 동안, 그대는 그대가 거기에 연결되어 있다는 것을 모를 것이다. 그대는 모든 것들이 실제로 일어난다고 생각할 것이다. 다른 사람들도 그들이 원하는 경험을 갖기 위해서 자신을 그 기계에 연결할 수 있으므로, 경험들을 타인에게 봉사하기 위해 기계 밖에 서 있을 필요가 없다(모두가 기계에 연결되면 누가 기계를 다룰까 하는 따위의 문제는 무시해 버리자). 그대는 기계에 연결되길 원하는가?

이 '경험 기계'와 '매트릭스'는 실재 세계의 경험들과 구분할 수 없는 가상의 경험들을 산출한다. 그런데도 사람들이 이토록 완벽한 경험 기계에 접속하지 않으려는 이유는 무엇일까? '경험 기계'나 '매트릭스'는 참되고 의미 있는 행위를 허락하지 않는다. 단지 의미 있는 행위의 이미지만을 제공할 뿐이다. 경멸할 만한 인물인 사이퍼는 더 좋은 '삶'을 얻기 위해서가 아니라 더 나은 '체험'을 위해서 동료를 배신했다. 한마디로 그는 자신의 인간다움을 포기한 것이다.

우리가 '경험 기계'를 거부해야 할 세 가지 이유가 있다. 첫째, 우리에게 중요한 것은 단지 그것을 행하는 경험을 가지는 것이 아니라 그것을 실제로 행하는 것이다. 또한 기계에 연결되길 원하지 않는 두 번째 이유는 우리가 원하는 것은 무규정의 형체 없는 덩어리, 즉 '정체불멸의 존재'가 되는 것이 아니라, 용기 있고 친절하며 지적이고 재치가 넘치며 사랑스러운 사람과 같은 개성 있는 인간이길 원한다. 셋째, 경험 기계에의 연결은 우리를 인조의 현실, 즉 인간이 구축할 수 있는 것보다 더 심오하지도 중요하지도 않은 세계 안에 우리를 제한한다. 바꿔 말하자면, 살아가면서 우리가 이루고 싶어 하는 것들에 대한 상상력은 '무한한' 반면, 경험 기계가 만들어 줄 세계는 그 한계가 정해져 있다는 것이다.

'경험 기계'라는 사유 실험을 통해 우리는 우리가 욕구하는 것이 현실과 접촉하며 능동적으로 우리 자신의 삶을 사는 것임을 깨닫게 된다. 자유로 인해 우리는 아직 알려지지 않은 것들과 예측할 수 없는 것들을 삶에 통합시키면서 삶의 계획을 변경시킬 여유를 가지게 되며 스스로가 원하는 사람이 되려고 노력하게 된다. 〈매트릭스〉에서 진리, 자유 그리고 인간성에 대한 도덕적 선택은 빨간 알약의 선택에 의해 상징적으로 드러난다. 빨간 알약이 개인을 각성시켜 실재 세계에 남게 한다면, 파란 알약은 그를 환상의 세계로 돌려보낸다. 빨간 알약은 선택의 자유를 증진시켜서 삶을 풍요롭게 만드는 반면에, 삶을 마치 미리 써놓은 대본처럼 만들어 버리는 파란 알약은 인간다움을 파괴하는 경향이 있다. 빨간 알약은 용감한 선택의 새로운 상징인 것이다.

생각해 보기

1. 〈매트릭스〉의 네오Neo의 자기 인식의 변화와 플라톤 『국가』의 '동굴의 비유'에 나타난 4단계(동굴 안, 전회, 상승, 하강)를 비교하여 설명하시오.

2. '네오'와 '사이퍼' 두 사람의 선택 중 누구의 선택이 도덕적인지를 그 이유와 함께 말하시오.

3. 빨간 약과 파란 약 중 선택해야 한다면, 당신은 어떤 약을 왜 선택할 것인가?

4. 21세기 중엽에 도래할 인간-기계 문명에 관한 '희망 對 위험 논쟁'에 대해 각자의 생각을 말해보자.

제6강

자유와 운명

해마다 연초가 되면 신년운세를 보려는 이들로 온라인에서 오프라인까지 두루두루 문전성시를 이루는 곳들이 있다. 사실 연초에만 국한된 풍경도 아니다. 입시나 취업, 혼사 등 인생의 중대한 선택과 결정을 앞두고 있을 때도, 미래에 대한 궁금증으로 '철학관'이나 '점집'의 문을 두드리니 말이다. 자유와 운명이란 주제는 다음과 같은 물음들로 시작할 수 있을 것 같다. 광고 카피를 연상시키는 문구겠지만, '여러분은 자신의 미래가 정해져 있다고 생각하는가 아니면 스스로 만들어 가는 것이라고 확신하는가?' 달리 말하자면, 우리는 마치 숙명처럼 달리 손을 써 볼 수도 없는 닫힌 미래로 인해 아무것도 모른 채 꼭두각시처럼 살아가고 있는 것일까 아니면 활짝 열려 있는 미래를 향해 자신의 자유 의지로 자아를 실현해 나가고 있는 것일까?

수치와 죄: 라이오스 왕가에 내린 저주

고전기 그리스 역사 내내 지배적 사상으로서 '항상 제일인자가 되고 남보다 뛰어난 인물이 되라'(『일리아스』 11.784)는 아킬레우스의 부친 펠레우스의 당부에 담긴 명예 윤리를 인류학자들은 대개 '수치 문화'와 연결짓는다. 그런데 다른 한편으로 헤로도토스 시대에는 명예 윤리와 나란히 인간의 난관과 신의 상관성에 대한 '죄 문화'가 있었다. 헤로도토스의 『역사』을 읽어보면, 자신을 가장 행복한 사람이라고 믿고 있던 크로이소스Croesus를 세상에서 가장 행복한 사람이라고 부르지 않는 이유에 대해 솔론Solon이 장황하게 설명하는 단장斷章이 있다. 그 요지는 신과 인간의 관계 및 우주에서 인간의 위치에 관한 것으로 거기에는 신이 시기(phthonos)와 변덕이 많다는 것과 이로 인해 인간이 전적으로 우연의 산물이라는 현자의 통찰이 잘 드러나 있다(1.32).

크로이소스는 솔론의 이런 말이 전혀 탐탁지 않게 여겨졌지만, 솔론이 떠난 뒤 급기야 그에게는 무서운 신벌神罰이 내렸다. 하기야 신은 자신 외에 다른 존재가 잘난체하는 것을 허용하지 않으니까(『역사』 7.10). 신들의 시기를 불러왔던 크로이소스의 자만심(hybris)에 대한 처벌은 본의 아니게 형제를 살인한 아드라스토스Adrastus가 정화 의식을 위해 그를 방문한 데서 비롯된다. 살인죄는 가족은 물론이고 사회 전체를 오염시킬 수 있기 때문에(헤시오도스, 『일과 날』 240-241), 당시 관습에 따라 아버지로부터 쫓겨난 아드라스토스가 정화를 위한 탄원자로 크로이소스의 궁전을 찾았던 것이다. 그런데 자신을 정화해 준 크로이소스가 아끼던 출중한 아들 아튀스를 아드라스토스가 실수로 창으로 맞혀 죽이는 불행한 사건이 발생하고 말았다.

여기에 더하여, 우리는 크로이소스를 통해 아무런 죄도 짓지 않은 사람이 왜 고통을 당하는지에 대한 고전기 그리스인들의 대답도 들을 수 있다. 이것은 죄의 대물림에 관한 문제이고, 널리 알려져 이젠 거의 상식이 되어 버린 한 신탁 이야기와 관련된 것이다. 그 예언은 페르시아인들을 공격하면 대국을 멸하게 된다는 것이었다. 그런데 안타깝게도 퀴로스의 왕국이 아닌 자신의 왕국이 멸망한 후, 크로이소스는 델포이로 사절단을 보내 아폴론이 자신을 속였던 이유를 캐묻는다. 그 대답은 "정해진 운명은 신도 피할 수 없느니라. 크로이소스는 5대조의 죗값을 치른 것이다."(『역사』 1.91)라는 가혹한 정의에 관한 것이었다. 여기에 근거한다면, 정의로운 사람이 당하는 고통에 대해 그가 '가문의 저주(the family curse)'를 갚고 있음에 틀림없다고 말할 수 있을 것이다.

크로이소스의 사례뿐 아니라 소포클레스의 현존하는 비극 중 가장 뛰어난 작품으로 평가받는 『오이디푸스 왕』에도 라이오스 왕가에 내린 저주의 그림자가 드리워져 있다. 이 저주의 기원을 간략하게 정리해보면, 라이오스는 테바이의 왕 라부다코스의 아들이자 카드모스의 증손자이고 오이디푸스의 아버지이다. 그는 아직 어릴 때 라브다코스가 죽자 그의 외조부 닉테우스의 형제인 리코스가 섭정을 맡았다. 제토스와 암피온이 어머니 안티오페의 복수를 위해 리코스를 죽이고 테바이 왕국을 차지하자, 라이오스는 펠롭스에게로 달아난다. 그곳에서 그는 펠롭스의 아들인 젊은 크리시포스를 사랑하게 되었으니, 일부 전승에 의하면 이렇게 자연에 어긋난 사랑, 즉 동성애를 한 것은 라이오스가 최초였다고 한다. 라이오스에게 납치되어 몹쓸 짓을 당한 크리시포스는 수치심에 자살했고, 이 때문에 라이오스는 아들에 의해 죽을 운명에 놓이는 '펠롭스의 저주'를 받고 말았던 것이다.

자유 의지와 운명

애매하고 모호한 '자유'라는 낱말로 인한 혼란을 미연에 방지하는 차원에서 밝혀두자면, 우리가 다룰 자유는 철학적·윤리적인 측면의 자유(freedom)이기 때문에, 대부분의 사람들이 떠올리는 사회적·정치적 맥락의 해방이나 석방과 관련된 자유(liberty) 개념과는 다르다. 이를 테면, 사상이나 표현, 선거나 주거 공간을 선택하는 정치적인 자유와 달리, 우리는 좀 더 근본적인 자유인 '형이상학적 자유(metaphysical freedom)', 즉 '선택의 자유'에 대해 생각해 볼 것이다. 어떤 것을 자유롭게 선택할 수 있는 선택의 자유, 즉 '자유 의지(free will)'는 도덕적인 결단을 하거나 도덕적인 행위를 행함에 있어 가능한 여러 가지 선택 사항들 가운데 어떤 것을 선택할 수 있는 행위자의 능력을 지칭한다.

그렇다면 우리는 정말 자유로운 존재일까? 철학을 공부하지 않은 일반 사람들은 우리가 자유롭다고 믿는다. 우리는 자유롭고 그래서 자기 행위에 대해 도덕적 책임을 진다는 것이다. 이것은 매우 온당한 생각이다. 그러나 그러한 진술이 뜻하는 바가 정확하게 무엇인지를 이해하는 것 또한 중요하다. 자유 의지의 문제는 표면상으로는 단순해 보이지만, 우리 자신을 정신의 존재로서 자유로운 인격의 통일로 파악하는 견해와 자연적 존재로 보는 입장을 한 데 묶을 때 발생하는 난제 때문에 실상은 복잡하다.

과학적 세계관에 따르면, 이 세계에서 발생하는 모든 것은 인과적으로 결정된다. 당신은 어떤 선택을 하고, 아무도 당신을 강제하지 않지만, 당신의 선택은 당신이 그것을 선택하기 전에 미리 결정되어 있다는 것이다. 선행 원인들은 아마도 당신의 과거 역사나 환경, 뇌의 사건들 또는 비정한 '이기적 유전자'일지도 모른다. 그렇다면 다음과 같은 물음이 발생한다. '도덕적 책임은 인과적 결정론과 조화를 이룰 수 있는가?' 이 물음에 대한 답변은 부정적일 수밖에 없는데, 우리가 도덕적 책임의 필요조건인 자유가 인과적 결정론과 양립할 수 없다고 생각하기 때문이다.

사실 이것은 우리 자신을 행위의 원천으로 보는 내향적·주관적인 견해와 인간의 행동을 사건들의 한 과정으로 파악하는 외향적·객관적인 견해에서 나타나는 갈등의 문제이다. 일반적으로 자유 의지에 관한 논의는 강한 결정론, 약한 결정론, 자유 의지론이라는 3분법에 의해 이뤄지기도 하고, 양립 불가능론과 양립 가능론이라는 2분법에 의해 다뤄지기도 한다. 그럼 먼저 3분법 논의부터 살펴보자.

강한 결정론, 자유 의지론 그리고 약한 결정론

'강한 결정론(Hard Determinism)'에 의하면, 모든 사건은 인과적으로 결정되어 있고 따라서 인간의 생각과 행동도 결코 예외일 수 없다. 어떤 일이 발생하는 데는 그 일이 그런 방식으로 일어날 수밖에 없도록 만드는 선행 조건들이 있어서 어떤 것도 우연히 발생하지 않기 때문이다. 만물이 결정론적 인과법칙에 의해 지배되는 단 하나의 세계만을 옹호하는 이 입장에서 볼 때, 인간은 입력된 지시사항들에 의해 로봇처럼 행위 할 뿐인 것이다. 그렇다면 원인을 알 수 없는 사건, 가령 돌연변이(mutations)의 경우는 어떤가? 강한 결정론자는 이것이 대단히 예외적이라는 것을 인정하긴

하지만, 과학자들이 원인을 알 수 없던 사건들의 원인을 나중에 발견하는 동일한 과정이 미래에도 반복되리라 믿는 것이 합리적이라면서 기존 입장을 고수한다.

그런데 '자유 의지론(Libertarianism)'과 '약한 결정론(Soft Determinism)'을 다루기 전에 '자유 의지'에 관한 의미 규정을 살펴볼 필요가 있다. 인간이 자유 의지를 지닌다는 것은 인간의 위상을 고양시키려는 과정에서 강력하게 요구되는 테제이다. 자유로운 행위는 어떤 것에 의해 강요되거나 강제되지 않은 행위를 뜻하고, 대부분의 사람들은 동일한 상황에서 다른 선택을 할 수 있었다는 의미에서 선택의 자유를 말한다. 우리는 이것을 '자유 의지에 대한 원인 지워지지 않은(uncaused) 정의定義'라고 부를 수 있을 것이다. 다른 한편으로, 어떤 사람들은 그들의 선택이 그들 자신에 의해 원인 지워지는 한에서 자유롭다고 말한다. 그 자신의 생각이나 바람이 자신이 어떤 것을 선택하도록 하는 원인이 된다는 말이다. 이것을 우리는 '자유 의지에 대한 자기 원인적(self-caused) 정의'라고 부른다.

그러면 둘 중 어떤 것이 자유 의지에 관한 개념 규정으로 옳은 것일까 이를 테면, '돈을 주지 않으면, 총으로 쏘겠다.'고 강도가 위협하는 상황에서도 우리는 자유롭다고 할 수 있을까? 자신의 내면을 들여다보면, 두려움 때문에 자신이 자유롭지 않다고 생각할지 모르겠지만, 내가 나의 숙고를 내적으로 관찰해보면, 원하거나 원하지 않을 자유, 즉 의지의 자유가 확보되어 있음을 알 수 있는데, 이는 내적 경험이 외적 경험의 기초가 되기 때문이다. 우리가 자유롭다고 말할 때, 우리는 우리가 원하는 것을 우리 자신이 행하는 것을 어떤 것도 방해하지 않는다고 생각한다.

물론 자유 의지에 관한 원인 지워지지 않은 정의가 강조하는 것처럼, 우리는 또한 다르게 행동하고 다른 선택을 할 수도 있을 것이다. 그러나 우리가 그것을 말할 때, 우리는 우리가 동일한 생각과 바람을 갖고 다르게 행동했을 수 있다는 것을 뜻하지는 않는다. 자유 의지에 관한 원인 지워지지 않은 정의는 바로 이 논점을 간과하고 있는 것이다. 종교 철학적 분류에 따르자면, 이 입장은 '자유주의적(libertarian)' 자유 의지론 '이다. 의지의 자유에 대한 믿음을 지지하는 가장 강력한 논증인 자유 의지론은 원인 지워지지 않았다는 견지에서 우리의 행위가 자기 스스로의 자유로운 선택에 의해 이뤄진다고 주장한다.

반면에, '양립 가능론적(compatibilist) 자유 의지론'에 속하는 약한 결정론자들은 우리의 선택이 외적인 힘들에 의해서 보다는 우리 자신에 의해 자발적으로 원인 지워지는 한 우리가 자유롭다고 말하는 것이다. 만일 사람들에게 결정적인 측면이 전혀 없다면, 그들의 행위는 무작위나 예측 불가능한 우연적인 발생이 되고 말 것이다. 그러고 보면 자유주의적 자유 의지론자는 미립자들의 운동에서 보이는 '불확정성의 원리'를 우리의 도덕적 선택에도 적용하는 사람들인 것이다. '달리 할 수 있는 자유'나 '자유로운 선택'은 분명히 '변덕'과 다른 데도 말이다.

양립 가능론 VS 양립 불가능론

어떤 두 명제가 양립할 수 있다는 것은 그 두 명제가 동시에 참이 될 수 있다는 점을 의미한다. 즉, 한 명제가 거짓일 경우 다른 한 명제가 반드시 참이 되고 그 역도 성립하는 모순 관계도 아니고, 두 명제가 동시에 참일 수 없으나 동시에 거짓일 수 있다는 반대 관계도 가지지 않는다는 것이다. 자유 의지의 문제에서 가장 설득력이 있다고 판단되는 양립 가능론(compatibilism)은 결정론과 자유 의지가 양립한다는 입장이다. 인간 행동의 일부는 외부의 힘이나 충동의 결과이고, 또 다른 행동은 그 사람의 믿음과 욕망이 인과적으로 그의 행동을 결정한 의도적인 결과라는 것이다. 만일 사람들에게 자유 의지가 없다면, 그들은 그들의 행위에 대해 도덕적으로 책임을 질 필요가 없게 된다. 도덕적인 책임은 자유 의지를 전제로 하기 때문이다. 이와 같이 자유 의지는 도덕적인 책임의 필요조건임과 동시에 나아가 그것은 결정론과도 양립 가능한 것으로 여겨진다.

우리의 선택과 행위에 대한 책임은 예측 가능성의 측면에서 사회에서 상호 신뢰를 형성한다. 이것이 가능한 이유는, 우리가 하는 선택과 행위가 도덕 원칙과 도덕적인 신념 체계에 의해 영향을 받기 때문이다. 예컨대, 가치 갈등 상황에서 도덕적 선택의 대표적인 기준은 '이익 극대화의 원리'나 '동등한 존경의 원리'이다. 이런 기준이 선택의 동기가 되고, 바로 이런 점에 비춰볼 때, 인간의 선택은 결정론적인 것이다. 우리가 결정론적인 견지에서 자유 의지를 이해할 필요가 있다는 것을 깨닫게 되는 이유가 이것이다. 이런 측면에서 자유 의지와 결정론에 관한 논쟁이 '자유', '원인' 그리고 '강요'같은 용어들의 의미가 혼란스럽게 사용되는 데서 기인한다고 말하는 것이다.

사실 자유로운 행위와 자유롭지 못한 행위 간의 근본적인 차이는 '원인'에 있지 않고 '강제'나 '강요'의 유무에 놓여 있다. 물론, 강요나 강제도 일종의 행위 원인으로 역할을 한다고 주장할 수 있겠지만, 원인과 결과 사이에서 확립되는 규칙성으로서의 인과성과는 정도가 다르다. 도덕적인 신념 체계에 근거한 원인은 물리 세계에서의 원인과는 질적으로 다르지만, 전자와 후자는 기능적으로 서로 유사하다. 어떤 당구공이 다른 당구공을 움직이게 하는 것과는 다르지만, 도덕적 신념 체계에 의해 인과적인 효력을 발휘한다는 것은 자유 의지에 대한 강제나 강요가 아니라 자유 의지의 실현인 것이다.

자유 의지와 결정론의 양립 가능성은 인격 완성을 위해 필요한

데, 왜냐하면 바람직한 인격은 강제나 강요에 의해서가 아니라 도덕적인 신념 체계에 기초한 자유 의지에 의해서도 형성될 수 있기 때문이다. 강제나 강요는 사고 능력이나 도덕적 행위 방식과 관련된 능력을 손상시키기 때문에, 도덕적 신념 체계는 우리가 도덕적인 삶을 살아가는 데 있어서 필요불가결한 토대인 것이다.

이와 달리, 양립 불가능론(incompatibilism)은 단적으로 인간의 자유 의지와 인간 행위의 결정론이 양립하지 못한다는 입장이다. 인간에게 자유 의지가 없고 따라서 도덕적 책임이 허용되지 않지만, 그렇다고 정신장애인 범죄에서처럼 처벌이 무효가 되는 것은 아니다. 다만, 세상 모든 사건들이 처음부터 철두철미하게 결정되어 있다면, 꼭두각시 인형 같은 인간에게 도덕적 책임을 물을 수는 없어 보인다. 책임이란 아무런 강요도 없이 자신의 행위 결과에 대해 미리 알고 자유롭게 결정한 것에 대해서만 지는 것이기 때문이다. 〈라쇼몬〉에서 칼로 사람을 죽인 경우, 다케히로를 살해한 책임은 산적 다조마루에게 있지 장도에 있는 것은 아니다.

〈오이디푸스 왕〉(Edipo Re)

지금까지 우리는 자유 의지와 결정론의 문제를 주로 철학적·윤리적 차원에서 살펴봤지만, 소포클레스의 비극 『오이디푸스 왕』

에서는 종교적인 맥락에서 자유와 운명의 문제에 접근하고자 한다. 이 비극 작품이 불합리한 것으로 여겨지는 운명이나 신의 섭리 그리고 자기의 신념에 따라 자유로이 결단하고 행위한다는 것의 그리스 종교적 의미를 깊이 탐구하고 있기 때문이다. 이 작품이 자유 의지와 운명에 관한 그리스 종교의 해석이라는 점에서 여기서는 추가적으로 그리스도교의 입장도 다룰 것이다. 그런데 자유와 운명의 문제에 관해 그리스 종교와 그리스도교는 중요한 차이점을 갖고 있다. 인간의 길흉화복은 신들의 변덕과 질투 때문이기도 하지만, 전능하지 않은 그리스 신들에게 운명(moira)의 힘이 거역할 수 없는 절대적인 것으로 그려지고 있는 것이 그리스 종교이다. 이와 달리, 그리스도교에서는 신이 인간을 창조했고, 자유 의지도 신에 의해 부여된 것이지만 그것이 신의 예지, 좀 더 정확하게 말하자면 신의 섭리와 양립 가능한 것으로 간주되고 있다. 그래서 자유와 운명의 문제는 그리스 비극과 관련해서는 에릭 도즈Eric R. Dodds의 '중층적 결정'에 의해 설명될 것이고, 그리스도교에서는 그리스도교의 정설로 추앙받는 '신의 영원성'에 대한 보에티우스 정의定義를 통해 해명하고자 한다.

이 드라마의 결정적인 사건들, 즉 '부어오른(oidos)' '발(pous)'을 가진 '오이디푸스'가 아버지 라이오스를 살해하고 어머니 이오카스테와 결혼한 사건은 극이 시작되기 여러 해 전에 일어났던 일들이므로 이 드라마는 일종의 '분석극'이다. 오이디푸스 비극을 재해석한 피에르 파올로 파솔리니Pier Paolo Pasolini 감독의 〈오이디푸스 왕〉(Edipo Re, 1967)에는 시간의 순서에 따라 오이디푸스의 일대기가 그려져 있어 신화에 대한 사전 지식 없이도 전반적인 이해가 가능하다. 게다가 이 영화는 희곡의 느낌을 잘 살린 결과 영화를 본다기보다는 한 편의 연극을 감상하는 듯한 분위기로 연출되어 있다. 나아가 신화의 세계 속에 들어와 있는 것 같은 황량한 사막풍경, 생경한 의상이나 음악 등은 그 자체만으로도 몰입도를 배가시키는 탁월한 요소들이다.

우리는 오이디푸스가 자신이 저지른 행위들의 의미를 어떤 과정을 통해 깨닫게 되는지 그리고 나아가 자신의 절망적 상황에 스스로 어떻게 대응해 나가는지를 주의깊게 관찰할 필요가 있다. 『오이디푸스 왕』이 제기하는 근본 물음은 '변덕스럽고 불합리한 것처럼 보이는 운명과 신의 섭리를 어떻게 이해하고 받아들일 것인가'이고, 이러한 물음은 오이디푸스의 비극적 파국의 직접적인 원인이 무엇인지를 규명하는 작업과도 밀접하게 연결되어 있기 때문이다.

그렇다면 오이디푸스를 불행의 나락으로 떨어뜨린 것은 무엇일까? 그의 비극적 운명은 자신의 의도와 상관없이 라이오스가 범한 잘못의 대가로 주어진 운명의 비극에 불과한 것인가? 그런데 그의 불행은 안타깝게도 그의 선한 의지에서 유래하고 있다. 그의 과거 이야기에 따르면, 그는 술자리에서 자신이 코린토스의 왕 폴뤼보스Polybos의 친자가 아니라는 말을 우연히 듣게 된다. 델포이 신전에 가서 자기의 부모가 누구인지를 물었지만, 델포이의 신은 묻는 말에는 대답을 하지 않고 대신에 그가 자기의 친아버지를 죽이고 친어머니와 결혼할 운명을 타고났다는 끔찍한 신탁만을 들려줄 뿐이다. 영화에서는 오이디푸스가 감당하기 힘든 신탁 내용에 한동안 헛웃음을 웃는다. 하지만 그는 가혹한 운명에 맞서 코린토스로 돌아가지 않기로 결심한다. 영화에서는 이 장면이 신탁의 운명이 그를 이끄는 것으로 절묘하게 잘 표현되어 있다. 플루타르코스가 자신의 『비교 열전』 카이사르 전傳에서 말했듯이, 아마도 "운명이란 예측할 수 없는 것이라기보다 피할 수 없는 것인 듯하다"(§63).

만약 그가 신들에 의해 결정된 자신의 운명을 달리 피할 방도가 없는 것으로 받아들이기로 마음먹고 그냥 코린토스의 부모 집으로 돌아갔다면, 되레 그는 자기에게 내려진 가혹한 운명을 피할 수 있었을 지도 모른다. 아리스토텔레스가 말한 훌륭한 비극 작품이 갖춰야 할 요소인 '하마르티아hamartia', 즉 '무지에 따른 지적 판단의 오류로 인한 도덕적 잘못'은 오이디푸스의 운명을 행복에서 불행으로 바꾼 원인인데, 바로 그의 지적 과실은 그가 자기의 친부모를 잘못 알고 있었다는 데에 있기 때문이다. 그런데 영화에서는 하마르티아에 대한 과거 해석에 준거해서 주인공의 성격 결함과 거기에서 비롯된 도덕적 잘못에 비중을 두고 있는 것 같다. 지나친 오만, 격한 기질, 크레온에 대한 과도한 의심 그리고 조급한 성격 등이 도드라져 묘사되고 있기 때문이다.

또한 오이디푸스는 대단한 긍지를 지닌 자유인이었다. 아무리 강한 힘이 자기 밖에서 자기의 삶을 강제적으로 규정하려 든다 할지라도, 자기가 스스로 원해서 결단하지 않는 한 외적 강제에 고분고분하지 않는 사람인 것이다. 오이디푸스는 부당한 운명 앞에 머리를 숙이려 하지 않았다. 그래서 그는 델포이의 운명에 저항하여 집을 떠나는데 그의 모든 불행은 이처럼 그가 운명에 능동적으로 맞설 때부터 예비된 일이었던 것이다. 아이러니하게도, 악행에 빠지지 않으려는 그의 선한 의지가 그를 도리어 악한 사람으로 만들어버렸다. 악한 의지가 유익한 결과를 낳을 때가 있듯, 오이디푸스의 경우에는 그의 선한 의지가 도리어 의도하지 않은 불행을 초래하고 있다.

그렇다면 오이디푸스의 비극적 파국의 직접적인 원인은 무엇일까? 앞으로 전개될 논의를 구체화하기 위해 질문을 다음과 같이 바꿔 보자. 그대는 그대가 누구인지를 꼭 알아야만 하는가? 나아가 우리는 자기 자신에 대한 앎의 결과를 온전히 감당할 수 있을까? 누구보다도 자신이 누군지를 알기 위해 몸부림쳤던 오이디푸스가 테이레시아스, 이오카스테 그리고 테바이의 목동과 나눈 대화 각각을 중심으로 이 물음에 다가서 보고자 한다. 먼저 스핑크스의 수수께끼를 풀어 테바이를 구했던 오이디푸스는 이제 역병을 몰아낼 새로운 수수께끼를 해결해야 하는 자신의 운명에 직면하게 된다. 테바이의 선왕 라이오스를 살해한 자를 색출하려는 일이 난관에 부딪히자, 오이디푸스는 크레온의 권고를 받아들여 한사코 오지 않으려는 눈먼 예언자 테이레시아스를 두 번씩이나 호출한다. 그런데도 예언자는 오이디푸스의 부름에 응한 것을 후회한다면서 그의 간절한 협조 요청에 번번이 침묵 선언으로 일관한다. 비밀을 밝히지 않으려는 예언자의 고집스런 침묵에 격노한 오이디푸스는 그가 범행을 모의하고 실행했을 것이라며 그를 맹비난하기에 이른다. 참다못한 예언자는 결국 불경한 자는 오이디푸스이고, 그가 친부를 살해하고 친모와 결혼하여 나라를 더럽힌 장본인이라며 비밀을 폭로하고 만다. 게다가 그는 오이디푸스가 장님에 거지가 되어 낯선 이방 땅을 떠돌게 될 것이라는 비참한 몰락까지 예언한다.

한편 이오카스테는 코린토스에서 온 사자使者의 말을 통해 오이디푸스가 자신이 낳은 아들이라는 참혹한 사실을 깨닫게 된다. 사건 전말을 파악한 이오카스테는 출생의 비밀을 끝까지 밝히고야 말겠다는 오이디푸스를 다음과 같이 애처롭게 만류한다. "제발 부탁이니, 그대 자신의 목숨을 소중히 여기신다면 이 일일랑 추궁하지 마세요, 괴로워 못 견디겠어요."(1060-1061) 그러나 자신이 누구인지 밝히지 말하는 그녀의 거듭된 절망적인 애원에도 오이디푸스는 "터질 테면 터지라지! 설사 내 혈통이 미천하다 하더라도 그것이 알고 싶은 내 소원은 변함이 없을 것이오.”(1076-1077)라고 말하며, 진실만을 추구하겠다는 자신의 단호한 의지를 강하게 천명할 뿐이다. 끝으로, 테바이의 목동 역시 처음에는 테이레시아스처럼 진실 밝히기를 거부한다. 그러자 오이디푸스는 “나는 그것을 듣지 않을 수 없고, 그래도 기어이 들어야겠다.”(1169-1170)면서 그에게서도 진실을 억지로 빼앗다시피 한다. 결국 목동은 사악한 예언에 얽힌 오이디푸스의 불행한 출생의 전말을 밝히지 않을 수 없었다.

테이레시아스, 이오카스테 그리고 테바이 목동의 만류와 호소 그리고 애원에 타협했다면, 오이디푸스는 부와 권력을 그대로 지닐 수 있었을지 모른다. 그러나 그는 진실이 백일하에 드러날 때까지 진실을 향한 자신의 열정을 끝까지 밀고 나간다. 이런 까닭에 그의 파멸의 직접적인 원인은 ‘운명’이나 ‘신’이 아니다. 또한 그 자신의 나약함이나 어리석음에서도 찾을 수 없다. 그의 파멸을 야기한 것은 그의 예리하게 지적이고 도덕적인 양심, 자신의 힘과 용기, 테바이에 대한 충성심 그리고 무엇보다도 그의 ‘진실에 대한 열정’이었다. 이 모든 것에서 그는 스스로 선택하는 자유로운 존재였고, 어느 누구도 그의 의지를 꺾을 수 없었으며 그의 길을 가로막을 수도 없었다. 오이디푸스는 어떤 대가를 치르더라도 끝까지 진실, 즉 자기 자신의 죄를 밝히겠다는 그의 의지 때문에 위대한 영웅인 것이다.

실명失明 행위

이오카스테는 험악한 신탁의 운명을 피하려고 아이에게 끔찍한 일을 저질렀으나, 끝내 그 저주스런 운명에서 도망치지 못했다. 끝내 그녀는 치욕과 죄책감을 견디지 못하고 스스로 목숨을 끊는다. 오이디푸스 역시 자신의 가혹한 운명을 피하려고 코린토스의 부모를 떠났지만, 결국 제 발로 친아버지를 찾아가 죽이고, 친어머니를 범한 꼴이 되었다. 목을 매 자살한 이오카스테의 황금 브로치를 빼어 들고 오이디푸스는 자신의 두 눈알을 여러 차례 찔렀다. 끔찍한 운명을 피하려던 오이디푸스와 그의 어머니는 자신들이 누구인지를 정확하게 알게 된 순간에 파멸의 나락으로 한없이 곤두박질쳤다. '너 자신을 알라'는 이들 모자에게 이다지도 치명적인 지혜였던 것이다.

그러나 오이디푸스의 위대함은 진실을 추구하는 힘뿐만 아니라 그 진실을 받아들이고 견뎌 내는 그의 내적인 힘에서도 기인한다. 이오카스테와 달리 오이디푸스는 자살하지 않는다. 그에게 자살은 진실로부터의 도피이며 자기기만에 지나지 않기 때문이다. 다만 그는 자신의 자유 의지가 가장 극적으로 표출된 행위인 스스로를 눈멀게 하는 행위를 통해 자기 자신의 지적인 오만함을 처벌할 뿐만 아니라 자신의 파국의 원인이 오롯이 아폴론의 신탁에만 있는 것이 아니라는 점도 명시적으로 밝히고 있다.

코로스

오오 그대 무서운 일을 저지른 분이여, 어떻게 감히 그처럼
제 눈을 멀게 할 수 있었나이까? 어떤 신이 그대를 부추
겼나이까?

오이디푸스

친구들이여, 아폴론, 아폴론 바로 그분이시오.
내 이 쓰라리고 쓰라린 고통이 일어나도록 하신 분은.
하나 이 두 눈은 다른 사람이 아니라 가련한 내가
손수 찔렀소. 보아도 즐거운 것은 아무것도 보지 못할진대
무엇 때문에 보아야 한단 말이오! (1327-1335행) (저자 강조)

아폴론 신이 장차 오이디푸스가 아버지를 살해하고 어머니와 결혼하게 될 것이라고 예언했을 때, 이것은 예정된 삶이 아니라 신이 그의 삶을 미리 예시하는 것을 의미한다. 신들은 미래를 알고 있을 뿐, 그것을 강제하지는 않기 때문이다.

오이디푸스의 과거 행위들 중 어떤 것들은 운명 지어졌다고 볼 수 있지만, 그가 무대에서 행하는 모든 행위는 처음부터 끝까지 자유로운 인간으로 행동한 것이다. 어떤 신적 세력이 그로 하여

금 스스로를 눈 멀게 만들었는가? 오이디푸스의 대답은 아폴론이었다. 그러나 그 행위를 행한 것은 바로 그 자신의 손이었다. 그는 아폴론이 자신에게 쓰라리고 괴로운 앙화를 가져 왔지만 눈을 찌른 것은 바로 자신이었다고 밝히기 때문이다. 오이디푸스는 자유 의지로 행한 자신의 행위 배후에 있는 어떤 신비로운 세력을 느끼는데, 이것은 그의 운명의 비극뿐 아니라 자유 의지에 의한 비극까지 포함한 참된 통찰이기도 하다.

그렇다면 오이디푸스가 자신의 비의도적인 죄뿐만 아니라 스스로를 봉사로 만든 고의적인 자유 의지의 행위 뒤에서조차 신적인 세력을 느낀다는 것은 무엇을 의미하는가? 그리고 왜 하필이면 아폴론인가? 아폴론은 예언의 신이기도 하지만 더 깊은 차원에서 인간의 자의식과 깊이 관련되어 있다. 델포이에 있는 아폴론의 신전 입구에는 소크라테스가 그곳을 방문했을 때 보고 크게 감명을 받아 자신의 철학의 기초로 삼은 것으로 유명한 '너 자신을 알라'라는 경구가 씌어 있었다고 한다. 오이디푸스가 가장 무지했으며 그리고 가장 무서운 진실을 알게 되는 것이 바로 그 자신에 관해서가 아닌가. 인간에 대해 알았기 때문에 스핑크스의 수수께끼를 풀었지만, 정작 자신에 대해서는 몰랐다는 것에 대해 책임을 지는 행위가 그의 실명失明 행위인 것이다.

보에티우스의 『철학의 위안』

보에티우스의 『철학의 위안』 5권에는 다음과 같이 인간의 자유와 하나님의 예지의 양립 가능성에 관한 서구의 신학과 철학의 난문이 다뤄지고 있다. '하나님이 만물을 보고 있으면서 잘못 볼 수는 없다. 하나님의 섭리가 장차 있으리라고 예견하는 것은 반드시 일어난다. 따라서 하나님이 영원으로부터 인간의 행위만이 아니라 인간의 의도나 의지마저도 예지하고 있다면, 자유의지는 있을 수 없다.' 그러나 그에 따르면, 신은 어떤 것도 '미리 알고 있는 것'(예지)이 아니다. 왜냐하면 신은 영원하고 영원성은 '끝없는 생명의 전체적이고 동시적이며 완전한 소유(interminabilis vitae tota simul et perfecta possessio)'라는 유명한 구절로 정의되기 때문이다. 따라서 신의 인식은 하나님에게 있어서 미래에 있는 것에 대한 예지(미리 아는 것)가 아니라 신에게 있어서 영원히 현재에 있는 것, 즉 결코 사라져 가지 않는 순간에 대한 인식이다.

보에티우스는 '신의 선견지명'에 관해 말하고 있지만, 실은 신의 초超 시간성이라는 개념을 통해 신이 보는 것이 미리 보는 것이 아니라고 주장한다. 이것은 설명이 필요한데, 신에게 있어서는 우리들 인간에게 있어서처럼 시간이란 말이 어울리지 않기 때문이다. 우리들에게는 시간이 과거, 현재, 미래라고 하는 선후 관계에 걸쳐 있지만, 신은 존재 전체를 유일하고, 시간이 없고, 동시적인 '지금'에 다 소유하고 있다. 그리고 바로 '지금'에 신의 '영원성'이 놓여 있다. 따라서 신에게는 '미리' 앎이 없다. 왜냐하면 인간에게 미래인 모든 것이 신에게는 현재이기 때문이다.

그렇다면 현재에 보는 미래의 사건에 대한 신의 인식은 그 사건을 필연적으로 만들지는 않는가? 인간의 관점에서 미래이지만 신의 관점에서는 현재인 인간의 자유로운 행위에 대한 신의 인식은, 미래 사태가 신의 시선에서는 필연적이지만, 우리의 입장에서는 자유 의지의 사용 결과라는 것이다. 이는 신의 예지가 우리 행동에 '강제'를 뜻하는 필연성의 요인으로 개입하지 않기 때문이다. 예컨대, 상대방이 내가 앉아 있다는 사실을 인식할 수 있는데 내가 앉아 있다는 사실이 상대방이 지닌 '인식의 원인'이 되지 상대방의 인식이 내가 앉아 있다는 '사실의 원인'이 되지는 않기 때문이다. 이처럼 필연성은 인과성과 다르고, 필연성에도 직접적인 필연성과 조건적인 필연성 두 종류가 있다. 하나는 '필연적으로 모든 사람은 죽는다.'에서 드러나는 직접적인 필연성, 다른 하나는 '필연적으로 만일 당신이 내가 걷고 있다는 사실을 안다면 나는 걷고 있다.'에서 드러나는 조건적 필연성이다. 따라서 신이 현재 바라보는 미래의 사건들은 조건적으로만 필연적일 뿐이고, 우리의 의지의 자유를 논할 때 문제 되는 직접적인 필연성과는 상관이 없다.

보에티우스에 따르면, 신은 자유로운 행위를 실수 없이 '미리' 본다. 그러나 신은 그 행위를 자유로운 것으로 '미리' 본다. 이 행위들이 예견되었다는 사실이 이 행위들을 필연적인 것으로 만들지 않는다는 말이다. 사건에는 이전 상태와 이후 상태가 있지만, 이 사건에 대해 가지는 신의 총체적인 현재적 지식에는 그런 선후 관계가 존재하지 않기 때문이다. 신은 필연적인 것을 필연적인 것으로, 자유로운 것을 자유로운 것으로 영원히 본다. 내가 태양이 떠오르고 있는 것을 볼 때에, 내가 태양을 본다는 사실이 태양이 떠오르는 것의 원인이 아니듯이, 신이 우리의 자발적인 행위에 대해 가지는 부동의 영원한 시각은 이 행위의 자유를 손상시키는 것이 아니다. 요컨대, 신은 시간 외부에 존재하기 때문에 예지하지 않고 섭리한다.

〈매트릭스〉: 길을 아는 것과 길을 걷는 것의 차이

오라클의 족집게 예언을 되짚어보면, 모피어스는 '그'를 찾을 것이고, 트리니티는 '그'와 사랑에 빠질 것이며, 네오는 자신의 생명과 모피어스의 생명 사이에서 선택을 하게 될 것이다. 또한 네오가 화병을 떨어뜨려 깨뜨릴 것이고, 예언자와의 첫 만남에서 네오는 '그'가 아니었다. 예언자는 네오가 다음 생애를 기다리고 있다고 말하고, 트리니티의 키스에 의해 부활한 후 네오는 '그'가 되었다. 이와 같이, 오라클은 모든 것을 알고 있는 것 같고, 문제는 이러한 그녀의 미래에 대한 지식은 인간의 자유 의지와 양립 불가능해 보인다는 데에 있다.

예언자는 자신이 미래를 알 수 있는 방법을 알려 주지 않는다. 네오가 화병을 깨뜨리고 나서 그녀에게 이렇게 될 줄을 어떻게 알았느냐고 묻자 그녀는 정말 중요한 것은 자신이 아무 말도 하지 않았어도 화병을 깨뜨렸겠느냐는 것이라면서 매우 특별한 암시를 제공한다. 분명한 것은 그녀가 화병을 깨뜨리는 것에 대해 말을 꺼냈기 때문에 그런 일이 발생했다는 점이다. 오라클의 예언처럼, 모피어스는 요원들에 붙잡혀 고문을 받게 되고 그때 네오는 오라클의 말을 떠오른다. 운명을 믿지 않는 네오지만, 둘 중 하나가 죽어야 한다면 죽음은 '그'가 아닌 자신의 몫이 되어야 한다고 판단하는데, 그가 예언자의 말을 '길을 아는 것', 즉 운명으로 받아들인다는 것을 알 수 있다.

그런데 오라클의 예언이 틀리게 된다. 결과적으로 모피어스와 네오 둘 다 살기 때문이다. 네오가 이해가 되지 않는다고 말하자, 모피어스는 그것이 길을 아는 것과 길을 걷는 것의 차이라고 일갈한다. 길을 아는 것은 필연을 아는 것이고, 운명을 아는 것이다. 그렇게 될 수밖에 없다는 것을 인식하는 것이다. 그리고 필연을 실제로 걸어가면서 경험하는 것은 운명을 겪는 것이다. 둘의 차이에서 후자에는 시간이 들어간다. 시간을 초월하는 것과 시간 속에 있는 것은 전혀 다른 것이다. 시간이 우연과 창조를 가져오기 때문이다.

오라클은 네오와 모피어스 둘 중 하나가 죽는다고 그릇된 예언을 했고, 운명을 믿지 않던 네오로 하여금 운명에 따라 자신의 죽음을 자유롭게 선택하도록 자유와 운명의 양립 가능성을 확보해 주었던 것이다. 오라클을 만나러 가는 엘리베이터 안에서 모피어스와 네오가 나눈 대화에도 의미심장한 암시가 들어 있다. 네오는 오라클의 예언이 모두 맞느냐고 물었고, 모피어스는 그것이 맞고 틀리고의 문제가 아니라 다만 길을 보여주는 것이라고 설명해준다. 이 대사에서 이미 오라클의 틀린 예언과 네오가 걸어갈 길이 현시되어 있었던 것 같다.

생각해 보기

1. 소포클레스의 『오이디푸스 왕』에서 테이레시아스, 이오카스테, 그리고 테바이의 목동의 진술들을 각각 언급하면서 오이디푸스의 비극적 파국의 '직접적인 원인'을 규명하시오.

2. 자유 의지와 결정론 각각의 문제점 그리고 그 둘의 양립 가능성 여부를 오이디푸스의 '실명失明 행위'를 중심으로 설명하시오.

제7강

확실성과 퀴론주의

인식론: 지식에 관한 필요충분조건

세계와 인간을 지적으로 연결하고 앎을 욕구하는 인간의 고유한 의식 현상을 규정짓는 지식의 본질 문제를 연구하는 철학 분과를 보통 인식론(認識論, episemology)이라고 부른다. 이 전문용어는 '지식'을 뜻하는 그리스어 'epistēmē'에서 유래한 말이다. 유구한 역사를 갖고 있는 앎의 문제는 철학의 초창기부터 비중 있게 논의되어 왔는데, 이것은 플라톤의 『테아이테토스』만 훑어봐도 금방 알 수 있다. 이 대화편은 비트겐슈타인을 비롯해서 철학사의 수많은 사상가들의 이목을 집중시켰던 다양한 인식론적 주제들을 탐구할 뿐 아니라 지금도 유의미한 인식론의 근본 문제를 천착하고 있는 매우 난해하고 심오한 텍스트이다. 특히 '설명(logos)을 동반한 참된(alēthē) 판단(doxa)'이라는 앎(epistēmē)에 대한 정의定義는 현대의 영미 계통에서 '정당화된 참된 믿음(justified true belief)'으로서의 앎에 대한 시원적 공식으로 널리 알려져 있는데, 우리는 이것을 지식에 관한 표준적인 견해로 원용하고 있다.

주관과 객관의 문제를 다루는 인식론이 분석하고자 하는 지식은 인식 주관에 속한 인식 작용으로서의 지식이다. 가령, 빨간 사과. 사과의 빨간색은 사과 속에 있는 것이 아니라 그것을 본 사람의 머릿속에서 생겨나는 경험이다. 따라서 여기서 논의되는 지식은 경험적 사실에 대한 명제 지식(propositional knowledge)이고, 지식을 소유하는 인식 주관을 S라 하고, 지식의 내용을 이루는 명제를 P라 할 때, 인식론은 'S가 P를 안다'는 것이 정확하게 무엇인가를 규명하려는 학문이다. 따라서 'S가 P를 안다'는 사실의 분석에 초점을 맞춰 보면, 인식론의 주된 주제들 중 출발점이 되는 질문은 '내가 어떤 사실을 안다는 것은 무엇을 의미하는가?'라는 것인데, 이것은 지식을 어떻게 정의할 것인가의 문제와 동일하다. 앞서 언급했지만, 지식에 대한 전통적 정의는 '정당화된 참된 의견 또는 믿음'이다. 즉, 아래의 세 가지 요소가 S가 P에 대한 지식을 갖기 위한 필요조건들을 이루며, 이들이 한 데 결합하면 지식을 위한 충분조건이 된다.

(1) S는 P를 믿는다.

(2) P는 참이다.

(3) S는 P를 믿는 이유를 가진다.

지식의 필요충분조건 중 먼저 (1)의 의견이나 믿음 개념의 성격부터 살펴보자. 예컨대, 어떤 사람이 '지구가 둥글다.'는 경험적 사실을 알기 위해서는 거기에 해당하는 정보가 그의 마음속에 떠올려져 있어야 한다. 또한 정보를 마음속에 떠올려 파악하는 것은 그것에 대응하는 '명제(proposition)'를 믿는 것과 같은데, 여기서 '명제'는 참이거나 거짓인 문장, 이른바 '진리의 담지자'로서 참이든 거짓이든 믿음의 대상이 될 수 있는 것을 말한다. 따라서 이를 정리해 보면, 하나의 사실을 알기 위해서는 그 사실을 표현하고 있는 명제를 믿는 것이 필수적이다. 결국, 한 사람이 '지구가 둥글다.'는 것을 믿지 않는 한, 그 사람은 그러한 사실을 알 수 없다는 것이 따라 나온다. 이것으로부터 지식을 위한 첫 번째 조건이 도출되는데, 이것을 우리는 지식이기 위한 '믿음 조건'이라고 부른다.

그런데 모든 믿음이 지식이 되지는 않는다. 한 믿음이 참일 수도 거짓일 수도 있는데, 그 믿음이 거짓이어서는 지식이 될 수 없기 때문이다. 예를 들자면, 누군가가 '지구가 평평하다.'고 믿는다면, 그 믿음은 지식이 될 수 없는데, 그 이유는 그 믿음의 내용이 거짓이기 때문이다. 그러므로 지식의 대상이 될 명제는 참이어야 한다. 그리고 이 두 번째 조건이 지식이기 위한 '진리 조건'이다. 이 두 가지 조건을 통해 우리는 지식이 성립하려면 '참된 믿음'[(2)+(1)]이 있어야 한다는 것을 깨닫게 된다. 그러나 참된 믿음인 것만으로는 지식이 되기에 충분치가 않다. 왜냐하면 어떤 믿음이 참이라고 하더라도, 적절한 근거에 토대하고 있지 않고서는 지식이 될 수 없기 때문이다.

'내가 어떤 사실을 안다고 할 때, 그러한 사실을 어떻게 아는가?'는 어떤 사실을 아는 근거에 관한 문제, 달리 말하면 '내가 어떤 사실을 믿는 것이 어떻게 정당하게 되는가?'의 문제이다. 이것을 우리는 '인식정당성의 문제'라고 말하는 데, 전통적인 인식론자들은 인식정당성이 지식의 한 부분을 이룬다고 생각한다. 즉 어떤 사실에 대한 지식을 습득하기 위해서는 그 사실을 타당한 근거에 의거하여 정당한 방식으로 믿어야 한다는 것이다. 이 인식정당성의 문제는 인식론의 역사를 지배해 온 가장 중요한 주제라고 할 수 있다.

여기에서 명제 (1)과 (2) 그리고 (3)은 'S는 P를 알고 있다'에 대하여 개별적으로 지식의 필요조건이면서 집합적으로 지식의 충분조건이다. 지식 개념이 설명되는 단 하나의 원리는 명제 (1)과 (2)와 (3)의 긴 연접 문장이다. 바로 이것이 지식에 어떤 필요충분조건이 있다고 주장하는 전통적인 지식 이론(Theory of Knowledge)이다.

사실과 진실

『신약성서』의 '요한복음서' 18장에는 예수의 사형 선고 과정이 기록되어 있다. 그런데 유대인들에 의해 고소당해 재판에 넘겨진 예수와 로마 총독 빌라도가 나눈 대화에는 철학의 주제들 가운데 하나인 "진리가 무엇이냐?"(18:38)는 물음이 들어 있다. 그 전후맥락을 살펴보면, 빌라도가 예수에게 "네가 유대 사람의 왕이냐?"고 묻자 그는 "네가 하는 그 말은 네 생각에서 나온 말이냐? 그렇지 않으면, 나를 두고 다른 사람들이 말하여 준 것이냐?"고 되묻는다. 빌라도는 후자임을 밝히고, 그가 어떤 범죄를 저질렀는지 심문한다. 그러자 예수는 "내 나라는 이 세상에 속한 것이 아니다. 내 나라가 세상에 속한 것이라면, 내 부하들이 싸워서, 나를 유대 사람들의 손에 넘어가지 않게 했을 것이다. 그러나 내 나라는 이 세상에 속한 것이 아니다."라고 말한다.

그러자 빌라도는 예수의 죄목을 특정하려 재차 그가 왕인지를 물었고, 예수는 빌라도의 말대로 자신이 왕이라고 대답하면서 진리를 증언하는 것이 자신의 존재 이유임을 밝히고 있다. 이 대목에서 빌라도는 진리가 무엇인지에 대해 물음을 제기했고, 이 중차대한 질문에 대해 예수는 더 이상 아무런 대답도 하지 않는다. 독일 신학자 란트만M. Landmann은 바로 이 문제를 심도 있게 다루고 있다. 그는 이 대화의 핵심을 드러내려 '왜 빌라도는 예수가 말하는 진리를 전혀 이해하지 못하고 있고, 예수 또한 자신에 대한 생사여탈권을 갖고 있던 빌라도에게 침묵했을까?'라고 풀어서 묻고 있다. 두 사람 간에 대화 자체가 불가능했던 이유가 도대체 무엇이냐는 것이다.

로마 총독 빌라도는 스토아 철학이 번성한 로마에서 교육받은 사람이고, 따라서 진리는 아리스토텔레스가 정의한 '그리스적 진리'였다. 반면에 예수가 설파한 진리는 유대인들이 신봉하는 신이 내려준 '히브리적 진리'였다. 이 두 진리관의 간극이 워낙 크다 보니 빌라도는 이해할 수 없었고, 예수는 아예 설명을 포기했다는 것이다. 신약성서 연구자들에 따르면, 친로마 정서가 점차 강화되면서 예수의 사형 판결에 대한 빌라도의 책임을 약화시키려는 복음서 기자들의 시도들이 있었다고 한다. 불통의 원인이 빌라도가 배운 진리와 예수가 가르친 진리가 전혀 달랐다는 데에 있었다는 해석도 이런 분위기에 맞닿아 있다고 할 수 있다.

그렇다면 그리스 전통과 히브리 전통에 들어 있는 진리 개념에 대한 근본적인 차이점은 무엇일까? 아리스토텔레스의 『형이상학』 4권 7장에는 "있는 것을 있지 않다고 말하거나 있지 않은 것을 있다고 말하는 것은 거짓이고, 있는 것을 있다고 말하고 있지 않은 것을 있지 않다고 말하는 것이 참"이라는 진리에 대한 정의가 들어 있다. 아리스토텔레스의 진리론에 따르면, 책을 책이라고 하고 책이 아닌 것을 책이 아니라고 하는 것이 진리이다. 그런데 이들 진술에는 참 또는 거짓은 사물이나 사실이 아닌 '문장', '진술' 또는 '명제'로 간주되는 우리의 '사고思考'가 지닌 속성이라는 것과 사고의 참이나 거짓이 사실과의 일치 여부에 달려있다는 중요 내용이 포함되어 있다. 요컨대, 물질만 있는 세계에 진위는 있을 수 없고, 진리는 우리 사고의 고유한 특성이라는 것이다.

물론 히브리인들이 이해한 진리는 그리스적 진리와는 전혀 다르다. 그들에게 진리는 그들이 믿는 신, 곧 야훼의 말씀이기 때문이다. 히브리적 진리는 반석처럼 굳건하게 지속적으로 존재하는 것이다. 그리스적 진리가 '과학적 진리', '존재물의 진리' 그리고 '사실'이라면, 히브리적 진리는 '종교적 진리', '존재의 진리' 그리고 '진실'이다. 여기서 '존재의 진리'라는 말은 히브리인들의 신이 모세에게 '나는 스스로 있는 자니라.'(『출애굽기』 3:14)라고 말했을 때, 자신의 고유한 이름을 '존재 자체(Being itself)'로 계시한 종교 사건에서 기인한다.

그런데 문제는 오늘날에도 이 두 진리관의 차이를 도외시한 채 진리라는 말이 무차별적으로 통용되고 있다는 데에 있다. 이렇게 되면 우리는 '진리란 무엇인가?'라는 질문에 내포되어있는 두 가지 상이한 의미를 파악할 수 없게 되어 불가피하게 혼란을 겪게 되는 거시다. 이를 불식시키기 위해 둘을 구분해 보면, 진리는 어떤 것에 대한 올바른 신념들을 뜻할 수 있다. 어떤 사람이 법정에서 증언할 때, 그 또는 그녀는 의심스러운 범죄와 관련하여 '사실-진리'를 말할 것을 맹세한다. 다른 한편으로, 어떤 사건이 발생했고, 공교롭게도 피해자가 모두 사망했다면, 검사는 그 사건에 대한 전체적인 '진실-진리'를 결코 파악할 수 없을 것이라고 말할지 모른다. 이와 같이, '진실'은 어떤 것에 대한 '사실' 전부를 뜻한다고 할 수 있다.

형사소송법의 본령은 '실체적 진실의 발견'이고, 그것은 사건의 진상을 명명백백하게 밝힐 수 있는 제도 창출을 목적으로 한다. 그렇지만 이해관계가 난마처럼 얽힌 사건에는 '은폐'나 '축소', '조작' 등이 꼬리표처럼 따라 붙기 마련이고, 아무리 진실을 알기 위한 수사나 재판이라고 해도 오판 가능성을 완전히 배제할 수 없는 게 현실이다. 심지어 직접 사건을 목격하거나 몸소 겪은 당사자라고 해도 예외일 수는 없다. 인간 이기심의 견지에서 사실-진리와 진실-진리 각각의 문제점을 파헤치면서 '누구나 틀릴 수 있다'는 태도의 가치를 역설하는 영화가 있다.

〈랴쇼몬〉과 랴쇼모니스크

일본의 감독을 넘어 세계 영화사의 거장으로 칭송받는 구로사와 아키라 감독의 대표작인 범죄 미스터리 영화 〈랴쇼몬〉(Rashomon,

1950)은 한 살인사건을 둘러싸고 화자마다 각기 다른 이야기를 들려주는 다층적 서술 구조를 특징으로 갖고 있는 수작이다. 등장인물들인 다조마루(산적), 마사코(사무라이 아내), 다케히로(사무라이) 그리고 나무꾼의 상충적인 사실-진리 증언들 때문에라도, 그 사건의 실체적 진실에 다가가려는 이들에게, '우리가 무엇을 정확하게 아는 것이 가능한가?'라는 인식론적 문제, 즉 '사실적 정확성의 불확실성 문제'를 제기하고 있다. 다른 한편으로, '진실'이 어떤 것에 대한 '사실' 전부를 뜻한다면, 〈라쇼몬〉은 '진실-진리의 상대성 문제'를 부각시키면서 우리가 진실에 대해 어떤 태도를 지녀야 하는지를 웅변하는 작품이기도 하다.

영화의 얼개는 복잡할 게 없다. '사무라이 다케히로는 아내 마사코와 산길을 가다가 산적 다조마루와 마주친다. 다조마루는 마사코의 미모에 넋이 나가 다케히로를 속여 밧줄로 묶고는 마사코를 겁탈한다. 그 후 다케히로는 칼로 살해당한 채 발견된다.' 명백하게 강간과 살인이라는 강력 범죄가 발생한 사건임에는 틀림없지만, 어떻게 그런 끔찍한 사건들이 일어나게 되었는지에 관해서는 관아에 끌려온 사건 관계자들의 증언에 모순적인 부분들이 많고, 진상 파악이나 판결도 제공되고 있지 않은 탓에 우리는 미제 사건을 담당하게 된 수사관이 된 것 같은 인상도 받는다.

줄거리야 간단하지만, 복잡하게 얽힌 등장인물들의 진술은 여러 항목에서 불일치할 뿐만 아니라 심지어 모순적이기까지 하다.

① 살해 도구만 비교해 봐도 장도와 단도로 양분되고, ② 죽음 또는 죽임의 종류에 관해서도 자살과 타살로 제각각이다. ③ 결투 내용에 대한 상반된 묘사도 흥미롭기는 마찬가지다. ④ 겁탈당한 후 남편에 대한 마사코의 태도는 약간의 일관성이 엿보인다. ⑤ 마사코에 대한 증언들을 한데 모아 비교해 보면 이 사건을 설득력 있게 재구성할 수 있을 것만 같다. ⑥ 겁탈 전후 다조마루와 마사코 각각의 심경 변화도 놓쳐선 안 될 대목이다.

영화의 시대 배경은 중세 일본이고, 첫 장면에서는 살해된 다케히로의 최초 목격자이자 신고자인 나무꾼과 사흘 전 낮에 산길을 가던 두 부부를 본 적이 있다는 승려가 폭우를 피해 반파된 라쇼몬 아래 앉아 있다. 도무지 모르겠다는 말만 반복해서 독백하는 나무꾼과 사뭇 진지한 표정으로 인간에 대한 믿음을 상실했다고 토로하는 승려 앞에 비를 피해 행인 한 명이 등장한다. 이윽고 나무꾼은 행인에게 관아에서 있었던 증언들을 말해주겠다면서 진상 파악을 도와달라고 요청하기에 이른다. 관아에 불려간 이 나무꾼은 사흘 전 사건 현장에서 칼을 본 적이 없다고 손사래를 치며 얼버무리듯 증언했고, 승려는 산길에서 마주친 사무라이 부부의 특징적인 차림새에 대해 묘사했다. 이제 영화의 전개에 따라 관아에 잡혀온 악명 높은 다조마루의 진술부터 들어보자.

다조마루(산적)

다조마루에 따르면, 고려 칼을 싸게 팔겠다며 사무라이를 칼의 은닉 장소로 유인하여 나무에 묶은 후, 남편이 뱀에 물렸다고 속여서 마사코도 그곳으로 데려온다. ⑥ 속은 걸 안 그녀는 단도로 자신에게 ⑤ 격렬하게 저항했지만, 둘만의 오랜 '나 잡아 봐라' 후에 결국 자신에게 '유혹됐다'고 약간 우쭐해 한다. 그런데 ④ 겁탈당한 마사코는 수치심 때문에 살 수 없다며 승자를 따르겠다면서 자신과 남편의 결투를 종용했다고 한다. ③ 다조마루는 지금껏 자신의 칼을 20번 이상 받아낸 유일한 사람이 다케히로라며 그를 한껏 추켜세우지만 결국 당당한 결투 끝에 ① 다케히로가 자신의 장도에 살해당했다고 으스댄다. ⑤ 마사코는 두 남자가 결투하는 사이 도주했고, 그는 다케히로의 칼을 팔아 술을 사먹었지만, 진주가 박혀 있는 꽤 값나가 보이던 마사코의 단도를 챙기지 못한 것을 일생일대의 실수라고 자인하며 증언을 마친다.

마사코(사무라이 아내)

라쇼몬에 있는 나무꾼이 여자도 다조마루도 다 거짓을 말했다고 하자 승려는 증인으로 출두한 마사코가 강하기는커녕 오히려 연약하고 가련해 보였다고 말한다. 그 사건 후 절에서 숨어 지냈다는 ⑥ 마사코의 진술에 따르면, 자신을 욕보인 후 다조마루는 광적으로 기뻐하며 떠나버렸고, 울고 있는 그녀와 남편 둘만 남게 되었다고 한다. ④ 그런데 자신을 바라보는 남편의 눈빛은 슬픔이나 연민이 아닌 분노와 차가운 증오로 가득 차 있었고, ④ 싸늘한 시선을 견디다 못한 그녀는 단도를 찾아 밧줄을 끊고는 차라리 자신을 죽이라고 말했다는 것이다. 그러다가 혼절을 했는데 제정신을 차려보니 끔찍하게도 ①/② 자신의 단도가 남편의 가슴에 꽂혀 있었다고 진술한다. ⑤ 그녀는 강에 투신하는 등 여러 차례 자살을 시도했지만 번번이 실패했다면서 자신의 연약함과 어리석음에 대해 눈물로 개탄한다.

다케히로/무당(강신한 사무라이)

라쇼몬의 나무꾼은 계속해서 다케히로의 이야기도 거짓이라고 주장하는데, 승려는 죽은 사람까지 거짓을 고하겠냐면서 되레 그에게 면박을 준다. 살해당한 다케히로의 증언은 영매를 통해 이뤄지는데, ⑥ 강신한 다케히로는 마사코를 범한 다조마루가 자신의 아내가 되어 달라고 그녀를 교활하게 설득했다고 말한다. ⑤ 그런데 정작 마사코는 황홀한 듯 도적을 바라봤고 심지어는 가장 아름다운 모습으로 그랬다는 것이다. 그런 뒤 그녀는 산적에게 어디든 데려가 달라면서 다른 한편으로는 ④ 남편을 죽이라고 여러 차례 거듭해서 말했다고 한다. 남편 살해를 한두 번도 아니고 여덟 차례나 반복한 것에 갑자기 충격을 받은 산적은 마사코의 생사에 관한 결정권을 자신에게 일임했다는 것이다. 그 사이 도주하는 마사코의 뒤를 추적했던 산적은 결국 빈손으로 돌아와서는 포박을 끊어주고 떠났는데, 그 후 자신은 ①/② 아내의 단도를 발견하여 자결했다는 것이다.

나무꾼(목격자)

무당이 대언한 다케히로의 증언이 끝나자마자 랴쇼몬의 나무꾼은 지체 없이 그가 단도가 아닌 장도에 찔려 죽었다며 강하게 반박한다. 숲 속 사건 전부를 목격한 것을 눈치챈 행인은 나무꾼에게 왜 관아에서 사실대로 증언하지 않았느냐며 그의 위증을 질책했고, 내심이야 절도 행위를 숨기기 위해서였다지만, 우선 나무꾼은 단지 그 사건에 연루되고 싶지 않았을 뿐이었다고 강변한다. 목격자 나무꾼의 진술을 따라가 보면, ⑥ 겁탈 후 다조마루는 마사코 앞에 무릎 꿇고는 용서를 빌며 자신의 아내가 되어 달라고 애원했다고 한다. 그렇게만 해 준다면 도적질도 그만두고 장사라도 하겠다고 회유하다가 이도 여의치 않자 허락하지 않으면 죽이겠다며 마사코를 겁박했다는 것이다. 그러자 그녀는 단도로 다케히로를 풀어 주고는 남자들끼리 결투로 결정하라고 했다고 한다.

그런데 다케히로는 아내를 잃는 것이 말(馬)을 잃는 것보다 못하다며 더럽혀지고도 자결하지 않는 아내를 향해 맹렬한 비난을 쏟아내면서 한사코 결투를 거부했다고 말해진다. 예상치 못한 다케히로의 태도에 마사코에 대한 흥미를 잃어버린 다조마루는 남편의 비난까지 더해져 울고 있는 그녀를 약한 존재라고 말하며 오히려 다케히로를 진정시켰다고 한다. 그러자 마사코의 반격이 시작됐는데, ④ 그녀는 자신에게 죽으라고 말하는 남편에게 남자라면 도적을 먼저 죽여야 하는 것이라고 조롱한 후, 다조마루에게는 이름값도 못한다며 얼굴에 침까지 뱉었다는 것이다. 칼로 쟁취하는 것이 여자이고, 여자는 진짜 남자를 원한다며 두 사람의 명예욕을 자극해서 ⑤ 교활하게 결투 유도한 마사코는 정작 결투가 시작되자 겁에 질리고 말았다고 나무꾼은 말한다. ③ 등이 떠밀려 엉겁결에 결투를 하게 된 두 사람은 용렬한 개싸움을 벌이다가 다케히로의 칼이 그루터기에 꽂히는 바람에 다조마루가 승리의 행운을 얻게 되었다고 말해진다. ①/② 죽고 싶지 않다는 다케히로를 산적은 자신의 장도로 살해했고, 마사코는 도주하고 다조마루 역시 장도 2개를 들고 사건 현장을 빠져 나갔다는 것이 나무꾼의 진술이었다.

첫 장면에 나무꾼이 연신 '모르겠다'고 독백을 해도, 이 사건의 진상에 다다를 수 있다는 강한 기대와 희망이야말로 이 영화에 몰입하게 되는 주된 요인일 것이다. 그렇지만 영화가 끝났어도 우리의 물음은 계속해서 이어진다. "네 사람 중 과연 진실을 말한 이는 누구일까? 아니 그런 사람이 있기는 한 것일까?" 앞서 제시한 다양한 항목들을 비교 검토해 봐도, 한 사건에 관해 화자마다 상충적이고 모순적인 증언으로 일관한다는 것을 알게 됐기 때문이다. "카프카의 작품 같은, 부조리하고 절망적인"을 의미하는 '카프카에스크([독] Kafkaesk, [영] Kafkaesque)'처럼, 〈라쇼몬〉은 한 가지 사실을 놓고 각기 다른 관점에서 이야기한다는 뜻의 '라쇼모니스크Rashomonisque'라는 신조어까지 탄생시킨걸 보면 이런 대략난감은 결코 엄살이 아니다.

다른 한편으로, 이러한 상호 모순적인 사태를 극적으로 심화시키기 위한 장치인 영화의 편집기법뿐 아니라 그것의 독특한 사용방식도 결코 간과해서는 안 된다. 『영화 사전』의 용어 설명을 인용하면, '플래시백flashback'은 "영화에서 사용되는 내러티브 장치로서, 시간상으로 등장인물의 인생이나 역사의 좀 더 앞선 시기로 되돌아가 그 시기를 이야기하는 것"이다. 그래서 '시간의 전위傳位'인 플래시백은 "가장 명확하게 주관적인 순간들"이고, "기억과 역사, 즉 주관적 진실의 영화적 재현"이다. 우리는 플래시백 안에서 사건을 보기 때문에 사건이 진실을 반영한다고 간주하는데, 사실상 모든 반영은 관점이고 때때로 거짓된 것이다. 영화에서 플래시백의 용도는 등장인물의 과거 회상을 통해 생략된 줄거리를 관객에게 알려 주려는 것이 대부분인데, 〈라쇼몬〉의 천재성은 모든 플래시백이 참과 거짓 양 측면을 갖고 있다는 점을 간파하여 이를 영화 주제를 표현하는 데 그것도 영화사에 길이 남을 매우 독특한 방식으로 사용하고 있다는 것이다. 왜냐하면 이 영화는 '플래시백 안에 또 하나의 플래시백'을 두는 이중 구조를 취하고 있기 때문이다. 이것은 영화의 장면 구분에 그대로 적용 가능한데, 액자 소설처럼 라쇼몬 문루에서 관아로의 플래시백 안에 관아에서 숲으로의 플래시백을 넣어 둔 것이다.

플래시백 기법에서 '참'은 일어난 사건을 화자들 자신이 그것이 발생했다고 생각하는 바를 정확하게 묘사한다는 것이고, '거짓'은 인간이란 존재가 그들 자신에게조차 정직할 수 없다는 점을 부각시킨 점이 이 영화의 미덕이다. 사실상 인간은 허영심 없이는 스스로에 대해 말할 수조차 없는 숙명을 타고난 존재가 아닌가. 파스칼은 『팡세』에서 다음과 같이 말한 바 있다. "우리는 생명조차도 기꺼이 내버린다. 사람들의 입에 그것이 오르내리기만 한다면." 이처럼 〈라쇼몬〉은 인간의 이기심과 나약함을 적나라하게 드러냄과 동시에 인간의 지적인 겸손을 역설하고 있는 것 같다. 인간의 기억은 이해관계에 따라 자기합리화를 목적으로 재배열될 위험에 언제나 노출되어 있기 때문이다. 그렇지만 진리에 대한 균열과 상대성에도 불구하고, 진리 추구 자체는 무의미한 행위가 결코 아니다. 나뭇잎 사이로 비추는 눈부신 태양빛은 있고, 아기를 품에 안고 걸어가는 희망찬 나무꾼처럼 걸어가야 하니 말이다. 그렇다고 해도 나무꾼의 "모르겠다."는 독백만큼은 정리가 필요해 보인다.

퓌론주의(Pyrrhonism)

소크라테스 이전 철학자들은 '지식이 존재한다'는 것을 하나의 자명한 사실로 받아들였고, 그들은 인간 이성의 진리 파악 능력에 부단한 신뢰를 보냈던 독단론자들(dogmatikoi)이다. 하지만 소피스테스의 등장으로 인간의 인식 능력에 대한 반성이 일어난다. 문제 해결은 부정적이었고, 급기야 회의주의를 낳고 만다. 이 회의주의는 고대 후기 철학에서 하나의 원리로까지 고양되기에 이른다. '나는 얼마나 많은 사실들을 알고 있으며, 알 수 있는가?'가 제기하는 문제는 회의주의의 문제로 알려져 있다. 회의주의란 이 질문에 부정적인 대답을 하는 입장으로, '우리가 아는 것 또는 알 수 있는 것이 (거의) 없다'는 지식 불가능성에 대한 주장으로 받아들여진다.

전통적인 인식론은 '아무것도 알 수 없다.'는 회의주의적 도전에 대한 응전으로 시작되었다고 해도 과언이 아니며, 근세 철학의 주된 경향이 인식론이 된 배경에도 회의주의가 있었다. 물론, 고대 회의주의는 지식의 불가능성을 적극적으로 개진하는 근대 회의주의와는 다르다. 근대 회의주의는 지식의 불가능성을 주장한다는 점에서 일종의 학설을 내세운다고 할 수 있지만, 이와 달리 고대의 회의주의는 기존의 이론을 논박하는 데에만 집중할 뿐, 고유한 학설을 정립하려 하지 않았기 때문이다. 이런 이유로 고대 회의주의자들은 인간이 할 수 있는 최선의 길을 끊임없는 탐구(skēpsis)라고 본 '탐구자들(skēptikoi)'인데, 그것은 독단주의에 빠지지 않은 채 진리 발견의 가능성을 계속해서 모색하려는 그들의 탐구 정신 때문에 붙여진 이름이었다.

그런데 아르케실라오스Arkesilaos와 카르네아데스Carneades가 이끌었던 아카데미아 학파의 회의주의와 달리, 우리가 논급하려는 극단적 회의주의를 대표하는 '퓌론주의'는 엘리스 출신의 철학자 퓌론(Pyrrho, B.C.E. 365-275)의 이름에서 유래됐다. 퓌론주의자들에 따르면, X가 K에게는 P로 나타나고, X가 K′에게는 P′로 나타나면, K에게 나타난 현상 P와 K′에게 나타난 현상 P′ 중 어떤 것이 사태의 본성을 말해주는지를 결정한다는 것은 불가능하다. 이처럼 우리가 외부 대상의 실제 모습에 대해 정확한 앎을 획득할 수 없으므로, 외부 대상에 대해 일체 판단중지(epochē)를 해야 하는 것이다. 그 결과 우리에게 예기치 않게 마음의 평안(ataraxia)이 찾아오는데, 이 마음의 평안이야말로 회의주의적 삶이 지향하는 최고 목표이자 최고 행복인 것이다.

하지만 우리는 회의주의자에게 몇 가지 질문을 제기하지 않을 수 없다. 과연 외부 세계에 대해 모든 판단을 유보하는 일이 가능한 일일까? 게다가 감각에 대해 판단을 유보하는 회의주의자는 정상적인 삶을 영위할 수 있을까? 또한 회의주의자는 자신의 주장이 옳다고 믿을까? 만약 자기주장이 옳다고 믿을 경우 회의주의자는 독단주의에 빠지게 될 것이고, 옳다고 믿지 않는다면 그는 자신의 행동 방식이 성공할 것임을 다른 사람들에게 납득시킬 수 없을 것이다. 이제 퓌론주의의 세 가지 논점을 이러한 질문을 통해 차례로 논박해 보자.

회의주의의 자기 논박성

극단적인 회의주의는 학문적으로 진지하게 고려될 만한 가치가 없는데, 그것이 불가능한 관점이기 때문이다. 어떤 회의주의자가 "모든 지식은 불가능하다"고 진술한다고 해보자. 이 사람은 이렇게 주장함으로써 암암리에 자신은 지식이 불가능하다는 것을 안다고 주장하고 있을 수 있다. 만약 그렇다면, 이 회의주의자는 자기 논박적인 결과에 직면하게 된다. 왜냐하면 그가 지식의 가능성을 긍정하기도 하고 또한 동시에 부정하기도 하기 때문이다. 이 회의주의자는 다음의 P를 입증하고자 하는 것이다.

P: 모든 지식이 불가능하다.

그런데 그가 나는 P(모든 지식이 불가능함)를 알고 있다(나는 P에 관한 지식을 갖고 있다)라고 주장함으로써 P를 입증하고자 한다면, 이는 지식의 사례가 최소한 하나가 있음을 인정하는 것이다. 이것은 스스로 P에 대한 반례를 인정하는 것이어서, 결국 자신이 옹호하고자 하는 P를 논박하는 결과를 낳는다. 그의 관점은 명백하게 자기모순을 포함하고 있고, 따라서 논리 법칙인 모순율을 위반하여 논리적으로 불가능한 것으로 입증되고 만다.

그러면 확실한 지식은 타당하지 않으나 개연적 지식은 합당하다고 보는 온건한 회의주의는 어떨까? 바꿔 말해서, 양화사 '모든'을 '대부분'으로 대체하여, '대부분의 지식이 불가능하다'는 것을 입증하는 경우를 말하는 것이다. 그러나 개연적 지식이라고 해도, 많든 적든 간에 진리에 관한 지식을 함의하고 있는 것이고, 따라서 회의주의자는 자신이 주장하는 바를 알고 있다고 함으로써 지식의 한 사례를 제시하는 것이 되고 만다. 양화사를 대체한다고 하더라도 회의주의에 동의하지 않는 사람들은 쉽게 설득되지 않을 것이다.

자아 존재의 확실성을 통한 회의주의 비판

성 아우구스티누스와 데카르트는 회의주의의 극복을 그들 철학의 출발점으로 삼았고, 자신들의 존재를 모든 진리 가운데 첫 번째이자 가장 확실한 것으로 확립함으로써 논박에 성공했던 이들이다. 그렇다고 결과적인 유사성을 지나치게 강조해서는 안 된다. 널리 알려진 데카르트의 "나는 생각한다, 그러므로 나는 존재한다.(cogito, ergo sum)"는 하나의 철학적인 체계의 출발점이지만, 아우구스티누스 자신은 어떤 체계를 확립하려는 의도가 전혀 없었기 때문이다. 어쨌든, 회의주의에 대한 첫 번째 논박에서 밝혔듯이, 모순율과의 충돌을 피할 수 없었던 회의주의자들은 다음으로 자신들의 이론에서 유일하게 가능한 실천적 귀결로서 '판단중지'를 설정하기에 이른다. 아무리 그래도 회의주의 논증에 대한 비판 가능성은 여전히 남아 있다.

회의주의자는 모든 것을 의심하는 자들이지만, 의심이라는 작용을 수행하면서 최소한 의심할 수 없는 확실성에 도달할 수밖에 없다. 그가 모든 것을 의심한다고 해도, 그가 의심한다는 이 단순한 사실을 의심할 수는 없기 때문이다. 의심하는 작용은 사고 작용이고, 그가 사고한다는 사실은 모든 회의적 도전에 성공적으로 응전할 수 있는 의심할 수 없는 것이다. 결국 그가 자기를 사유하는 존재로 파악하는 이상, 그는 자기를 존재하는 것으로 인식할 수밖에 없다. 그러므로 판단중지를 내세우는 회의주의자가 전적으로 일관성이 있으려면 그는 판단 작용은 물론이고 사유 작용까지 포기해야 할 것이다.

회의주의의 판단중지 논변에 대한 반박으로 여기서는 데카르트가 회의주의를 극복하기 위해 행한 '확실성 추구' 프로그램을 논급하고자 한다. 우선 데카르트적 회의의 특징은 그것이 '과장법적 회의'라는 데에 있다. 그 이유는 최소한의 근거로 최대 범위의 부정까지 나아가기 때문인데, '단 한 번이라도 우리를 속인 일이 있는 것에 대해서는 결코 전폭적으로 신뢰하지 않는다.'는 규칙에 따라, 특수하고 우연한 오류가 성립할 때 일반적이고 필연적인 오류의 상황을 가정하는 것이다. 이런 과장성은 그의 '꿈의 가설'과 '악령의 가설'에서 잘 드러나 있다.

그의 회의는 감각에 대한 의심에서 출발하는데, 이 의심의 근거는 감각이 종종 오류 판단을 가져온다는 데에 있다. 이를 근거로 그는 감각 능력 전체를 부정하며, 감각에 나타난 모든 현상이 가상일 수 있다면서 '꿈의 가설'을 통해 이를 일반화하고 있다. 그것은 우리의 감각이 우리를 속일 수 있다고 상상하는 것이 사실상 불가능한 경우에도 우리는 얼마든지 그것을 의심할 수 있기 때문이란 것이다. 우리가 현실이라고 생각하는 것이 사실상 생생한 꿈일지도 모른다는 것이다.

다음으로 만일 꿈이 허구라면, 모든 허구는 어떤 보편적인 속성들을 전제할 수밖에 없다. 예를 들자면, 사물의 일반적 속성인 연장성, 그 연장성이 표현하는 형태, 크기, 수나 지속하는 시간 등은 꿈을 비롯한 모든 허구적 표상의 세계가 있기 위해서 먼저 있어야 하는 어떤 것이기 때문이다. 이런 보편적 성질 말고도 수학적 진리는 꿈속에서도 참이다. 그러나 우리는 수학 계산에서 우연히 오류를 범하거나 이성의 내재적 결함 때문에 빚어지는 필연적 오류를 범해서 영원히 참된 진리 체계에 이르지 못할지도 모른다. '악령의 가설'은 이런 회의를 뒷받침하고 있다.

인간 정신이 본성상 명석, 판명하게 지각하는 것을 참된 것으로 받아들일 수밖에 없지만, 그런 본성에 머물러 있는 한 인간 정신이 참된 진리에 이를 수 있다는 것도 우리의 주관적 착각에 불과할 수 있다는 것이다. 데카르트는 "2 + 3 = 5", "삼각형은 세 개의 변을 갖는다."와 같은 산술학과 기하학의 진리마저도 의심의 대상으로 전환시킨다. 악령이 그렇게 할 수 있는 이유는 악마가 신만큼 강력한 능력을 갖고 있고, 또한 신의 선함과 달리 우리를 기만하려는 사악함을 지니고 있기 때문이란 것이다.

이런 체계적인 회의 끝에 데카르트는 회의할 수 없는 진리에 도달하게 된다. 그것이 바로 자아가 존재한다는 사실이다. 악령이 온 힘을 다해 우리를 속인다고 해도, 나 자신이 어떤 것이라고 생각하는 동안에는 그는 결코 내가 아무것도 아닌 것이라고 할 수는 없다는 것이다. 생각하면서 (즉 존재하면서) 존재하지 않는다고 말할 수 있겠는가? 데카르트는 더 이상 의심할 수 없는 확실한 인식론적 토대로서 '코기토'의 철학을 확립시켰고, 이것으로 데카르트 철학의 제1원리가 확보되는 것이다. 자아의 존재의 확실성이야말로 그의 철학의 제1원리이고, 이 원리로부터 단계적으로 세계에 대한 확실한 지식까지 재구성된다. 이처럼 사유 작용을 수행하자마자 사유 목적의 달성, 즉 지식의 가능성이 전제되기 때문에, 회의주의는 자기모순의 오명을 벗어날 수 없게 되는 것이다.

도덕 가치의 실현을 위한 회의주의 논박

자발적이거나 의도적인 행동을 설명하기 위해서 우리가 행위자의 편에서 욕망과 신념 모두를 확인해야만 한다는 것을 철학자들의 최소한의 공통 가정이다. 신념만으로는 그 행위자를 행동하도록 동기 유발할 수 없기 때문이다. 따라서 모든 경우에 적절한 욕망이 있다는 것은 틀림없는 일이다. 이것은 '이성이 감정의 노예이고 또 그래야만 한다.'는 흄D. Hume의 주장 배후에 놓여 있는 생각이기도 하다. 이 같은 행동에 관한 믿음-욕망 이론은 아리스토텔레스까지 추적 가능하지만, 무엇보다도 그는 동기유발이 근본적으로 비이성적이라는 흄의 가정을 명시적으로 피하고 있다.

아리스토텔레스는 "우리는 우리가 그것을 욕망하기 때문에 그것이 좋아 보인다기보다는 오히려 그것이 우리에게 좋게 보이기 때문에 어떤 것을 욕망한다. 왜냐하면 출발점이 이성적 사유(noēsis)이기 때문이다."(『형이상학』 12권 7장 1072a29)라고 단언한다.

이것은 정확하게 홉스T. Hobbes와 흄에 의한 설명 패턴의 역전이다. 이를 테면, 홉스는 "어떤 인간이 욕구 또는 의욕을 갖는 것은 그 대상이 무엇이든지 그에게는 '선'이다."(『리바이어던』 1.6)라고 말한다. 그러나 아리스토텔레스에게 이성은 궁극적으로 우리의 행동에 책임이 있다. 행동을 개시하는 데서 욕망의 협력을 필요로 한다고 해도, 이성은 노예가 아닌 주인으로 남는다는 것이다.

이처럼 윤리적 의식은 진리를 향한 모든 진정한 노력, 즉 진리 인식을 위한 모든 내적인 투쟁을 적극적으로 평가하고, 이러한 노력 속에서 최고로 가치 있는 행위를 인정한다. 판단중지를 실천하는 회의주의자가 정상적인 삶은커녕 마음의 평안(ataraxia)도 얻을 수 없다는 것은 가치 의식에 관한 탐구를 통해 가능하다. 인간의 삶 일반과 마찬가지로, 인간의 내면적 가치의 삶은 우선 진리 인식 없이는 진정으로 가능한 것이 아니다. 인간은 정신적 존재로서 윤리적 가치를 실현해야 하고, 그렇게 함으로써 자기의 삶에 좀 더 높은 의미와 내용을 부여하게 된다.

우리는 일상생활에서 '트롤리 문제(Ttrolly problem)'처럼 많은 가치 갈등에 직면한다. 그런 것들을 마주할 때마다, 우리는 그것을 해결하기 위한 방법 때문에 고민에 빠진다. 그런 난제(aporia)를 풀기 위해, 우리에게는 도덕 원칙이나 도덕적인 신념 체계가 필요하다. 도덕적인 판단은 행위의 가치에 관한 판단이고, 게다가 도덕 규칙은 가치 갈등 상황에서 도덕적인 판단을 하기 위한 기준이다.

인간 삶의 목적을 실현하기 위해서 지식은 필수적이다. 인간이 선을 행해야 한다면, 그는 우선 선의 본질이 무엇인지를 알아야 하기 때문이다. 인간의 자유의지는 이성이 제공해 주는 목적선目的善을 포착하여 어떤 행위를 선택하여 실행할 자유를 특징으로 갖고 있다. 따라서 지성에 의해 선으로 규정되지 않은 것을 의지가 욕구할 수 없기 때문에, 진리 인식 없이는 가치 실현도 불가능한 것이다. 우리는 지적 존재로서 뿐만 아니라 도덕적 존재로서 우리 정신의 진리 능력을 깊이 확신하고 있다. 이러한 진리 능력을 인정하지 않는 사람은 우리 삶의 윤리적 사명을 침해하는 것이 된다. 그러므로 회의주의는 지식뿐만 아니라 인륜성도 부정하게 만드는 가치 의식의 적敵인 것이다.

〈라쇼몬〉의 교훈은 회의주의자들이 보여주는 회의적 삶의 태도처럼 독단과 편견에 사로잡히기 쉬운 우리에게 겸손이라는 삶의 태도인지도 모른다. 우리는 아는 게 별로 없어서 독단주의자(dogmatists)가 될 수 없고, 회의주의자(skeptics)가 되기에는 알고 있는 것이 너무 많은 것은 아닐까. 다시 한번 파스칼의 통찰이다.

생각해 보기

1. 〈라쇼몬〉에서 다조마루(산적), 마사코(사무라이의 아내), 다케히로(사무라이) 그리고 나무꾼의 증언들 중 살해 도구, 죽임/죽음의 종류, 결투 내용 등을 비교하여 말해보시오.

2. 등장인물들 간의 상호 모순적인 증언을 극대화하기 위해 사용된 〈라쇼몬〉의 편집기법이 무엇인지 밝히시오.

제8강

악의 문제

고통에 관한 성찰

'무신론의 암초'와도 같은 악의 문제를 본격적으로 논의하기에 앞서, 짧은 단상을 통해 고통에 관해 어떤 태도가 바람직한지를 면밀하게 들여다보자. 슬픔과 고통의 체험은 때때로 사람들을 지혜롭게 만드는 것 같다. 그러나 때론 고난과 아픔이 사람들을 더욱 이기적으로 만들거나 자기중심적이 되도록 부채질하는 측면도 있다. 아마도 그 이유를 곱씹어보면 슬픔과 고통만큼 사적인 것도 없기 때문인 것 같다. 그렇다면 고통은 어떤 상황에서 사람을 이기적이고 어리석게 만들거나 성숙하고 지혜롭게 만드는 것일까? 고통의 의미를 묻는 사람은 언제나 이 물음에서 이야기를 시작할 수밖에 없을 것이다. 하지만 여기서 문제가 되는 것은 우리가 겪는 고통 자체의 성격이 아니다. 왜냐하면 인간을 성숙하게 하는 고통이 따로 있고, 인간을 천박하게 만드는 고통이 따로 있는 것이 아니기 때문이다. 연인간의 이별이 끔찍한 스토킹으로만 귀결되지 않듯이, 똑같은 고통을 겪는다 하더라도 어떤 사람은 그 고통을 통해 지혜로워지지만 어떤 사람은 같은 고통을 통해 비열하고 야비한 사람이 될 수도 있다. 따라서 주안점은 고통 그 자체라기보다 '고통에 대한 우리의 태도'인 것이다.

달리 말하자면, 동일한 고통을 겪는다 하더라도 고통을 대하는 태도는 사람마다 제각각이다. 그리고 이 태도의 차이에 따라 같은 고통을 겪는다 하더라도 사람이 깊어지기도 하고 천박해지기도 하는 것이다. 그런데 이 문제에 관한 한, 고통에 대해 사람이 취할 수 있는 가장 나쁜 태도는 아마도 고통에 대해 아무것도 반성하지 않으려는 태도일 것이다. 여기서 반성이란 도덕적 의미에서 자기의 잘못을 뉘우친다는 뜻이 아니다. 반성이란 쉽게 말하자면 돌이켜 생각하는 일이다. 그런데 많은 사람들은 자기가 당했거나 당하고 있는 고통을 돌이켜 생각하고 그것의 의미를 반추하기보다는 고통을 그냥 잊어버리려 하는 경향이 더 지배적이다. 다른 차원에서 나중에 따로 논의하겠지만, 생각해 보면 고통에 관한 무반성적인 태도가 마냥 잘못된 일이라고 비난할 수는 없어 보인다. 고통에 처한 사람이 고통의 이유를 끊임없이 캐묻는 반추 행위란 얼마나 가혹하고 버거운 체증이겠는가? 게다가 고통의 감각이야 그 순간이 지나면 사라지겠지만, 고통에 관해 생각하는 한 그것은 결코 사라지지 않고 생생한 현재의 일이 될 것이기 때문이다.

그렇다. 고통을 되돌이켜 곱씹어보는 것보다 차라리 할 수만 있다면 그것 전부를 송두리째 잊어버리는 편이 피해 당사자는 숨쉬기가 좀 더 수월할 것이다. 그러나 고통의 체험을 돌이켜 성찰하는 것이 아무리 큰 고통을 가져다준다고 해도, 우리는 그 때문에 고통을 반성하는 용기 있는 행동을 멈춰서도 안 된다. 왜냐하면 고통에 관한 성찰이 괴로운 일이라 해서 반성을 포기하는 그것을 피하려고만 한다면, 우리가 고통의 실존적 의미에 대해 배울 기회는 사라져버리기 때문이다. 나아가 고통이 두려운 나머지 그것을 정면으로 바라볼 수 있는 용기를 발휘하지 않는다면, 삶의 의미를 배우지도 못하고 타인의 존재를 만나는 것조차 불가능할지 모른다. 고통 없는 삶은 없고, 따라서 우리는 삶 속에 만연한 고통을 그냥 지나치거나 잊어버려서는 안 되고 오히려 고통의 의미와 그 대처법을 배워야할 할 의무가 있다고 하겠다.

신정론

신이 완전자로서 창조한 이 세계에는 왜 악이 존재하는가? 이 물음과 관련하여 그리스도교 전통에서 신에 대한 믿음과 악의 존재를 조화시키려는 학문적 시도가 신정론(神正論, theodicy)의 핵심 쟁점이다. 신정론은 악의 실재성과 신 또는 궁극적인 존재의 전선 및 전능에 관한 종교적인 믿음 간의 모순, 즉 '외견상의 모순'과 깊이 관련되어 있다. 바꿔 말하자면, 이 이론은 신이 전능하고, 신의 선함이 무한하고 그리고 악이 존재한다는 세 가지 명제 가운데서 앞의 두 명제와 세 번째 명제가 모순 없이 조화를 이룰 수 있다고 보고 있기 때문이다. 그러므로 신정론은 죄 없는 자의 고통과 악의 실존에도 불구하고 신의 전능과 선함을 보여주려는 종교철학자와 신학자의 노력의 산물인 것이다.

형이상학적 악

그리스도교로 개종하기 이전 아우구스티누스(C.E. 354-430)의 학문적 궤적을 따라가 보면, 그는 선과 악의 궁극적인 이원론을 빛과 어둠 또는 정신과 질료의 형태로 확언했던 동방적이고 영지주의적인 뿌리를 지닌 마니교에 대략 10년 정도 머물렀다. 마니교에 환멸을 느낀 그는 잠시 신新 아카데미아 학파에 몸담았다. 그 후 플로티노스와 포르피리오스 같은 신플라톤주의자들의 저작을 접하게 되었고, 이들을 통해 유물론과 이원론을 거부하고 최종적으로 그리스도교로 회심하기에 이른다. 일찍이 그는 이 세계의 악이 선 자체인 신과 어떻게 조화될 수 있는지를 고민했고, 자신의 지적 편력 과정에서 신플라톤주의자인 플로티노스의 학설에서 악을 하나의 결핍(steresis)으로 보는 '결핍으로서의 악' 개념과 조우했던 것이다.

방금 언급한 것처럼, 아우구스티누스가 신플라톤주의 철학에서 발견한 악의 문제에 대한 원리적인 해결은 악을 결핍(privation), 부패(corrup-tion) 그리고 오용(perversion)으로 규정짓는 것이었다. 악은 어떤 자연 사물 같은 하나의 적극적인 물건(natura)이나 실체가 아니고 어떤 독립적인 존재도 갖고 있지 않으며, 실체적인 존재(ens)를 갖고 있는 선에 기생적일 뿐이다. 따라서 신이 창조한 삼라만상은 선이고 악의 현상은 본질적으로 선한 존재들이 부패하고 손상될 때만 발생하는 것이다. 그러므로 악은 자연과 더불어 있는 것이고, 선 내지 존재 밖에서는 악이 존재할 수 없기 때문에 전적으로 악한 것은 없다. 간단히 말하자면, 선의 감소가 악이다.

그렇다면 왜 사물은 필연적으로 악을 동반하는가? 이에 관한 아우구스티누스의 해명은 신의 창조로 소급해 올라간다. 모든 존재는 자존적 존재(ens per se)와 의존적 존재(ens per accidens)로 구분되는데, 전자는 신뿐이고 피조물로서의 자연은 모두 후자이다. 신은 최고선으로서 불변이고 영원한 존재인 반면에 피조물은 신에 의해 '무로부터 창조(creatio ex nihilo)'됐기 때문에 신의 힘이 미치지 않는다면 언제나 무로 돌아가려는 소멸성을 갖고 있다. 이와 같은 근원적인 상실성과 결여성, 즉 유한성과 불완전성이 바로 피조물에 부과된 필연적 제약인 것이다.

그러나 이 같은 해명이 피부에 와 닿지도 않고 악의 문제를 근본적으로 해소시켜 주는 데도 못 미친다는 인상을 떨쳐버릴 수 없는 이유는 무엇일까? 우리가 직접 현실에서 느끼는 악은 존재의 상실로서의 비존재나 선의 결여로서의 악과 같이 논리적인 부정관계에 그치는 것이 아니라 현실적 대립 관계로서 모순같이 느껴지기 때문일 것이다. 달리 말하자면, 악 역시 선에 반항하면서 이에 맞서는 적극적인 성질을 띠고 우리에게 현전하는 것으로 여겨진다는 것이다.

도덕적 악

이에 아우구스티누스는 결여나 상실인 악이 그 사물 자체에게 악인 것이 아니라 오히려 인간에게 좋지 않은 것이 우리에게 악이 된다는 통찰을 제시한다. 이것은 우리가 접하는 세계와 그 세계 안에서 어떤 이유로 우리 자신이 우리에게 악이 되는가 하는 악의 기원에 관한 실존적인 물음으로의 전환을 의미한다. 히포의

주교 아우구스티누스의 『자유의지론』에서 에보디우스의 첫 번째 질문도 의지의 자유와 관련하여 신이 악의 장본인인지를 묻는 것이었다. 아우구스티누스는 신이 도덕적 악에 대해 상과 벌을 주는 장본인이기 때문에, 도덕적 악의 장본인이 아니라는 의중을 넌지시 비추고 있다. 결국 윤리악은 사람이 행하는 악으로서 도덕적인 악이자 죄(peccatum)로 밝혀진다.

도덕적 악의 기원은 오히려 창조자가 아니라 죄의식 속에서 찾아지는데, 죄는 피조물의 자유 의지에 있어서의 악을 말한다. 선한 것들의 원인은 신의 선함이지만, 악의 원인은 불변하는 선을 외면하는 피조물의 자유 의지라는 지적이다. 그런데 이 지점에서 에보디우스는 자유 의지가 아니면 인간이 범죄하지 않았을 것이고, 그렇다면 왜 인간에게 자유 의지를 부여했느냐며 불만을 내비친다. 이에 대해 인간의 의지는 본래 의욕하는 힘과 더불어 자유로이 의욕할 수 있는 것으로 규정되고, 또한 의지의 자유라는 것이 선도 악도 다 의욕할 수 있고 이 때문에 선택의 자유로 불린다는 설명이 따라 나온다. 그러면서 아우구스티누스는 신이 인간에게 자유 의지를 준 것은 범죄를 저지르게 하려는 데에 있는 것이 아니라 자유 의지 없이는 사람이 올바르게 살 수 없다면서 자유 의지의 제공 목적을 해명하고 있다.

이와 관련하여 현대 비판가들의 반론을 들어보면, 신이 전능하다면, 왜 신은 사람들이 언제나 자유롭게 선만을 선택하도록 창조할 수 없었느냐는 것이다. 이것에 답하려면 우선 우리는 '전능성'이 '논리적으로 자기 모순적이라고 묘사되지 않는 어떠한 사태도 발생시킬 수 있는 능력'이라고 정의된다는 것을 알아야 한다. 따라서 신은 본래적으로 가능한 사태를 발생시킬 수 있기 때문에, 논리적으로 불가능한 '결혼한 총각'과 '둥근 사각형'을 만들 수 없다. 그러므로 자유와 강제의 양립 불가능성에 입각할 때, 어떤 사람이 임의의 행위에 관해 자유롭다면 그가 그 행위를 수행할 것인지 여부는 신이 아니라 그에게 달려 있을 뿐만 아니라 자유로운 사람들의 행위를 신이 결정할 수도 없다는 것이다.

자유 의지는 그 자체로는 선에 속하지만 악에 빠지거나 악용될 수 있다는 의미에서 중간선(中間善, bonum medium)이다. 그래서 자유 의지에는 악을 범하는 필연성이 내포되어 있는 것이 아니다. 우리의 의지는 어디까지나 스스로의 자발성에 있어서 자유롭게 악을 채택하는 것이다. 아울러서 악이 하나의 결여이고 따라서 적극적인 어떤 것이 아니라면, 도덕적인 악의 탓을 선한 창조자에게 돌리거나 악의 원인이 되는 악의 어떤 궁극적인 원리를 생각해 내는 일은 부적절함에 틀림없다. 사람이 갖는 결핍이란 의지의 선의 결함, 즉 의지가 본래 그렇게 있어야 할 본래의 상태대로 있지 않는 것을 말한다. 한마디로 악의 기원은 악한 의욕 자체인 것이다. 그래서 신으로부터 돌아서는 의지의 배향인 죄악은 우리 의지의 책임인 것이다. 요컨대, 도덕적인 악은 '피조물의 의지에 있어서 올바른 질서의 결여'이다.

자연적 악

결핍 개념과 더불어 아우구스티누스의 또 다른 주제인 미학적 개념은 물리악을 설명하는데 요긴하게 쓰인다. 인간을 비롯한 사물의 부패는 자연본성에서 발생할 때에 그 결함(defectus; vitium)은 탓할 만하거나 질책 받을 만하지 않고 우주의 발전과 생성의 원리상 필요한 것이다. 이를 테면, 한 가락 노래를 부를 적에 다음 가락이 나오면 앞의 가락은 사라지게 마련이다. 아우구스티누스가 한 마디 한 마디 음절이 지나가면서 아름다운 노래와 시구가 이루어지는 비유를 들어 생성과 소멸이라는 물리악에 관해 내어놓는 미적해설美的解說은 그의 작품들에 여러 번 등장한다. 시간적인 사물들은 그 정의상 시간의 흐름에 따라 소멸하도록 되어 있고, 그러한 흐름이 시간들의 전체적인 아름다움을 구성하게 되어 있기 때문에, 제 손으로 시간을 정지시켰어야 했다면서 노령을 탓할 수 없듯이, 사물의 생성, 소멸에 따른 물리악을 한탄하거나 신에게 책임을 묻는 일은 억지인 것이다.

이런 맥락에서 좀 더 신학적으로 접근해 보면, 자연악은 사람이 당하는 악이고 도덕적 악인 죄에 대한 벌로 이해된다. 아벨라르두스는 '악은 절대로 선이 아니지만 악이 존재하는 것은 선일 수 있다'면서 신은 악까지도 선하게 쓸 능력을 갖고 있다는 자신의 신학적 통찰을 피력한다. 그는 신이 어떤 것도 이유 없이 허락하는 분이 아니며, 모든 것을 이유에 맞게 수행한다는 이른바 '충족이유율'을 수용한다. 이 전제를 받아들이면 이 세상에서 경험하게 되는 모든 악은 그것의 존재를 선으로 만드는 보다 큰 질서 속에 편입되게 된다. 가령, 예수의 고통과 죽음은 그 자체 악이지만, 그러한 악의 존재가 인류의 구원이라는 보다 큰 선에 기여한다는 이치이다.

이러한 편입 구조는 우리가 통상 선과 악이라고 규정하는 것이 보다 큰 질서 속에서 다른 방식으로 의미를 가진다는 것을 함축한다. 물론 인간 지성은 유한하고 따라서 그러한 인식론적 한계 때문에 신적인 예지를 파악하는 것이 녹록지 않다. 그렇다고 해도, 악이 우리에게 의미가 있어 '보이지' 않는다고 해서 악이 무의미하다고 생각하는 것이 정당화되는 것은 아니다. 더욱이, 전통적인 종교에서는 신의 지식과 인간의 지식 간에 좁힐 수 없는 격차가 있다고 주장하는 것도 아니기 때문에, 악이나 고통과 연결된 의미들을 이해할 수 있는 능력을 인간들이 갖고 있고 이 능력은 신의 창조물이다.

〈일곱 가지 유혹〉

해롤드 래미스의 〈일곱 가지 유혹〉(Bedazzled, 2000)은 아우구스티누스와 아벨라르두스의 세 가지 악, 즉 형이상학적 악, 도덕적인 악 그리고 자연적인 악에 대한 논변을 잘 구현하고 있어 악의 문제에 관한 한 대단히 교과서적이라고 할 만한 영화이다. 직장 내 왕따로 자신이 짝사랑하는 회사 동료 앨리슨 가드너(프랜시스 오코너 분)에게조차 말도 제대로 못 거는 엘리엇 리차즈(브랜든 프레이저 분)는, 앨리슨의 사랑을 얻기 위해 섬뜩한 매력의 아름다운 악마와 자신의 영혼을 대가로 일곱 가지 소원을 말하는 계약을 체결하게 된다. 어쩌면 모든 유혹은 영혼을 담보로 하는 것인지도 모르겠다. 엘리엇의 일곱 가지 소원을 따라가며 각각의 악에 해당하는 부분들을 영화에서 찾아보면, 우리는 색다른 재미와 흥미를 느끼게 된다.

얼떨결에 말하게 된 엘리엇의 첫 번째 소원은 '빅 맥과 큰 콜라'였고, 비용도 그가 지불한다. 불만을 토로하는 엘리엇에게 악마는 공짜 점심은 없다고 훈계를 한다. 그러면서 모든 소원은 100% 이뤄지지만, 만일 소원이 원하는 대로 되지 않을 때는 666을 누르라며 악마는 엘리엇에게 호출기를 건넨다. 의구심도 잠시 그는 실질적으로 첫 번째 소원이자 명목상 두 번째 소원을 빈다. 누구라도 그럴 테지만, 엘리엇도 앨리슨과의 결혼, 매우 부자에 권력도 막강한 사람이 되고 싶다는 소원을 빌었는데, 앨리슨은 그만 바람을 피우고 그를 철저하게 경멸하기까지 하는데 알고 보니 그는 '콜롬비아 마약왕'이었다. 천신만고 끝에 탈출에 성공하여 호출기를 누른 그는 악마에게 소원이 뜻한 대로 이뤄지지 않았다고 불만을 토로했고, 이에 악마는 돈이 모든 악의 뿌리라며 좀 더 구체적으로 소원을 빌 필요가 있다고 귀띔해 준다.

앨리슨의 침실에서 그녀가 감성이 풍부한 사람을 원한다는 정보를 얻게 된 엘리엇은 앨리슨이 자신을 사랑하고 정서적으로 감수성이 풍부한 사람이 되게 해 달라는 세 번째 소원을 빌게 된다. 소원대로 엘리엇은 석양을 볼 때마다 눈물짓는 울보남이지만 자신의 눈물을 전혀 부끄러워하지 않는다. 게다가 돌고래를 걱정하고 연신 앨리슨의 기분이 괜찮은지 묻는 바람에 솟구치는 짜증을 힘겹게 억누르던 그녀는 그만 폭발하고 만다. 과유불급過猶不及이나 중용中庸의 가치를 역설하는 장면인데, 그녀는 '지나치게 감수성이 예민한 사람'인 엘리엇에게 좀 무례하고 강한 남자일 수 없느냐고 힐난한 뒤 그를 버리고 '상남자들'을 따라나선다. 거듭된 엘리엇의 불만에 악마는 자신이 완벽하지 않다며 자신이 하나님도 아니고 자신의 삶은 그야말로 지옥인데 왜 미워하느냐고 울먹이는 연기를 완벽히 소화해낸다. 그러면서 처음엔 누구나 다 실수한다면서 엘리엇을 격려하는 일도 잊지 않는다.

그렇다면 왜 엘리엇의 소원은 뭔가 불완전하고 예기치 않은 반전이 거듭되는 것일까? 게다가 악마는 미완의 소원성취와 관련하여 엘리엇에게 교훈이나 조언을 덧붙이는 것일까? 우리는 이 부분에서 각각 형이상학적 악과 자연적인 악을 떠올릴 필요가 있다. 소원의 미완성은 악마 자신이 스스로 불완전하다고 고백한 데서도 알 수 있지만, 악은 존재가 아니라 존재의 결핍, 즉 '결핍으로서의 악'을 나타내는 것이고, 나중에 드러나겠지만 악마의 교훈은 소원마다 따라붙는 반전이 보다 큰 선에 기여한다는 것을 의미한다. 그의 네 번째 소원은 수많은 팬이 있고 크고 강하고 부자인 프로농구선수이다. 그런데 반전은 엘리엇의 '거시기'가 매우 거시기하고 아이큐도 낮은 농구 선구인 탓에 앨리슨이 결국 흥미를 잃고 만다는 점이다. 나아가 지적이고 재능 있고 재치가 넘치는 유명한 작가라는 다섯 번째 소원에서도 남성 파트너와 동거하는 게이로 밝혀진 엘리엇을 그녀가 사랑할 수는 없는 노릇이다.

돈이나 사랑, 지적 권력을 추구하며 일련의 미완성 소원을 겪었던 엘리엇의 여섯 번째 소원은 악은 선이 아니지만 악이 존재한다는 것은 선일 수 있다는 자연적인 악의 관점에서 특히 주목할 만하다. 그는 비로소 인류와 세계를 위해 공헌하여 앨리슨이 자신을 존경하게 만들겠다면서 미합중국 대통령이 되겠다는 숭고한 소원을 빈다. 물론 우리가 이제 충분히 예상하고 있는 것처럼, 엘리엇이 포드 극장에서 연극 관람 중 암살당하는 비운의 에 이브러햄 링컨이 된다. 그런데 일곱 번째 소원을 앞두고는 악마와 엘리엇이 남은 소원의 개수 때문에 마찰을 빚고 만다. 취중 공무 방해죄로 구류를 살게 된 엘리엇에게 악마 경찰은 자신과 같은 친구를 두는 것도 나쁘지 않다고 말한다. 또한 감방 동료는 영혼이 하나님께 속한 것이라고 말해준다. 과연 엘리엇은 일곱 번째 소원을 빌 수 있을까?

분명한 것은 엘리엇이 감방에 구류되어 있으면서 자기 자신에 대한 성찰의 시간을 가졌다는 것이다. 유치장에서 풀려난 그는 악마를 찾아가 인생에선 얼마나 멀리 가느냐가 아니라 어떻게 가느냐가 중요하다고 말하는가 하면, 자신의 소원을 악마가 들어 줄 수 없을 것이라고도 이야기한다. 무시무시한 모습으로 소원을 말하라고 다그치는 악마는 엘레엇의 숭고한 행위로 인해 계약이 해지되었다는 사실을 고지한다. 그의 일곱 번째 소원은 앨리슨이 행복한 삶을 사는 것이었기 때문이다. 그러면서 악마는 비밀 하나를 알려 주겠다면서, '선과 악, 그분과 나는 너에게 달렸다. 선택은 너의 몫이다'라고 말한다. 달리 말하자면, 악마의 이 진술은 도덕적인 악의 원인이 창조자가 아니라 피조물의 자유 의지라는 것이다.

악마는 엘리엇이 좋다고 말하고, 엘리엇도 악마가 자신에게 최고의 친구였다고 화답한다. 엘리엇의 고백은 전혀 거짓이 아닌데, 그가 분명 자기 자신에 대해 좀 더 나은 이해를 갖게 되었기 때문이다. 그렇기 때문에 앨리슨에게 데이트 신청도 하고, 자신을 왕따시켰던 직장 동료들의 태도를 더 이상 묵과하지도 않는다. 과거와 달라진 그는 새로운 연인과 데이트도 즐긴다. 악마에게서 얻은 교훈들이 바로 자연적인 악인 것이다.

—

악에 대처하는 법

지금까지 우리는 악의 문제를 그리스도교의 변신론의 관점에서 살펴보았다. 그런데 전통적인 변신론이 한 측면에서 인간의 고통을 절실한 실존적인 사태로 다루기보다는 신의 예지와 섭리의 한 부분으로 '설명'하는 데에 집중되어 있다는 인상을 부인하기 힘들어 보인다. 그것이 얼마나 성공적이었는지는 논외로 하고라도, 급기야 아우구스티누스는 죄악이 결핍된 운동이고 모든 결함은 허무로부터 유래하는데 허무인 것을 알 수 없다면서 죄악의 유래에 대해 모른다고 대답하며 신비주의적으로 일갈한다. 물론, 그가 이처럼 '악의 신비'를 공언하는 이유가, 신적 지혜의 무한한 높이와 깊이의 세밀한 내용을 추구하는 것을 금지하고 나아가 인간의 이해력이 제한되는 신적 영역의 신비까지 확보하려는 것임을 짐작할 수 있다.

하지만, 완벽한 변신론이 불가능한 상황에서 그것의 '종언'이 선언되기에 이르렀음에 주목해 볼 때, 오히려 인간이 일상적으로 겪는 실존적인 아픔과 고통에 대해 깊은 관심을 기울여야 하지 않을까? 그래야만 성긴 보편의 그물에 잡히지 않는 무명의 개별자들의 고통이 그 고유한 무게를 잃지 않을 것이기 때문이다. 이런 맥락에서 정희진이 제시하는 악의 발생학적 두 단계론은 생활 수칙으로 삼아두면 여러모로 유용해 보인다. 악의 첫 번째 단계는 발생하는 악 자체이다. 누구에게나 무슨 일이든지 일어나고 누구도 예외일 수 없는 이 악의 보편성과 관련하여 말하자면, '모든 것이 고통(一切皆苦)'이라는 현사실성을 깨닫지 못한 이에게 불교는 없었을 것이고, 인간이 죄와 그로 인한 죽음으로 고통받고 있다는 것을 전제하지 않는다면 그리스도교도 존재하지 않았을 것이라는 진술에도 잘 나타나 있다. 그러니 실로 문제가 되는 것은 피해자로 하여금 악에 열정적으로 몰입하게 유혹하는 악의 두 번째 단계인 것이다. 대체로 피해 당사자는 왜 자신에게 그러한 악이 발생했는지에 대해 묻게 마련이고 그래서 그 원인을 꼭 밝혀보고 싶을 텐데, 도대체 악의 이유에 대해 묻는 이 고귀한 행위가 왜 악의 진면목이란 말인가?

재발 방지 차원에서 실체적 진실을 파악하여 악을 제거하고 선을 바로 세우기 위해서라도 악의 원인을 명확하게 규명하는 법률적, 정치적 작업은 반드시 필요하다. 다만, 피해자의 입장에서 이에 대해 반박할 수 있는 근거 중 하나가 피해자가 겪은 악에 대한 원인 규명 작업 자체가 생각만큼 쉽지 않다는 데에 있다. 이럴 경우 악의 이유에 대한 질문은 정작 악의 피해가 지나간 후에도 악의 지배 체제를 지속시켜서 피해자에게 2차 내지 3차 피해까지 가중시키는 사악한 기제로 작동한다. 이를 테면, 이유를 캐묻는 순간부터 피해자는 자아 존중감을 상실하고 불행감과 트라우마에 휩싸여 진짜 악에 '사로잡히는' 끔찍한 참사를 겪게 된다. 게다가 설령 운 좋게 악의 피해에 관한 인과적인 메커니즘을 찾아냈다고 해도, 왜 하필이면 자신이 피해자가 됐는지에 관한 형이상학적 물음은 영원히 대답되지 않은 상태로 남을 수밖에 없다. 그래서 무관심으로 악의 기능을 끊어버리자는 정희진의 처방은 소심한 자의 나약한 조언이 아니라 생명을 살리는 매우 보기 드문 통찰이자 현답이다.

여기서 구약 시대의 족장인 욥의 이야기를 들어보자. 그의 친구들은 그가 죄를 범했기 때문에 잘못된 행위에 대한 징계를 받고 있다고 줄기차게 주장한다. 그들은 신이 통치하는 정의로운 우주에서 신은 의인들에게 상을 주고 악인들을 징계한다는 논리를 옹호하는 것이다. 그러나 욥은 자신이 고통을 당해야 할 만큼 악한 짓을 하지 않았노라고 자신의 결백을 역설했다. 욥에게 이 세상은 그 친구들의 소박한 답변보다 훨씬 더 복잡하다. 즉 이 세상에서는 인생의 단맛과 쓴맛이 공평하게 분배되지 않거니와 그것이 공로에 따라 주어지는 것도 아니다. 도덕적으로 선한 사람이 악한 사람보다 더 큰 고통을 당하는 경우가 있다는 사실을 부정할 수 없기 때문이다. 때때로 의인이 고통을 당하고 악인이 번성하는 이 세상에서, 오히려 그는 사람이 단지 보상을 받고 징벌을 피하려는 동기보다는 신에 대한 맹목적인 신앙을 가져야 한다는 것을 보여준 종교 선구자로 보는 것이 적절하다.

소크라테스의 '비탄 금지' 논증

플라톤도 『국가』에서 '비탄의 비합리성'을 문제 삼고 있다. 비탄이 고통의 표현인 것 같지만 소크라테스는 비탄에 쾌락이 들어있다고 지적한다. 그는 영혼의 한 부분이 이 비탄을 욕망한다고 말하면서 이 부분이 언제나 그러한 손실의 가능성을 의식하면서 최근에 어떤 손실이 발생하지 않았을 때조차 비탄을 추구한다고 말한다. 영혼의 이 부분은 고통으로 이끌리고, 법의 지배에 반대로 감정 자체(auto to pathos)에 의해 그것을 기억나게 하고 불평하는 것으로 인도한다는 것이다. 이에 그는 법(nomos)이 비탄에 저항할 네 가지 이유를 제공하고 있다.

> 불운에 처하여서는 침착한 것이 그리고 짜증을 내지 않는 것이 제일 나은데, 이런 일들이 좋은 일일지 아니면 나쁜 일일지도 분명치 않거니와, 그걸 힘들게 견디어 내는 사람

에게는 사태를 조금도 진전시켜 줄 것이 아무것도 없을 것이며, 인간사 중에서 엄청나게 고심할 가치가 있는 것도 없으며, 괴로워한다는 것은 이런 경우들에 있어서 우리에게 최대한 빨리 생겨야 할 것이 생기는 데에 방해가 되기 때문이라고 말일세. 일어난 일에 대해 결단을 내리는 것이네. 그리고 마치 주사위 던지기에서 던진 결과에 대해 하듯, 자신의 일들을 이성이 최선이라고 판단하는 방식에 따라, 처리하는 것일세. 마치 넘어진 아이들이 상처를 붙잡고 우는 데 시간을 보내듯 할 것이 아니라, 의술로써 비탄이 사라지게 하는 식으로, 상처와 아픈 데를 낫게 하고 바로잡아 주는 데 가급적 빨리 대처하도록 언제나 혼을 버릇들이는 것일세.(『국가』 604b-605a)

첫째, 비탄을 재촉하는 그러한 상황들에서 사실상 좋고 나쁜 것들은 분명하지 않다. 이것은 누군가 비탄하는 명백한 상실이 상실이 아닌 것으로 밝혀질지 모른다는 것을 의미한다. 둘째, 법은 상실을 나쁘게 받아들이는 것이 비생산적이라고 주장한다. 셋째, 인간사는 크게 심각할 가치도 없다는 것이다. 넷째, 고통 속에 있는 것은 새로운 상황에서 가장 좋은 것에 관한 숙고를 방해한다. 여기서 네 번째 이유가 소크라테스가 설명하는 유일한 것인데, 그가 최상의 것을 기꺼이 따를 것이라고 지적하는 것이 바로 그 이유이다. 네 번째 것의 우월성에 대한 소크라테스의 지시는 나머지 주장들의 열등함을 허용하거나 암시하고 있다. 그러므로 소크라테스가 법에 귀속시키는 네 번째 주장은 이성을 따르는 것이다. 인간 뇌의 기억센터는 감정센터 바로 옆에 위치한다. 그래서 행복한 기억은 금방 잊고, 강력한 감정인 비탄이 오래가고 센 것이다. 고통과 시련도 피할 수 없겠지만, 행복하고 즐거운 시간을 기억하려는 이성을 따를 일이다.

생각해 보기

1. 〈일곱 가지 유혹〉에서 '엘리엇 리차즈'(브랜단 프레이저 분)의 '일곱 가지 소원'을 순서대로 말한 후, 순서에 따른 특이점을 설명하시오.
2. 아우구스티누스의 형이상학적 악과 도덕적 악 그리고 아벨라르두스의 물리적인 악에 대한 각각의 근거를 영화에서 찾아 밝히시오.

제9강

법의 정신

구약성서 『창세기』의 '원죄 설화'는 법과 정의에 관한 법철학적 입문으로 제격이다. 기록된 원시 역사에 따르면, 낙원 추방은 선악과를 먹지 말라는 신의 명령을 거역한 데서 비롯됐다. 그런데 이를 찬찬히 곱씹어보면, 왜 선과 악을 아는 것이 '원죄'일까? 선과 악을 모른다면 도덕적으로 올바른 삶을 살 수 없으니 제기하는 물음이다. 하지만 최초의 신의 법을 되짚어 보면, 신의 의도는 인간의 선악 구분 자체를 금지하려는 것이었음을 간파하게 된다. 인간의 독립적인 선악 판단 대신에, 신은 자신의 준엄한 명령에 맹목적으로 순종하는 '가장 이상적인 에덴동산형 인간'을 기대했던 것이다. 골자만 추려보면, 인간의 원죄는 인간이 신처럼 스스로 선악 판단을 하게 됐다는 데에 있다.

그렇다면 그리스도교의 신만이 인간의 독립적인 선악 판단을 금지하고 심판하는 것일까? 그렇지는 않은 것 같다. 국가 안에서 인간의 세속적인 선악 판단은 정의(justitia)라 불리고, 정의는 법(ius)이라 일컬어진다. 나아가 국가는 창세기의 신과 같은 절대 권력으로 법을 수호하면서 개인이 국가와 동등한 자격으로 법적 정의에 대해 가치 판단하지 말 것을 엄정하게 강제하고 있다. 만일 개인이 사적 정의, 곧 사적인 선악 판단을 감행한다면, 최초의 인간이 에덴동산에서 추방됐듯이 국가는 그를 사회에서 감옥으로 유폐시킬 것이다. 그런데 아무리 그렇다고 해도 최초의 인간들의 법철학적 후예로서 우리는 국가의 법이 정의로운지를 물을 수밖에 없다. 왜냐하면 인간에게는 영원불변하는 법적 정의는 없고 끊임없이 변화하는 법적 정의가 있을 뿐이기 때문이다. 더욱이, 예외가 원칙(정의)을 깨지만 그럼으로써 원칙(정의)은 더욱 굳건해진다.

법률실증주의와 자연법주의

국내외 법철학계의 법실증주의 연구의 일면을 거칠게 살펴보면, 한 사회에서 실제로 적용되는 법인 실정법은 역사적 한계 속에서 변화하는 정의를 인간의 정의로 간주한다. '형식적 법치주의'나 '실정법주의'로도 불리는 법(률)실증주의(Legal Positivism)는 '있는 법'인 실정법(lex)을 연구대상으로 삼고 있는 이론분과이다. 그것은 주권자의 명령으로서 법 현실의 규범력만을 인정할 뿐 법이 만들어지는 과정이나 그 내용의 정당성에 관한 비판과 평가 등의 가치적 고려는 논외로 한다. 이런 점들에서 법률실증주의는 현행 법률 체계인 실정법을 초월하는 초법적이고 고차원적인 법을 배제하고 법의 개념 체계 분석과 주석이 전부라고 착각하는 법사상이다. 실정법주의는 법적 안정성을 확보하여 근대사회의 합리화를 앞당겼다는 긍정적인 평가도 있지만, 실정법 체계가 완전무결하다는 전제를 강조한 나머지 법률만능주의를 앞세워 자율성을 침해하고 전체주의를 조장하면서 '악법도 법'이라는 법언을 정당화하는 법 이념으로 지탄받아 왔다.

법과 도덕을 엄격하게 구분하고 법철학적 논의에서 도덕적 논의를 절연시키려는 이 입장은 독일에서 성행했고, 독일의 나치스 법체계를 수용한 일본 군국주의에서도 중요한 법사상이 되었으며 일제의 식민지배 과정에서 이 같은 근대법이 자연스럽게 대한민국에도 이식됐던 것이다. 그러나 나치 시대 유대인 학살 사건으로 법실증주의는 크게 공격을 받았다. 국내에서도 법률실증주의와 관련된 논쟁은 1994년 반인륜적 범죄를 저지른 5·18 사건 당사자에 대한 검찰의 불기소처분 이유와 관련한 다수의 법률실증주의자들의 논변과 그에 대한 법철학자들 간의 첨예한 대립에 잘 드러나 있다. 당시 검찰의 5·18 불기소 처분 결정은 "정치적 변혁이 성공하여 새 질서가 실효적으로 되면 새 질서가 법률 질서로 되며, 이는 **근본 규범**이 변동으로 새로운 정부가 법 정립의 권위로 인정되는 데 따른 것으로, 만약 정치적 변혁이 실패하여 새 질서가 실효적이 되지 못한 때에는 헌법 정립이 되지 못하고 일련의 행위는 범법 행위를 구성한다"(저자 강조)는 법학자 한스 켈젠Hans Kelsen의 법론에 입각한 것이었다. 이에 대해 법철학자 심헌섭은 "검찰의 결정이 법철학적으로 볼 때 성공한 쿠데타의 법리에 의거한 '성공적이지 못한 결정'으로 보지 않을 수 없다"며 법의 정당성과 가치성의 중요성을 지적한 바 있다.

5·18과 관련된 앞선 법철학적 논쟁에도 나타났듯이, 시대적 현실적 맥락을 무시한 채 현행 법률을 절대시하는 법률실증주의에서 벗어나려는 법사상이 '실질적 법치주의' 또는 '자연법주의'라고 불리는 자연법론(Natural Law Theory)이다. 법과 도덕의 구별설에 입각한 자연법론은 도덕적으로 구속력을 가진 법(ius)을 탐구대상으로 삼는 기초법학으로서 정법의 기초나 정법의 요건에 대해 연구하는 법철학적 입장이다. 자연법론의 역사적 기원은 스토아학파로 거슬러 올라가는데, 거기에서 '있어야 할 법'으로서 자연법은 우주의 근본 이법인 로고스Logos이고 인간에게는 규범적 의미의 이성(logos)으로 말해진다. 그러므로 이성의 법을 따른다는 것은 곧 자연법을 따른다는 것을 뜻한다. 또한 자연법은 사회를 지배하는 모든 질서와 법의 존재 근거이자 모체이고 만민에게 평등

하게 주어진 것이면서 늘 변함없고 영구히 지속되는 것이다. 그러나 신이 부여한 합리적 이성에 비춰볼 때, 사적 소유권과 집단적 공유권 중 어떤 것이 새로운 세계의 법질서가 되어야 하는지에 대한 해석권이 어떤 계급에게 놓여 있느냐는 문제가 대두되면서 구체적인 내용이 결여되어 있다는 자연법의 역사적 약점도 만천하에 드러나게 되었다.

'안티고네의 문제'

소포클레스의 비극 『안티고네』는 신의 법인 자연법과 인간의 법인 실정법 간의 최초의 대립을 다룬 작품으로 법과 정의에 관한 역사적 기원을 다룬 작품으로 인정받아 왔다. 거기에는 '불복종보다 더 큰 악은 없다'고 단언하는 오만한 왕 크레온과 왕의 포고령을 악법으로 규정짓고 이에 불복하고 저항하는 안티고네 간의 극한 반목이 나타나 있다. 사건의 발단은 폴뤼네이케스에 대한 크레온의 매장 금지령이었다. 오이디푸스가 왕좌에서 물러나자 그의 쌍둥이 아들 폴뤼네이케스와 에테오클레스의 권력다툼이 발생한다. 골육상잔의 전쟁 끝에 두 형제가 모두 죽자, 새로 왕위에 오른 크레온이 아르고스 군대를 이끌고 조국 테바이를 공격한 폴뤼네이케스의 매장과 장례를 금지하는 포고령을 내린다. 그러자 조국의 적을 친구로 맞아서는 안 된다며 자신의 포고령을 정당화하는 크레온에 맞서, 폴뤼네이케스의 여동생 안티고네는 일개 인간에 불과한 크레온의 포고령보다 신들의 영원한 불문율에 복종하겠다고 선언하며 국가 권력에 온몸으로 맞선다.

'안티고네의 문제'는 개인의 양심과 국가의 준엄한 법의 대립을 지칭하는 법제사적 언명이다. 그것은 자연법과 실정법 간의 첨예한 대립의 문제이자 법철학의 견지에서 자연법론(또는 비실증주의)과 법률실증주의의 법 이념 간의 관계 설정에 관한 사안이기도 하다. 법을 신이 내린 자연의 질서로 보는 눈, 즉 자연법론과 법을 인간이 만든 인간의 질서로 보는 눈, 즉 법률실증주의로 구별하는 전통적인 기준은 '정의롭지 못한 법의 법적 지위 문제'였다. 거칠게 구분해보면, 악법의 법적 지위에 관해 우리가 '부정의한 법은 법이 아니다'라는 부정설에 입각해 있다면 자연법론자일 것이고, 긍정설의 편에 선다면 법률실증주의자로 불리게 될 것이다.

소크라테스는 악법도 법이라고 말하지 않았다

전통적인 자연법론자에게 부정의한 법은 법이 아니라 폭력이고 나아가 법의 부패이며 타락이다. 이 법사상의 견지에서 볼 때, 법률실증주의야말로 법과 정의를 분리해서 그 결과 악과 법의 공존

근거를 마련해 주는 법 이론인 것이다. 다음에서 우리는 소크라테스의 재판과 크리톤의 탈옥 권유 그리고 소크라테스의 탈옥 거부를 다루는 플라톤의 『변론』과 『크리톤』 각각에서 법과 정의에 대한 소크라테스의 입장을 살펴보고자 한다. 이 논의 과정을 통해 '악법도 법'이라는 법률실증주의의 법언을 소크라테스의 법사상으로 둔갑시켜서 철학자의 명예를 실추시키는 몰염치한 촌극을 당장 중단할 것을 강력하게 촉구하고자 한다.

『변론』에서 소크라테스의 법사상

『변론』은 소크라테스가 아테네 법정에서 행한 '법정변론'이다. 그는 자신을 향한 대중의 증오가 어디에서 유래됐는지, 자신이 어떻게 해서 "현자"(sophos anēr, 18b6)라고 불리게 되었는지 그리고 자신을 둘러싼 비방들이 어떻게 생겨났는지에 대해 조목조목 적극적으로 변론한다(20c5-7). 그는 자신이 현자라는 명성을 얻게 된 원인으로 "인간적인 지혜(anthrōpinē sophia)"를 거론하면서 자신의 지혜에 대한 증인으로 델포이의 신탁을 내세운다. 그의 신탁 이야기는 자신의 불경죄 혐의를 간접적으로 반박할 뿐만 아니라 지혜의 원천이 신이라는 그리스의 전통적인 종교적 믿음까지 승인하는 이중 효과를 드러내고 있다.

'소크라테스보다 더 현명한 자가 없다.'는 신탁을 전해들은 소크라테스의 반응과 그에 대한 숙고 그리고 이를 검토하는 일련의 과정은, 사실상 신탁의 의미를 정확하게 파악하고자 하는 그의 경건한 행위였다. 그 결과 델피 신탁의 참된 의미를 추적하던 소크라테스는 자신의 무지에 대해 깨닫게 되고 자기 자신과 남들을 캐물어 들어가면서 사는 삶을 신이 자신에게 맡긴 사명으로 확신하게 된다. 그러나 그의 신적 소명은 결과적으로 아테네 현실 정치와 심각한 갈등 관계에 빠지고 마는데, 이와 관련된 전체 이야기는 그가 멜레토스와 나눈 대화, 특히 '철학포기 조건부 석방'이라는 반사실적 진술에 잘 나타나 있다.

> "'소크라테스여, 이제 우리가 아니토스의 말대로 따르지 않고 그대를 무죄 방면하오. 그렇지만 이는 이런 조건으로, 즉 더 이상 이 탐구에 종사하지도 않으며, 지혜를 사랑하지(철학하지) 않는다는 조건으로 하는 것이오. 허나, 만약에 그대가 여전히 이를 행하다가 붙잡히게 된다면, 그대는 죽게 될 것이오'라고 제가 말씀드린 대로, 정녕 이런 조건들로 저를 방면하려 하신다면, 저는 여러분께 말할 것입니다. 아테네인 여러분! 저는 여러분을 반기며 사랑합니다. 그러나 저는 여러분보다는 오히려 신께 복종할 것입니다. 그리고 제가 살아있는 동안에 그리고 할 수 있는 동안

까지는, 지혜를 사랑하는 것도, 여러분께 충고를 하는 것도, 그리고 언제나 여러분 가운데 누구든 만나게 되는 사람한테 이 점을 지적하는 것도 그만두지 않을 것입니다. 늘 해 오던 투로 말입니다. '보십시오! 그대는 가장 위대하고 지혜와 힘으로 가장 이름난 나라인 아테네의 시민이면서, 그대에게 재물은 최대한으로 많아지도록 마음 쓰면서, 또한 명성과 명예에 대해서도 그러면서, 슬기와 진리에 대해서는 그리고 자신의 혼이 최대한 훌륭해지도록 하는 데 대해서는 마음을 쓰지도 않고 생각도 하지 않는 것을 부끄러워하지 않습니까?'"(29b9-e3)(저자 강조)

소크라테스는 철학 포기 조건부 석방을 단호하게 거절하면서 신의 명령이 국가의 명령보다 우선한다고 강변한다. 혼이 최선의 상태가 되도록 질문하고(eromai), 캐묻고(exetazō), 심문하는(elenchō) 사적으로 바쁜 삶을 통해 신에 대한 봉사를 실천해 온 그에게는 죽음조차 고려 대상이 아니었다(30b8-11). 그렇지만 소크라테스가 아테네의 현실 정치에 불참했다고 해서 그가 정치 자체를 경멸했다거나 법에 대한 불복종을 일삼았다는 말은 결코 사실이 아니다. 이를 반박하려는 듯이, 소크라테스는 자신의 첫 번째 정치 경험이 민주 체제 하에서의 사건으로 그가 500인 위원회의 위원직을 맡았던 때의 일을 소개한다. 해전海戰에서 생존자들을 건져 올리지 못한 10명의 장군들에 대해 단체로 재판할 것을 결의했을 때, 소크라테스만이 법과 올바른 것의 편이 되어 법에 어긋난 이런 불법 행위에 반대하며 개별 재판을 주장했다고 한다. 또한 그는 과두 정체 하에서 30인 참주들이 자신과 다른 네 사람을 출두케 하여 살라미스 사람 레온을 사형시키기 위해 연행해 오라고 명령했을 때, 불의나 불경건을 저지르지 않기 위해 혼자만 집으로 갔다고도 진술한다. 불행 중 다행으로 과두정이 오래가지 못한 덕에 생명을 보존할 수 있었지만, 그는 죽음의 위협을 무릅쓰고 부당한 과두정의 명령에 불복했던 것이다.

철학 포기 조건부 석방, 장군들에 대한 개별 재판 옹호 그리고 살라미스의 레온 연행 거부를 통해, 우리는 소크라테스가 올바른 법을 수호함과 동시에 부당한 명령에 불복종했다는 것을 알게 된다. 이러한 그의 태도는 법보다 정의가 우선해야 한다는 자연법론의 주장과 정확하게 일치한다. 소크라테스는 자연법을 실정법보다 상위법으로 간주할 뿐만 아니라 개별 국가의 실정법과 자연법이 충돌할 때 후자의 우선성을 옹호했던 것이다.

『크리톤』에서 시민불복종

옥중에서 형 집행을 기다리는 소크라테스에게 크리톤이 탈옥을 권고하자, 그가 탈옥의 정당성에 대해 정의의 원리와 의인화된 아테네의 법률(이하 '의인화된 법률') 논의를 통해 크리톤을 설득하는 대화편이 『크리톤』이다. 탈옥이냐 죽음이냐를 놓고 벌어지는 이 대화편에는 『변론』에 비해 법과 정의에 대한 좀 더 심화된 논변이 제기되어 있다.

철학에 문외한인 크리톤은 이른 새벽녘에 면회를 와서는 다수의 권위에 호소하며 소크라테스에게 탈옥할 것을 독려한다. 우선 그는 친구들보다 돈을 더 귀히 여긴 나머지 소크라테스를 구하지 못했다는 '부끄러운 평판'에 대한 자신의 우려를 토로한다. 크리톤이 의존하고 있는 탈옥의 정당화 전략은 고대 그리스 사회에 통용되던 전통적 정의관과 밀접한 관련이 있다. '친구를 이롭게 하고 적을 해롭게 하는 것이 정의'라는 고대 그리스 사회의 정의관에 따르면, '친구보다 돈을 중요하게 여긴다.'는 대중의 평판은 부끄러운 것이고 어떤 측면에서 당대의 정의관을 유린하는 적대 행위이기도 한 것이다.

정작 소크라테스는 다수의 평판 때문에 감행하는 탈옥 행위에 대해 대단히 부정적이었다. 그러나 탈옥을 관철시키려는 투지와 열의에 사로잡혀 있는 크리톤은, 대중의 평판에 비해서 친구들의 피해(44e1-45a3)나 재산 손실(45a6-b6), 망명지 알선(45b6-c5)은 큰 문제가 아니라며 설득 작업을 쉽게 포기하지도 않는다. 오히려 그에 따르면, 소크라테스의 탈옥 거부 행위는 스스로를 구하지 않는 것인데(45c7), 이것은 '적들을 이롭게 하는 것'일 뿐 아니라 아들들(45c7-d7)과 친구들(45d7-46a3)을 고려하지 않는 행위와도 별반 차이가 없다고 한다. 그런데 소크라테스는 바로 이 지점에서 대중적 정의관에 의존하고 있는 크리톤의 탈옥 권유 논변의 정당성을 공동으로 검토하자고 제안한다.

"검토되지 않은 삶은 살 가치가 없는 삶"(『변론』 38a5-6)이라고 단언했던 소크라테스는 탈옥 행위가 과연 따를 만한 정의로운 행위인지를 검증하는 작업이 최우선이라며 논의를 이끌어간다. 그럼 소크라테스의 크리톤 설득 논변을 직접 경청해보자.

> "우리는 어떤 경우에도 자발적으로 정의롭지 못한 짓을 해서는 안 된다고 주장하는가, 아니면 어떤 경우에는 정의롭지 못한 짓을 하되 어떤 경우에는 해선 안 된다고 주장하는가? 우리가 앞에서 여러 차례 합의했듯이, 정의롭지 못한 짓을 하는 것은 결코 좋은 것도 아름다운 것도 못되는가? (중략) 정의롭지 못한 짓을 하는 것은 그 짓을 하는 사람에게 모든 경우에 나쁘고 부끄러운 것인가?"(49a3-b8)

우리는 여기서 '타자에게 의도적으로 불의를 행하는 것은 참된 도덕적 선이 아니다.'라는 소크라테스의 날카로운 도덕적 직관과 마주하게 된다. 그가 '어떤 경우라도 불의한 짓을 해서는 안 된다.'(oudamōs adikein)는 '위해금지원칙'을 천명하고 있기 때문이다. 그러면서 그는 불의한 행위 그 자체가 좋지도 훌륭하지도 않을 뿐만 아니라 불의한 행위를 저지르는 자에게도 전적으로 나쁘고 수치스럽고, 불의를 당하는 자에게도 좋지 않다는 보충논의까지 덧붙이고 있다. 이 '위해금지원칙'이라는 정의의 원리를 우리는 『변론』에서도 소크라테스적 도덕 혁명의 원형적 형태로 만날 수 있다(25d4-e6).

정의의 원리를 논한 뒤 또 다른 법철학적 논의 층위에서 '왜 우리가 법에 복종해야 하는가?'에 대한 논의를 탐구하는 『크리톤』의 후반부는, 무조건적인 준법이라는 권위적인 정당화에 바쳐져 있는 것이 아니라 도대체 어떤 상황에서 법에 불복하는 행위가 도덕적으로 정당화되는가에 대한 법철학적 논의가 담겨 있다. 특히 우리는 어떤 사람이 누군가와 합의한 것들은 이것들이 올바른 것일 경우 이를 이행해야 하는가에 대한 '의인화된 아테네의 법률과의 가상 대화'에 주목할 필요가 있다. 한 국가의 법이 아무리 불의하다고 하더라도, 그 국가에서 태어나고 자라고 교육받았다는 사실은 적어도 그 국가의 법률에 복종하겠다고 동의하고 약속을 했다는 증거이기 때문에 그 국가 구성원은 법을 어기면서 탈옥할 수는 없다고 이야기된다. 이 대목에서부터 우리는 소크라테스가 나라 또는 시민 공동체 및 법률과 그 안에서 살고 있는 시민 간의 관계를 일종의 합의(homologia)나 계약(synthēkē) 관계로 보고서 의

인화된 시민 공동체 및 법률과 나누는 '철학적 수사술'을 듣고 있는 것이다.

이 논의는 나라와 나라의 법률이 일단 결정하고 지시하는 바를 과연 그대로 따라야만 하는지를 둘러싸고 벌어진다. 만일 법률이 불의하다면, 조국에 대해 취할 수 있는 방법은 '설득'이나 '이행' 중 하나로서 양자택일의 사안이다. 바꿔 말해서, 조국이 명하는 바는 무엇이나 이행하거나 아니면 올바른 것이 그 본성에 있어서 어떤 것인지를 나라에 납득시켜야만 한다는 것이다. 소크라테스의 경우에 조국을 설득하는 길은 그가 재판을 받기에 앞서 이미 성취했어야 할 일이었다. 도덕적으로 아테네가 건전해지게 하려던 그의 노력도 광범위한 범위에서 그 일환으로 볼 수 있겠으나, 우리는 독배를 기다리는 그가 현실 정치에서 성공하지 못했다는 것을 주지하고 있다. 결국 조국에 대한 그의 설득 작업은 실패로 끝난 셈이다.

설득이 여의치 못하다면, 남은 선택 사항은 조국이 명하는 것들을 '이행'하거나 '국외 추방'을 자청하는 일이다. 아테네인들 가운데 누구든 원한다면 성인이 되어 나라에서 실행되는 일들과 법률을 지켜본 다음에 그의 마음에 들지 않을 경우에는, 자신의 것들을 갖고서 어디든 자기가 원하는 곳으로 떠나는 것이 허용된다고 공표되고 있다는 점이 지적된다. 그런데 국외 추방과 관련하여 『변론』37c-e에 제시된 소크라테스의 진술을 읽어보면, 그는 자신이 목숨에 대한 애착이 강한 것으로 비춰질 것이라는 우려를 표명하고 있다. 또한 그는 신의 명령에 복종하여 아테네에서와 마찬가지로 타국에서도 철학을 계속하게 될 것인데, 그러면 아테네에서처럼 이를 견디지 못한 타국 사람들이 자신을 추방하게 되어 결국 나라를 떠돌게 되는 인생을 살 것이라고도 말한다. 물론 그는 국외 추방되어 침묵하고 사는 것에 대해서는 신의 명령에 불복하는 것이기에 받아들일 수 없다고 분명히 밝힌 바 있다.

그렇다면 결국 남는 유일한 것은 법률을 그대로 '이행'하는 것이다. 계약론적 맥락에서 법에 대한 복종 여부는 무죄인 소크라테스에게 사형을 언도한 국법이 비록 악법이라고 해도 합의나 계약인 한 준수해야 한다는 것으로 이해할 때 그 문제의 심각성이 드러난다. 만일 법의 권위가 단지 강제성에서 유래한다면 『크리톤』의 정의의 원리와 계약이나 합의 간의 통합적 이해는 극한 대립으로 일관성을 상실하게 되기 때문이다. 오히려 덕과 행복에 관심이 있는 행위자가 덕을 실현하는 데 필요한 여건을 법이 제공하지 않을 뿐만 아니라 그런 법의 타락과 실패에 대해 관련 당사자에게 납득시킬 만한 어떤 방도도 마련되어 있지 않다면, 법에 대한 불복종 행위는 정당화될 뿐만 아니라 위법성도 조각될 것이기 때문이다.

나아가 『크리톤』의 후반부와 『변론』의 모순이 단지 외견상의 문제가 아니라 실질적인 문제라고 본다면 어떻게 될까? 가장 큰 문제는 소크라테스 법철학의 일관성에 있다. 『크리톤』의 소크라테스를 '악법도 법'이라고 주장한 것으로 해석할 경우, 『변론』의 소크라테스 법사상과 정면으로 배치되기 때문이다. 『변론』에서 자연법론을 옹호한 소크라테스가 『크리톤』에서는 법률실증주의자로 변신한다는 것은 도저히 납득할 수 없기 때문이다. 실정법보다 자연법을 우선할 때의 불복종 행위와 악법인 실정법도 계약인 한 지켜야 한다는 계약론적 원리에 입각한 복종 행위는 간단히 화해될 수 있는 사안이 결코 아니다.

그렇다면 소크라테스는 왜 '불의를 행하는 것'에 반대하는 대원칙에 입각하여 '불의를 겪고'있는가? 소크라테스의 경우 탈옥을 거부하고 독배를 마시고 죽음을 청한 행위는 비폭력적이며 자발적이고 복종이라는 점에서 분명히 '소극적 복종'이다. 이와 같이 『크리톤』의 소크라테스를 계약론의 입장에서 해석하는 가능성을 따로 분리해서 고려한다고 해도, 소극적 복종인 이상 하나의 저항 행위로 보아야 마땅하다. 소크라테스의 행위는 관점을 달리해서 보면, 타락한 아테네의 집권자들과 그 배심원들이 저지른 '사법 살인'을 증거하려는 것으로, 탈옥을 거부함으로써 아테네의 법이 잘못됐고 법정이 타락했다는 것을 고발하고 있는 것이다.

—

〈어 퓨 굿 맨〉

한나 아렌트의 『예루살렘의 아이히만』에서 유대인 학살 전범으로 기소돼 재판받던 카를 아돌프 아이히만의 변호사 쾰른의 로베르트 세르바티우스(Robert Servatius of Cologne)는 "피고측이 피고로 하여금 무죄 주장을 하게 한 이유는 피고(아이히만)가 당시 존재하던 나치 법률 체제 하에서는 아무런 잘못도 하지 않았고, 그가 기소당한 내용은 범죄가 아니라 '국가적 공식 행위'이므로 … 복종하는 것이 그의 의무였고, …"라고 항변한다. 또한 대한민국 고문 경찰관 이근안은 "스스로 가슴에 못 박는 소리지만 난 철저히 '상명하복'의 원칙을 지켰고 조직을 위해 '십자가'를 졌다."고 진술한 바 있다. 그렇다면 복종은 선인가? 군국주의 일본이나 파시즘 치하의 독일에서 전쟁을 수행하는 군인들은 맹목적 복종을 강요당했다. 나치의 대량학살과 일본군의 잔혹행위는 모두 권위에 대한 무조건적인 복종을 찬양하던 군대 문화의 산물이다. 고문이나 학살을 자행한 자들이 전혀 죄의식을 갖지 않는 이유는 자신은 명령에 복종함으로써 임무를 다했다고 생각하거나 그 명령 자체가 국가와 조직을 위한 것이라고 정당화하기 때문이다. 인권침해나 학살 등 국가범죄가 절대 복종의 이름으로 자행됐다는 점에서 그것을 '복종 범죄'라고 부른다. 사실 범죄자를 포상하며 복종 범죄를 부추기는 국가라면 조직폭력배의 세계와 다를 것도 없다.

복종 범죄의 실상과 민낯을 다룬 롭 라이너의 〈어 퓨 굿 맨〉(A Few Good Men, 1992)은 한 해병 사병의 죽음을 둘러싼 책임 소재와 진실 규명을 통해 명백히 불법인 상관의 명령을 거부할 의무는 군인에게도 예외가 아니라는 큰 울림을 주는 수작秀作이다. 대략적인 줄거리는 이렇다. 해군 본부의 법무관 갤로웨이 중령(데미 무어 분)은 쿠바의 관타나모 베이에 주둔한 제섭 대령(잭 니콜슨 분)이 지휘관인 해병부대에서 올라온 사병 산티아고의 사망 보고서를 검토하다 기록된 사인에서 석연치 않은 점을 발견한다. 산티아고 이병을 '코드 레드Code Red' 끝에 사망에 이르게 한 도슨 상병과 다우니 이병의 죄를 가리기 위해 군사재판이 열리고, 법무감의 결정에 따라 변호인단이 구성된다. 팀장은 하버드 출신의 다니엘 캐피 중위(톰 크루즈 분)이고 갤로웨이 중령과 와인버그 중위가 팀의 보조이다. 그런데 '사법 거래(a plea bargain)'로 이 사건을 신속하게 종결하려 했음을 알게 된 캐피 중위는 우여곡절 끝에 협상이 아닌 재판으로 급선회하게 된다.

재판을 거듭하며 변호인단은 내과 의사인 군의관의 사망진단서, 전출 명령서 그리고 비행 관제 기록이 모두 조작됐다는 사실을 간파하게 된다. 이제 남은 것은 불법인 코드 레드가 제섭 대령의 부대 내에서 공식적으로 행해지고 있었고, 산티아고가 당한 가혹 행위가 코드 레드였다면, 그 명령권자가 누구냐는 것이었다. 마침내 증인으로 출석한 제섭 대령과 그를 증언대에 세운 캐피 중위 간의 법정 설전은 최고의 몰입도를 자랑하는 말 그대로 반복해서 봐도 소름 돋는 명장면이 아닐 수 없다. 증인 신문에 나선 캐피 중위는 제섭 대령이 산티아고를 전출 보낼 의도가 전혀 없었다는 여러 정황적 증거들을 제시한다. 제섭 대령은 궁색하지만 그럴듯한 변명으로 국면전환에 성공했다고 생각했겠지만, 사실 캐피 중위는 대령의 심기를 불편하게 만들려는 큰 전략의 첫발을 나름 성공적으로 마무리했던 것이다. 다음으로 산티아고의 전출 명령과 산티아고를 건드리지 말라는 제섭 대령의 무제한적 권위를 지닌 명령이 양립 불가능하다면서 캐피 중위는 그의 해명을 요구한다. 예상치 못한 질문에 허를 찔려 당황한 제섭에게 캐피 중위는 계속해서 코드 레드를 명령한 자가 대령 본인인지를 캐물었고, 전쟁 영웅은 상명하복, 위증 그리고 엇나간 자만심으로 인해 결국 스스로 몰락의 길을 자초하고 만다.

이제 이 영화의 등장인물들이 어떤 법사상을 갖고 있는지를 앞서 살펴본 법률실증주의와 자연법주의를 바탕으로 규명해보자. 특히, 제섭 대령과 캐피 중위의 법정 공방 전후 그리고 직무유기로 인해 불명에 전역을 선고받은 해롤드 도슨(볼프강 보디슨 분) 상병과 라우든 다우니(제임스 마샬 분) 이병의 재판 이전과 이후의 설전에 주목해보자. 모두의 기대를 저버리지 않고 가장 강력한 카리스마로 연기력이 돋보인 제섭 대령은 최정에 해당 부대의 사령관이고, 그는 명령 지휘 계통을 무시하고 탄원서를 제출하고 그것도 모자라 '내부고발'까지 단행한 산티아고 이병에게 군대에서 공식적으로 금지된 '코드 레드'를 명령한다. 적과 불과 300야드 떨어진 곳에서 아침 식사를 하는 제섭 대령에게는 자신의 방식이 아니면 모두 그릇된 방식이기 때문에, 그에게 산티아고는 치욕이자 불명예 그 자체였던 것이다.

그런데 '코드 레드' 집행 중 불의의 사고로 산티아고가 사망하자, 제섭 대령은 피의자로 전락한 두 사병의 구명보다는 조직의 안녕과 일신상의 안위를 위해 그들에게 모든 책임을 전가시킨다. 또한 법정에 소환돼서도 그는 코드 레드를 명령한 일이 없다며 줄곧 위증을 하고, 거짓을 덮기 위해 야전군 부대장으로서의 신조와 국가에 대한 충성심까지 들먹인다. 그의 증언 어디에서도 죽은 산티아고에 대한 애도나 두 사병에 대한 사과는 찾아 볼 수가 없다. 그가 비열한 변명으로 일관할수록 야전군 부대의 조직 규율이 사실상 위선과 기만에 불과하다는 것을 강변하는 것이라서 씁쓸함을 감출 수가 없게 된다. 군대 내 불법인 '코드 레드'를 명령한다는 것은 부당한 명령에 대한 복종을 강제하는 것이기 때문에, 이런 점에 비춰 볼 때 제섭 대령은 뼛속까지 법률실증주의자임을 알 수 있다.

다음으로 캐피 중위는 하버드 로스쿨을 졸업한지 1년도 되지 않은 신출내기 법무장교이다. 더욱이 그는 법정 재판 경험이 전무하고 대신에 의뢰인의 유무죄는 아랑곳하지 않고 9개월 동안 44건을 처리한 사법 거래의 '달인'에 가깝다. '코드 레드' 사건 역시 군 내부의 치부를 감추고 사건의 파장을 축소하려는 의도에서 군 검찰과 협상을 통해 마무리 짓도록 '달인' 캐피 중위에게 배속된 것이었다. 그가 처음에는 이 사건에 별다른 관심을 보이지 않고 늘 해오던 방식대로 해결하려 했다는 점에서 그를 법률실증주의자라 할 수 있다. 그러나 갤로웨이 중령의 영향으로 점차 달라지면서 조직의 희생물로 전락된 약자인 두 사병을 위해 재판을 충실하게 준비한다. 그런데 재판이 난관에 봉착하자, 캐피는 훌륭한 법조인으로 고인이 되신 아버지의 평판이라는 그림자와 마주하게 된다. 부친이라면 증거도 없는 상황에서 제섭 대령을 증언대에 세우지 않았을 것이라는 팀 동료 와인버그의 말에 캐피 중위는 중대한 선택의 기로에 서게 된다. 무탈하게 사건을 마무리 지을 것인가 아니면 장교를 모함한 죄로 군법회의에 회부될 위험을 무릅쓸 것인가를 고민하던 캐피 중위는, 현실과 타협하지 않고 진실을 규명하고 정의를 실현하기 위해 결국 제섭 대령을 증인으로 소환한다. 그리고 그가 받아낸 제섭 대령의 자백은 모두를 충격적인 침묵 속에 가둔다. 명문가에 명문 법대 출신으로 탄탄한 미래가 보장된 캐피 중위가 자신의 인생을 걸고 약자 보호의 의무를 다한 것에 비춰 볼 때, 자연법주의자로의 그의 변모는 도슨의 존경어린 경례를 받기에 충분했다.

피의자 도슨과 다우니의 경우, 군 검찰로 송환되었을 때만 해도 둘 다 해병대의 신조를 금과옥조로 여기고 상명하복 체제에 절대 복종하는 실정법론자들이었다. 물론 재판 과정에서 드러났지만, 도슨이 병장 진급에 탈락한 것은 단식 처벌을 받은 동료에게 음식을 갖다 준 데서 비롯됐다. 전우애라는 윤리적 행위가 군대에서 용인되지 않는다는 것을 깨달은 도슨은 결국 '코드 레드'를 행하라는 부당한 명령에 복종할 수밖에 없었던 것이다. 따라서 도슨은 자연법론자였다가 진급 누락 후 실정법론자로 바뀌었다고 볼 수 있다. 다음으로 재판 결과 도슨과 다우니는 살인협의와 살인모의에 대해서는 무죄였지만 불법인 명령에 불복하지 않은 책임을 물어 가벼운 처벌과 불명예 제대라는 전역 처분이 내려진다. 그러나 안타깝게도 다우니 이병은 명령에 복종한 자신이 무슨 잘못을 저질렀느냐고 반문할 뿐이다. 그러자 군 생활을 조금이라도 더 한 도슨 상병은 산티아고 같은 약자 보호의 의무를 다하지 못한 불명예가 죄라고 다우니를 일깨워준다. 다우니 이병은 처음부터 끝까지 법률실증주의자였지만, 도슨 상병은 다시 한번 자연법주의자가 되었다는 것을 짐작할 수 있는 대목이다.

영화 제목 'A Few Good Men'은 중의적 표현이다. 널리 알려진 것처럼, 이 말은 강인하고 용감한 소수정예의 미국 해병대를 지칭하지만, 영화에서는 약자를 보호하고 양심을 지킨 변호인단을 말한다는 것을 알 수 있기 때문이다. 합법적이라고 생각하지 않으면서도 상관의 명령인 이상 복종할 수밖에 없다는 것은 인간에게 부여된 사유의 의무를 저버리는 "순전한 무사유(sheer thoughtlessness)"인 것이다. 부당한 명령을 거부하는 소수의 사람조차 없다면, 그 어떤 조직이나 사회, 국가도 희망을 말할 수는 없을 것이다. 로봇이 다스리고 로봇이 된 국민에게 존엄을 찾을 수는 없기 때문이다. 그럼 한국 사회의 희망찬 미래를 위해 잘못된 '상식'을 재생산하는 불온한 메커니즘의 원천과 마주할 차례이다.

형법과 국가보안법

현재 한국 사회에서 절도나 살인은 범죄 행위로 처벌 대상이다. 그러나 그 범죄자가 아버지라면 자식이 고발해야 되는가 숨겨주어야 하는가는 동서고금을 막론하고 논란의 중심에 있어 왔다. '아버지가 절도나 살인을 저질렀을 때, 자식은 고발해야 하는가 아니면 숨겨주어야 하는가?' '국가보안법'이 역사 박물관에 보내지지 않은 탓에 대통령이 10초 동안 군사분계선을 넘은 것을 두고 보안법 제6조(잠입·탈출) 위반이라며 처벌을 운운하는 대한민국에서라면 대답이 쉽지 않은 질문이다. 고발을 하게 되면 공동체의 공공질서를 유지하는 데 도움이 되지만 부모에 대해 불효했다고 지탄의 대상이 될 것이고, 그렇다고 숨겨준다면 효도했다고는 할 수 있지만 공공질서를 유지하는 데 문제가 발생하기 때문이다.

『논어』에서 섭공은 양을 훔친 아버지를 고발한 아들을 정직(直)하다고 한 반면에 공자는 아버지를 아들이 숨겨주고 아들을 아버지가 숨겨주는 것이 정직(直)이라고 말한다. 섭공의 주안점이 마을공동체의 유지였다면 공자는 가족공동체를 중심에 두었던 것이다. 이와 유사한 사건이 플라톤의 대화편 『에우튀프론』에도 나타나 있다. 에우튀프론은 신에 대한 경건함을 이유로 살인을 저지른 아버지를 고발했다. 그런데 살인을 저질렀지만 그 당사자가 아버지이기 때문에 그를 고발하는 것이 과연 경건한 것인지에 대해 소크라테스는 반문한다. 이처럼 섭공과 에우튀프론 그리고 공자와 소크라테스의 견해는 일맥상통하는 면이 있다.

오늘날 대한민국을 비롯해서 프랑스, 오스트리아, 일본 등은 아버지의 범죄에 대해 자식이 숨겨주었을 때 처벌하지 않는다. 나아가 가족 내지 친족이 범죄를 저질렀을 때 이 범인은닉 행위에 대해서도 처벌하지 않는다[형법 제151조(범인은닉과 친족간의 특례) ② 친족 또는 동거의 가족이 본인을 위하여 전항의 죄를 범한 때에는 처벌하지 아니한다.〈개정 2005.3.31.〉]. 따라서 이것은 아버지와 자식뿐만 아니라 가족 전체에 해당된다는 것을 알 수 있다. 이로 미루어 볼 때, 공자와 소크라테스의 반론은 현재 한국 사회의 형법에 입각한다면 타당성이 있다. 형법이 가족 윤리에 근거한 법이기 때문에, 가족을 국가의 근본으로 생각할 때에라야 그것이 타당하다는 것이다.

그러면 국가를 가족의 근본으로 삼는 법의 경우는 어떨까? 이에 해당하는 대표적인 법이 해방 이후 남북 분단으로 인한 상호 무력 대치의 엄중한 상황에서 1948년 12월 1일에 제정된 국가보안법이다. 이 법은 국가의 안전을 위태롭게 하는 반국가활동을 규제함으로써 국가의 안전과 국민의 생존 및 자유를 확보함으로 목적으로 하고 있다. 그러나 군사 쿠데타 이후 옹립한 군사정부는 국가보안법을 정권 유지의 일환으로 교묘하게 활용한다. 나아가 법 적용의 용이성과 처벌 강화를 위해 1960년 6월 10일 국가보안법을 개정 입법한다. 국가보안법은 신군부에 의해서도 1980년 12월 31일에 개정 입법되어 오늘에 이르고 있다. 2014년 12월 19일 헌법재판소는 한 의원의 내란음모 행위가 당 전체의 행위로 간주된다면 통합진보당 해산 결정을 내렸다. 이로 인해 통합진보당 일반 당원들은 반국가단체 지지자로 규정되었고, 국가보안법 위반 혐의로 고발되어 검찰의 수사 대상이 된 바 있다.

이처럼 분단체제의 냉전 논리이자 국가 중심의 법인 국가보안법의 견지에서 본다면 범죄를 저지른 아버지를 은닉하는 행위는 타당하지 않다[국가보안법 제10조(불고지) 제4항의 죄를 범한 자라는 점을 알면서 수사기관 또는 정보기관에 고지하지 아니한 자는 5년 이하의 징역 또는 200만원 이하의 벌금에 처한다. 다만, 본범과 친족관계가 있는 때에는 그 형을 감경 또는 면제한다.〈전문개정 1991.5.31〉]. 이 조항에서 형의 경감은 형법과 배치된다. 형법에서는 처벌하지 않지만 국가보안법에서는 그 형을 경감한다고 해도 처벌을 하기 때문이다. 물론 면제된다면 형법과 다르지 않다.

국가보안법의 제10조에 입각한다면 부모의 범죄를 알고도 자식이 고발하지 않는다면 경감되어 처벌받을 수도 있고, 면제될 수도 있다. 물론 국가보안법 제10조의 불고지죄를 일반범죄가 아닌 국가안보에 위협을 가하는 사건에만 적용한다면 형법과 배치되지 않는다. 그러나 아버지가 범죄를 저질렀고 자식이 숨겨주었는데, 그것이 형법과 국가보안법 모두의 적용대상일 경우 자식을 처벌해야 하는가 처벌하지 말아야 하는가의 문제는 남는다. 만약 아버지를 숨겨준 자식을 국가보안법으로 적용하였을 때 면제 사유가 되지 않았을 경우 경감한다고 해도 처벌은 불가피하다. 그러나 형법을 적용한다면 그는 처벌받지 않는다. 이처럼 형법과 국가보안법은 서로 배치되는 측면이 있어서 일관성이 떨어질 가능성을 배제할 수 없다는 문제점을 안고 있는 것이다.

법 개념에는 악이 포함되어 있지 않다. 법의 원천은 정의이고, 악법은 정의가 부재하는 법이기 때문이다. 자연법에의 추구는 인간의 정의 추구의 모습이며, 이것은 법의 목적이 무엇인지를 웅변한다. 또한 자연법은 실정법의 결함을 충족시키고 실정법이 나아갈 방향을 제시하고 안내하는 최고의 스승이라 할 수 있다. 이렇게 될 때에라야 비로소 시민들에게 법을 준수해야 할 의무가 있다고 말하지 않고도 법의 제재가 저항 없이 이루어질 것이다. 법의 권위가 확립되어 법이 준수되는 상태를 만들 책임은 국가에 있기 때문이다.

자연법주의자인 소크라테스를 '악법도 법'이라는 법언을 대표하는 법률실증주의자로 만드는 것은 법제사에서 날조된 허구이고, 오히려 그 오랜 법언의 바탕에 똬리를 틀고 있던 것은 정치적인 불순한 의도였을 뿐이다. 국민의 인권을 침해하고 준법정신을 무리하게 강조하는 데 악용됐던 대표적인 사례가 '소크라테스의 독배'이기 때문이다. 소크라테스는 『변론』과 『크리톤』어디에서도 '악법도 법'이라고 말한 적이 없다. 그를 '악법의 수호자'라거나 '독재정권의 철학적 하수인'으로 둔갑시켜서 그의 철학적 권위를 실추시켰던 한국 사회의 법철학적 몰염치와 비상식에 맞서 소크라테스의 명예회복을 위한 철학자들의 저항이 면면히 지속되고 있는 이유가 바로 여기에 있다.

생각해 보기

1. 〈어 퓨 굿 맨〉에서 네이던 제섭 대령(잭 니콜슨 분)과 캐피 중위의 법정 공방 그리고 직무유기로 인해 불명예 전역을 선고받은 해롤드 도슨(볼프강 보디슨 분)과 라우든 다우니(제임스 마살 분)의 '재판 후의 설전' 각각을 실정법론과 자연법론을 중심으로 구분하여 설명하시오.

2. 아버지가 절도나 살인을 저질렀을 때, 자식은 고발해야 할까 숨겨주어야 할까?

제10강

내부 고발

희대의 과학 사기극이자 논문 사기인 2005년 황우석 박사 줄기세포 논문조작은 한국 학계의 연구 윤리와 관련된 충격적인 사건이었다. '황우석 사태'를 취재한 한학수 PD에 따르면, 현재는 음모론을 믿는 사람들보다 서울대 조사위의 발표와 검찰 조사 그리고 대법원 판결로 논문조작을 사실로 받아들이는 이들이 더 많다고 한다. 진실과 국익 중 어느 것이 우선하느냐는 '제보자' 닥터 K의 질문에 그는 언론인으로서 최우선의 가치는 진실이고 진실의 추구가 궁극적으로 국익에 이바지할 수 있다는 보도 정신을 말했다고 한다. '고발은 짧고 고통은 길다'는 내부고발의 잔인한 이면과 마주하고 있노라면, 용기를 내 제보하고 실직과 전과轉科를 거치면서 기초의학에 대한 열정으로 그 힘든 시기를 버텨 냈고 결국 한 대학의 교수가 된 '제보자' 류영준 님과 그의 아내에게 경의를 표하지 않을 수 없다. 그렇다, 달콤한 정의란 없다.

황우석 사건 2년 후에 터진 "또 하나의 가족" 삼성 이건희 일가와 그 가신들의 비자금, 로비, 경영권 불법 승계 등 이른바 '삼성사태'는 경제 민주화의 불을 댕길 분수령으로 여겨졌다. 2007년 10월 서울지검 특수부 수석검사에서 삼성그룹 구조조정본부의 재무, 법무팀장을 지낸 '김용철'변호사는 천주교정의구현전국사제단의 문을 두드려 양심고백을 했다. 그는 한겨레 기획위원 신분으로 쓴 글로 인해 법무법인에서 쫓겨난 후 내부 고발자가 될 수밖에 없었던 분노와 복수심에 대해 『삼성을 생각한다』에서 매우 솔직하게 술회하고 있다. 그는 "발이 허공에 매달린 채 절벽에 썩은 나뭇가지를 잡고 있다면 차라리 그 손을 놓는 것이 사내다운 일이다"라는 경구와 '불의한 양심에도 진실은 있다'는 표제를 통해, 모든 시민이 부패에 맞서는 '반부패 시민혁명'으로 나아가길 조심스럽게 염원하고 있다.

부패와 경제 성장

'부정청탁 및 금품 등 수수의 금지에 관한 법률'의 공식적인 약칭은 '청탁금지법'이고, 최초 제안자의 이름을 따 일명 '김영란법'으로도 불린다. 이 법은 기존 형법상 뇌물죄로 처벌하지 못하는 공직자 등의 비리를 규제하는 강화된 반부패법이다. '청탁금지법'은 직무관련성이나 대가성을 따지지 않고 금품수수 자체를 규제하고, 금품이 오가지 않은 부정청탁도 처벌한다. 그런데 일각에서는 '청탁금지법'의 시행으로 인해 내수 경기가 위축되어 어려운 경제 상황을 더 나쁘게 할 수 있다며 심각한 우려를 표명하기도 한다.

부패는 경제에 이로운가 아니면 해로운가? 달리 말하자면, 부패는 사회의 청렴성은 떨어뜨리지만 경제 성장에 도움을 줄 수 있는가 아니면 부패가 만연한 사회일수록 창의성과 생산성이 하락하기 때문에 경제에 해로운가? 부패와 경제 성장의 관계에 관한 논란에 대해, 경제협력개발기구(OECD)의 '부패 보고서'는 '부패는 지속가능한 경제 성장의 심각한 방해물'이라고 적시하고 있다. '떡값'은 뇌물과 로비라는 직·간접적 거래 비용으로 결국 부패가 기업가 정신을 훼손시키고 비생산적 활동은 확대시켜서 상품 가격은 오르고 품질은 떨어뜨려 외국인의 직접투자도 움츠러들게 만든다는 것이다.

때때로 국민 세금과 보험료로 운영되는 행정부처와 공공기관의 정책 결정에는 각종 '비리 의혹'이 꼬리를 문다. 허다한 '비리 의혹'에는 최고위 정책 결정자들과 이에 부역하는 관련 기관 근무자들이 있다. 국민의 노후 자금을 손댄 삼성 합병 사건만 봐도 그렇다. 삼성그룹 경영권 승계를 돕기 위해 국민연금공단이 삼성물산과 제일모직 합병에 찬성하도록 외압을 행사했을 뿐만 아니라 국내 3대 회계법인들은 관련 보고서를 조작하는 등 삼성의 꼭두각시를 자처했다. 한국 사회에서 부패 인식도를 낮추고 부정을 은폐하는 이들의 '명분'은 '의리義理'이다. 부당한 공모 관계인 '의리'는 공공선이나 국민의 안전을 위해 작동한다기보다는 '그들만의 리그'로 대변되는 사적 욕망 추구의 정당화 기제인 경우가 대부분이다. 의로움이 사라진 '의리'의 결사체가 대한민국을 OECD 회원국 중 부패 수준이 매우 높은 나라 군群에 속하는 오명을 뒤집어쓰게 만들었던 것이다.

특정 업체로부터 부정청탁용 뇌물을 받는 공직자의 말을 국민은 신뢰할 수 없고, 기업을 상대로 돈 봉투를 받는 기자들의 기사라면 독자는 믿을 수 없다. 자사 제품의 처방을 늘리기 위해 제약회사로부터 금전과 향응을 제공받은 의사의 처방에 환자는 몸을 맡길 수 없다. 악질적인 약취 행위인 촌지를 받는 교사에게 학부모는 자녀 교육을 일임할 수 없다. 이처럼 권력을 남용하고 국가재정의 파탄을 초래하고 국민의 건강과 안전을 위협하는 각종 비리와 부패를 어떻게 해결해야 할까? 국민 전체가 적극적인 감시와 자율적인 통제를 통해 침묵을 먹고 독버섯처럼 자라나는 부패를 척결하고 경제를 성장시켜서 청렴한 대한민국으로 나아가게 하는 '내부고발(whistle-blowing)'과 이에 대한 더욱 강력한 보호가 그 해답이다.

—

내부고발

부패라는 '한국병'

치유되지 않는 부패인 한국적 부패는 우선 '권력적 부패'이다. 고위 정치인이나 관료들이 가담하는 '계획적 부패'로 권력의 카르텔을 존속시키려는 노력인 것이다. 정경유착이나 권언유착 등 부패가 폭로될 때마다, 정치나 경제의 기득권 체제나 정부 기관들마저 이를 은폐하려는 시도, 이른바 '제 식구 감싸기'에 나선다. 또한 한국적 부패는 '구조적 부패'이기도 하다. 이 경우 부패의 원인이 특정 개인보다는 공동체 사회의 구조적 모순, 제도 또는 절차의 비현실성이나 불합리성 등에 있기 때문에 개인에게 책임을 묻기가 어렵다. 상명하복의 권위주의적 행정체제나 '부패는 경제에 이롭다'는 국민 전체의 낮은 도덕적 기준 등이 여기에 해당한다고 볼 수 있다. 나아가 한국적 부패는 '제도적 부패'이다. 제도적 부패는 부패의 정기적 또는 부정기적인 반복적 발생과 이러한 과정을 통해 형성되는 '부패의 안정성'이라고 할만하다. 이 부패 하에서 법적 절차와 규범은 부패 관행이 대체한다. 성매매를 단속해야 할 관할 경찰서가 업주에게 단속 사실을 알려주고 뒷돈을 받거나 관공서 납품 업체와 짜고 관행처럼 가짜 세금계산서를 발행하고 이득을 챙긴 납품 비리 공무원들이 이에 해당한다. 끝으로,

한국적 부패는 '문화적 부패'이다. 문화의 친親 부패성은 한국 사회의 전방위적 부패 현상의 뿌리라고 할 수 있다. 문화적 부패는 '정情'이나 평소의 은혜가 계약이나 어떤 약속보다도 심리적 구속의 효과를 갖는 문화 구조에서 발생한다. 유력 인사의 채용 청탁 비리에서도 드러났듯이, 이것은 내부 고발자의 폭로의지를 크게 저하시키는 부패이다.

내부고발의 정의와 성격

회사나 기업 같은 조직의 불법, 탈법, 비리, 부정과 같은 온갖 부패와 불법 행위에 대해 전직 또는 현직의 노동자 또는 소속원이 공공의 이익에 대해 가할 수 있는 위해를 방지할 목적으로 내부적으로 또는 외부적으로 이를 알리는 행위를 '내부고발'이라 한다. 그럼 구체적으로 어떤 행위를 내부고발이라고 할 수 있을까? 이것은 내부고발의 성격이나 개념표지와 관련된 논의인데, 우리는 행위의 공공성 및 공익성을 첫손에 꼽을 수 있다. 내부고발은 자신이 소속 근무하는 조직의 불법 행위로 인해 야기된 사회적 해악이 그 조직이 얻을 이익보다 훨씬 크다고 판단한 고발자의 행위이기 때문에 공공성과 공익성이 필수 요소이다. 따라서 내부고발은 조직 내부에서는 항명이나 불복으로 간주되는 조직 규범의 일탈행위이지만, 사회 전체적으로는 조직의 불법에 항거함으로써 시민의 안위를 도모하는 '의로운' 행위인 것이다.

둘째로, 내부고발은 도덕적 행위이다. 대개 도덕적 또는 이타적 동기에서 촉발되는 내부고발은 개인의 양심적 판단, 전문직업적 윤리, 사회 일반에 대한 책임 등에 토대를 둔 윤리적 행위이다. 그렇다고 내부고발이 반드시 이타적인 도덕적 동기에 의해서만 행해진다고 말하기는 어렵다. 공익에 부합하는 행위라고 해도, 내부고발은 개인적이거나 좋지 않은 동기에서 비롯될 수도 있다. 왜냐하면 그 이면에 보상규정이 존재하는 경우 개인의 이익을 위한 고발이나 주위로부터 각광을 받기 위한 시도 또는 사적인 복수의 목적도 있을 수 있기 때문이다. 이처럼 일반적으로 내부고발은 이타적 성격을 갖는 경우가 많고, 사적인 이익을 위한 동기도 혼재되어 있다. 하지만 오로지 사적인 이유만으로 행해지는 내부고발은 극히 드물다. 왜냐하면 내부고발자의 도덕적 양심의 문제는 고발 행위의 보호 범위나 수준을 결정하는 데 있어서 매우 중요한 요인으로 작용하기 때문이다.

셋째는 내부고발이 내부인(insider)에 의한 의외의 폭로적인 성격을 갖는 외부적 행위라는 점이다. 내부고발은 대체로 예상하지 못한 이례적인 성격의 행위이다. 따라서 조직의 입장에서 보면 이것은 신의성실의 원칙 위반이자 조직에 대한 배신을 의미하여 고발자에 대한 강한 보복 동기를 유발하지만, 고발자의 편에서 보면 공익을 위해 기존의 계층적 권위에 도전하는 용기 있는 폭로 행위가 된다. 그런데 내부고발이 조직 내부 비리의 대외적인 폭로이기 때문에, 내부의 동료나 다른 상급자 또는 계선을 우회하여 직접 고위 관료층이나 인사부처 등의 조직 내부의 제도적인 경로를 통한 비리 사실을 고지하는 행위를 내부고발로 볼 것인지 아니면 제외할 것인지에 관한 학계의 논란이 있다. 그러나 상당수의 학자는 이런 경우도 〈어 퓨 굿 맨〉의 '산티아고'처럼 내부고발에 포함시킨다.

배신자 VS 공익 수호자

내부고발은 시기별로 '재직형(current)'과 '이직형(alumni)'으로 나뉘고, 경로에 의해 '내부형(internal)'과 '외부형(external)'으로 구분되며, 방법에 따라 '익명형(anonymous)'과 '공개형(open)'으로 분류된다. 따라서 내부고발은 문제 발생과 함께 재직, 내부, 익명형에서 이직, 외부, 공개형으로 전개되는 것이 일반적인데, 결국에는 이것들의 합성적 성격을 취하게 마련이다. 그런데 선진국과 달리, 한국 사회에서 내부고발의 끝은 가혹하다. 내부 고발자는 조직과 동료의 배신자, 미치광이, 밀고자, 왕따 그리고 역적으로 내몰린다. 내부 비리의 폭로는 계서적 권위에 대한 도전 행위이고, 나아가 고의적인 조직 음해 기도라는 등의 부정적 의미를 갖고 있다. 따라서 내부고발자의 행위에 대한 조직의 반응은 보복적, 방어적이라는 특징을 띤다.

내부고발이 발생하면 조직은 폭로자와 폭로내용의 성실성, 진실성, 정확성에 대해 전방위적인 의문을 제기한다. 해당 조직은 폭로자를 색출하여 매도하거나 비난하고 다양한 형태의 불이익 처분과 해고 압력이나 위협까지 불사한다. 또한 폭로된 비리 내용을 즉각 부인하거나 허위사실 유포라고 일축하여 문제를 축소하거나 은폐하는 일이 다반사다. 이러한 반응 과정은 법적 제약에 저촉되지 않는 범위 내에서 가해지는 내부 고발자에 대한 응징 조치로서 '더러운 소송 전략'이나 '전략적 봉쇄소송' 등의 법적 대응을 동반하게 된다. 동료들 또한 폭로자를 부담스러워하며 피하거나 배척한다. 이처럼 내부 비리 폭로의 의도나 효과를 무력화시키는 조직의 보복적 노력은 다른 구성원에 대한 경고적 성격이 강하다.

그러나 내부고발은 조직에 대한 사랑과 충성심이 없으면 절대로 할 수 없는 일이다. 조직이 잘못되는 것을 보고 수수방관하는 것이야말로 배신자가 아닌지 생각해 볼 필요가 있다. 다른 한편으로, 내부 고발자가 회사에서의 업무 처리 능력의 결함을 은폐하려 내부고발을 시도한다는 주장 역시 해고라는 불이익과 개인 인격에 대한 조직적인 중상이라는 보복에 노출될 것을 충분히 예상하면서까지 단순히 은폐의 수단으로 내부고발을 선택한다는 것은 어불성설이다. 더욱이 밀고의 풍조를 조장하여 동료들 간에 불신을 키우거나 무분별한 내부고발을 양산한다는 '제보자 에토스(informer ethos)'도 내부고발의 주장에 대한 증거를 고발자 본인이 증명해야 하는 부담을 져야 하고, 사익보다 공익이 더 크다는 내부고발의 정당한 이유를 제시하지 못하면 모든 책임이 고발 당사자의 몫이므로 무턱대고 내부고발의 행렬에 동참하기는 현실적으로 불가능하다. '공익의 수호자'로서 내부 고발자는 일반 시민이나 사회가 직면할 수 있는 결정적 위험이나 절박한 사정을 알리는 유일한 내부자일 수 있다. 공익 추구가 회사나 조직 그리고 동료에 대한 충성심을 능가하기 때문에, 내부 고발자는 공익과 사회 정의의 수호자이다. 내부 고발자를 배신자로 규정하는 부박한 시민의식의 쇄신이 필요할 뿐만 아니라 나아가 그를 건전한 사회를 만들어 가는 선구자와 의인으로 추앙하는 사회적 인식의 확산도 절실하다.

내부고발자 보호제도의 필요성

그렇다면 내부고발의 도덕적 정당성은 어디에서 찾아야 하는가? 공익 추구 행위는 각각 헌법 제19조와 제21조에 보장된 양심과 표현의 자유에 속하는 것으로 내부고발의 도덕적 정당성의 근거가 된다. 한 가지 덧붙이자면, 헌법의 양심의 자유는 양심형성의 자유와 양심실현의 자유 모두를 포함하는 것으로 이해되기 때문에, 스스로의 가치판단과 그에 따른 부패행위의 외부 폭로가 양심형성과 실현에 해당한다고 볼 수 있다. 또한 다른 한편으로 조직에 속한 구성원으로서 회사에 충성할 의무를 다할 것인지 아니면 회사의 부정에 맞서 일반 시민으로서 공동체에 충성할 일반 의무를 다할 것인지의 문제는 외견상 도덕적 딜레마인 것처럼 보인다. 그러나 내부 고용인은 개인이기 이전에 공동체 사회의 구성원이기 때문에 일반 의무로서의 공익 추구가 우선한다. 특수 의무인 조직에 충성할 의무가 일반 의무에 반하거나 그것을 침해하는 경우 내부고발이 가능할 뿐만 아니라 필요하기도 하다. 조직의 존립은 공익에 양립하는 활동을 전제로 허가된 것이고, 부패와 부정으로 얼룩진 기업은 사회 정의의 거대한 걸림돌이자 사회악이므로, 공익과 사회 전체에 대한 의무를 통해 발본색원하여 근절해야 한다는 것이 민주사회의 일반적 기대인 것이다.

이와 같이 내부고발은 사회의 부조리를 막기 위한 정의로운 행동이고 따라서 양심선언을 한 내부 고발자에 대한 사회적 보호가 필요하다. 고발자에게는 법적 보호도 미비할 뿐만 아니라 법적 보호가 미치기 이전에 이미 생계와 안전의 위험에 노출되는 경우가 비일비재하다. 이런 이유들 때문에 법적이고 제도적인 보호와 신변 보호나 생계 지원의 보호책 마련 등 내부 고발자를 보호해줄 수 있는 철저한 시스템을 구축해야 하는 것이다. 그렇다면 내부고발을 제도적으로 보호해주어야 할 필요를 구체적으로 어디에서 찾을 수 있을까? 첫째, 내부의 비리를 용기 있게 폭로한 고발자의 신분 안정, 즉 피고용인 지위의 유지에 있다. 내부 비리가 폭로된 조직은 고발자에 대한 보복 조치를 단행할 것이고, 이에 따라 고발자는 다양한 형태의 불이익 조치에 노출되고, 신체적 위해에 대한 위협에 시달리기도 한다. 인간관계의 전면적인 해체는 물론이고 경제적인 곤란까지 가중되는 고발자에게 그들의 경제적 파탄에 대해 최소한의 제도적 보완은 절박하게 요구되는 중대한 사안이다. 또한 국가나 사회는 범죄나 불법 행위를 신고한 개개인을 사적 보복 행위로부터 보호해 주어야 할 기본적인 의무가 있다고 볼 수 있다. 이를 테면, '특정범죄신고자등보호법'의 원래 취지를 내부고발에도 적용하면 법적 정당성은 쉽게 도출될 수 있기 때문이다.

둘째, 내부고발행위의 민주적 내지 권리적 성격을 지적할 수 있다. 내부고발은 국민의 참정권이나 '알 권리'에 기여하는 기능을 가지며, 고발자의 측면에서는 '양심의 자유권' 행사의 성격을 갖는다. 이와 같이 헌법상 보장된 기본권의 행사가 다른 개인이나 조직에 의해 방해되는 경우에, 국가는 직접 당사자가 아님에도 불구하고 여기에 개입하여 이를 보장할 의무를 지게 되는데, 이를 '기본권의 제3자적 효력'이라고 한다. 내부고발을 헌법상 보장된 기본권의 행사로 관념화한다면, 이를 보호할 법적인 근거를 확보할 수도 있을 것이다. 내부고발이야말로 적극적인 민주적 참여의식의 표현이자 기존의 억압적인 권위에 대한 아래로부터의 저항이다.

셋째, 내부고발이 당해 조직의 이해관계와 일치하는 경우가 많다는 점도 주목할 필요가 있다. 내부고발이 내부의 부패 행위가 일정한 정도를 넘어 조직 전체에 치명적인 해를 가하기 전에 이를 폭로함으로써 일종의 예방이나 치료 효과를 갖는다는 것이다. 내부고발은 고발자 개인에 대한 보호와 조직의 윤리 차원을 넘어서서 경영의 투명성과 책임성을 증진시킴으로써 조직 전체의 번영에 도움이 된다는 것이다. 내부 고발자의 발생을 원천적으로 막기보다는 내부고발을 경쟁 상태에 있는 사기업들은 물론이고 공공기관에까지 확산시켜서 반反 부패의 대안으로서 조직 발전과 사회 정화의 원동력으로 삼아야 하는 이유가 여기에 있다.

내부고발의 활성화

부패 통제를 위해서는 국민 전체가 잠재적 내부 고발자로서의 역할과 기능을 다할 수 있도록 내부 고발자를 보호하기 위한 한층 강화된 각종 제도적 장치 마련이 시급한 실정이다. 변화하는 현대 사회에서 복잡한 조직이 고도로 전문화되고 은밀하게 자행되는 부패를 외부인이 그것도 이따금씩 하는 형식적인 감사로 적발해 낸다는 것은 그 효과를 기대하기 어려울 뿐만 아니라 비능률적일 수밖에 없기 때문이다. 사회 정의와 공익 추구라는 내부고발의 일반 목적은 조직의 악행을 목격한 내부 고발자로 하여금 조직의 혁신과 개선을 모색하게 하여 윤리 경영으로 조직경쟁력을 갖추게 만드는 것이다. 따라서 집단 이익을 중시하는 우리 문화의 현실과 충돌하는 면이 있다손 치더라도, 법적으로 인정하고 사회적으로 고무시키는 방향으로 내부고발보호제도가 개정을 거듭한다면 내부고발의 활성화에 크게 기여할 것이다. 내부 고발자에 대한 신분상의 보호와 형사상의 책임 감면 외에 고발에 대한 금전적인 보상까지 인정하는 입법례가 이뤄진다면, 반부패 시민혁명으로서 건전한 내부고발은 국가의 청렴도를 신장시켜 경제 선진국으로 도약할 수 있는 발판이 될 것이다.

—

〈인사이더〉

마이클 만의 〈인사이더〉(The Insider, 1999)는 미국의 담배회사소송을 다룬 실화 영화다. 경언유착, 보도정신, 기업의 탐욕, 기자와 정보원의 관계 그리고 무엇보다도 자신이 옳다고 믿는 것을 끝까지 밀고 나가는 것 등이 난마처럼 얽혀 있는 작품이다. 여기서는 제프리 와이건(러셀 크로우 분)과 로웰 버그만(알 파치노 분)이 담배회사(B&W)와 방송사(CBS)의 내부 비리를 폭로한 내부고발 사건을 각각 내부고발의 계기와 고발 내용을 중심으로 실타래를 풀어보고자 한다.

제프리 와이건 VS 거대 담배회사(B&W)

제프리 와이건이 내부고발을 하게 된 계기는 단순하지 않다. 회사 중역이던 그는 담배에 쿠멀린을 첨가하는 것에 반대 의사를 표명했다가 원만하지 못한 대인관계를 이유로 담배회사 브라운 앤 윌리엄슨에서 부당해고를 당한다. 물론 이것은 미심쩍은 해고 사유일 뿐만 아니라 그에게 치욕스런 처우이기도 했다. 그러나 만족할 만한 금전적 보상을 받았기 때문에 그는 될 수 있으면 침묵하며 살고자 결심한다. 그런데 익명의 제보자로부터 필립 모리스의 한 연구논문을 입수하여 전문가를 수배 중이던 로웰 버그만을 만난 후, 담배회사는 그에게 이미 받아 놓은 '비밀엄수서약서' 이외에 추가서류에 대한 서명을 강요한다. 이에 응하지 않을 경우, 퇴직수당 지급 중단은 물론이고 의료보험 말소에 더해서 손해배상과 형사처벌까지 받을 수 있는 소송까지 제기하겠다고 위협한다. 그렇게 되면 천식을 앓고 있는 딸 데보라의 의료비나 소송비용을 감당할 수 없게 되어 와이건의 가족의 생계는 위태로운 지경에 처하게 될 수밖에 없는 것이다.

여기서 그치지 않고, 담배회사는 와이건을 미행하거나 새로 이사 간 집을 감시하고, 야간에 무단으로 주거지를 침입하고, 전자우편을 통해 노골적인 살해 협박을 하고, 우편함에 총알을 놓아두는 일련의 조치들을 통해 그의 가족의 일상과 안전을 송두리째 뒤흔든다. 무엇보다도 가족에 대한 이러한 위협이야말로 와이건이 모든 위험을 감수하고 내부고발을 하게 된 직접적인 계기이다. 또한 그는 두 딸에게 자신의 행동을 이해시키고 자랑스러운 아빠가 되고 싶었다고도 말한다. 와이건의 내부고발의 계기들에는 자신과 가족에게 가해진 위협과 협박에 대한 분노와 복수심이 모두 포함되어 있다. 여기에는 국민건강과 공중 보건에 대한 위해 행위를 고발하는 공익적 차원도 들어 있다. 그의 내부고발 내용을 살펴보면, 담배회사 경영진이 담배의 중독성과 위해성을 이미 인지하고 있었고 그것의 중독성을 증가시키려고 의도적으로 암모니아 화합물(쿠멀린)을 첨가했으나 청문회에서 이를 모두 부인하여 위증(perjury)을 했다는 것이다. 형법상의 '비밀누설죄'를 들어 와이건을 협박했던 이들에게는 담배회사의 이익이 국민 보건보다 우선이었다는 셈이다. 하지만 그의 양심의 자유에 따른 내부 고발은 형법 자체의 원리에 의해서도 위법성이 조각될 뿐만 아니라 형벌 감면에 대한 보충 근거로도 구성되어야 한다. 그가 내부고발을 결심하기까지 다소 시간이 필요했지만, 그는 그럴 만한 가치가 있는 일이기에 모든 협박과 위험을 무릅쓰고 내부 고발자가 됐다고 말한다.

로웰 버그만 VS CBS 방송사

거대담배회사는 월스트리트저널에 500쪽에 달하는 와이건에 대한 조작적인 중상을 준비하게 한다. 와이건의 사생활을 파헤친다는 정보를 입수한 로웰 버그만은 정보원의 신변을 보호하지 못했다는 기자로서의 양심의 가책을 느낀다. 또한 그는 폭로 인터뷰에 대한 편집과 방송 삭제 등을 막지 못했다는 보도정신의 후퇴를 심각하게 우려한다. 그가 내부고발을 단행하게 된 계기는 언론인의 자세나 언론의 가치라는 기자로서의 직업윤리와 공분 그리고 국민의 알 권리 충족이라는 공익이 포함되어 있다.

버그만은 먼저 CBS의 이사회가 진실보다는 회사의 이익과 안위를 우선시했다고 뉴욕타임스를 통해 내부고발한다. 웨스팅하우스에 CBS를 매각하려 하는데 담배회사의 소송으로 주가 폭락이 우려됐고 결국 폭로 인터뷰 방송을 금지하고 삭제하도록 결정하는 외압에 굴복했다는 것이다. 또한 그는 월스트리트저널 역시 외압에 굴복하여 '가장 저급한 인격살인'에 해당하는 허위사실을 유포하려 했다고 고발한다. 한번 받은 상처는 어떤 식으로든 남는다고 말하며 버그만은 자신의 신념을 지키기 위해 방송사를 떠난다.

내부고발의 현주소

내부고발 보호와 관련하여 현실에 근거한 비판론도 만만치 않게 제기된다. 예컨대, 대한민국과 같이 조직 내부의 융화와 단결, 공동체 의식 등을 강조하는 문화에서 내부 비리를 외부에 폭로하는 행위가 심정적으로 용인될 수 있겠는가 하는 의문이 그것이다. 법적으로 아무리 내부고발행위를 보호한다고 하더라도 이것이 현실에서 수용되지 못한다면 법규의 효력은 반감될 수밖에 없을 것이다. 달리 말해, 겉으로는 고발에 따른 불이익 조치를 취하지 않지만, 실제로는 눈에 보이지 않는 여러 형태의 직장 내 괴롭힘, 차별이나 보복이 가해질 수 있고, 이것은 법이 보호할 수 있는 영역의 밖에 있을 수 있다는 것이다.

그러나 이와 같은 현실론이 내부고발 보호제도의 반대근거가 될 수는 없다. 법 제도는 일방적으로 현실의 법 감정을 수용하는 데에 그쳐서는 안 되고 때로는 이를 선도해야 할 책임이 있기 때문이다. 내부고발이 현실에서 용인되지 못한다고 해서 이를 법적으로 방치할 수는 없는 노릇이다. 오히려 현실에서 인정받지 못하고 어디에도 의지할 곳을 찾지 못하는 내부 고발자를 법이 보호하는 것이 마땅하다. 이것이 양심에 따른 용기 있는 행위를 한 개인에 대해 사회가 제공할 수 있는 최소한의 구제책이자 염치일 것이기 때문이다.

나아가 사회적으로 내부고발 보호제도는 부패에 대한 효과적인 통제책이 될 수 있음은 물론이고 장기적으로 법치주의의 확립을 위한 하나의 수단으로도 제역할을 다할 것이다. 지연이나 학연, 혈연 등 복잡한 인간관계를 통해 유지되어 온 한국의 조직문화는 이제 변화의 요청에 직면하고 있다. 그 새로운 기준은 이제 무엇보다도 법과 규정, 그리고 공정한 원칙과 그에 따른 책임이 되어야 할 것이다. 투명하고 정당하지 못한 공공 기관의 행위자는 이제 외부는 물론 내부의 감시세력에도 주의를 기울여야 한다. 바로 자율적 부패 통제 기제로서의 내부고발이 존재하기 때문이다.

생각해 보기

〈인사이더〉의 제프리 와이건(러셀 크로우 분)과 로웰 버그만(알 파치노 분)이 담배회사(B&W)와 언론사(CBS)의 내부 비리를 폭로한 '내부고발(whistle-blowing)' 사건을 내부고발의 계기와 고발 내용을 중심으로 각각 기술하시오.

제11강

폭력의 본질

'고문생존자'가 '치유자'가 됐다. 그는 실로 모진 고문과 18년간의 감옥살이, 간첩으로 몰려 당해야 했던 온갖 사회적 차별 등 이루 말할 수 없는 고통을 견뎌낸 '박동운.' 그는 '빨갱이'로 낙인찍혀 28년간 간첩 누명을 쓰고 살다가 그나마 2009년 11월 재심 재판에서 무죄판결을 받았다. 이러한 '조작간첩 사건'은 포상금도 챙기고 정권에 충성하여 승진까지 거머쥐겠다는 엇나간 야욕에 눈이 먼 수사관들에 의해 국가의 이름으로 자행된 야만적 폭력 사건이다. 박동운 씨는 또 다른 국가폭력 피해자들을 위해 고문생존자들과 함께 국가배상금 일부를 갹출해서 재단법인 '진실의 힘'을 설립했고, 쌍용자동차 해고노동자들에게 상처 입은 치유자로 첫발을 내디디며 '인간의 삶은 폭력보다 강하다'는 살아 있는 교훈으로 힘을 보태고 있다. 그런데 국가는 고문, 국가폭력 피해자들에게 완전한 사과는 고사하고 손해배상금을 법정이자와 함께 돌려달라는 위헌적 '사법농단'을 자행하고 있다.

한국 사회에서 '국가 폭력'은 공권력이다. 경찰 공권력에 의한 국민의 죽음은 '병사'가 되기도 하는 것이 국내 정치 현실이다. '생명과 평화의 일꾼'이라 불리던 농민 백남기 씨는 2015년 11월 민중총궐기 집회에 참여했다 경찰의 물대포에 정면으로 머리를 맞고 쓰러져 300일 넘게 혼수상태로 있다가 결국 숨을 거뒀다. 사건 초기부터 국가 폭력을 규탄하며 진상규명과 책임자 처벌 요구가 거셌지만, 경찰은 불법시위를 진압하기 위한 정당한 직무집행 중 발생한 사고였고, 살수 조치도 적절했다며 사과를 거부했다. 급기야 고인의 사인이 '외인사'가 아닌 '병사'로 기록되면서 몰염치한 공권력은 공분까지 샀다. 뒤늦게 '외인사'로 바로 잡혔지만, 공권력의 이름으로 국민을 죽이고 병사라고 조작하는 국가에 우리는 묻지 않을 수 없다. '폭력은 나쁜가?', '국가폭력은 공권력인가 폭력인가?' 그리고 '모든 저항 행위에서 폭력은 배제돼야 하는가?'

폭력의 문제

'폭력暴力'에서 '폭暴'은 '정도가 지나침'을 뜻하고, '력力'은 '힘'을 의미한다. 따라서 폭력은 파괴를 수반할 수 있는 힘으로, 난폭한 힘, 지나치게 많이 사용된 힘을 말한다. 다른 한편으로, 폭력을 영어로는 'violence'라고 하는데 라틴어 'violentia'에서 유래된 것으로, 'vis'에 어원을 둔 말인데, 그 뜻은 '힘'을 의미하는 그리스어 'bia'에서 비롯된 낱말이다. 이 때문에 'violentia'는 크거나 과도한 힘 또는 억압 혹은 강제를 뜻한다. 게다가 폭력은 하나의 힘의 사용이고 힘들은 종류가 여럿이므로 힘의 가해자뿐 아니라 힘을 받는 자도 다양하다. 그래서 폭력 개념은 복합적인 개념이다.

복합 개념으로서 폭력은 그것이 사용되는 공간에 따라, 그것을 사용하는 주체에 따라, 그것이 행사되는 대상에 따라, 그것이 어떤 목적을 위한 수단인지에 따라, 그리고 그것이 사용되는 차원과 방식이 무엇이냐에 따라 다양하게 표현될 수 있다. 언급된 순서대로 예를 들자면, '가정 폭력', '학교 폭력', '군대 폭력'이란 말이 있고, '경찰 폭력', '국가 폭력'이 있고, '아동 폭력', '젠더 폭력'도 귀에 익다. '폭력 혁명', '폭력 범죄', '폭력 시위', '폭력 진압'이란 용어도 있고, '언어폭력', '상징 폭력'이란 표현도 있다.

여기에 더해 '비폭력'과 '대항폭력'그리고 '반폭력'을 구분하고 넘어갈 필요가 있다. 단순히 폭력을 사용하지 않는 것을 '비폭력'이라고 한다면, '대항폭력'은 폭력을 중지시키기 위해 폭력에 적극적으로 맞서는 것을 뜻한다. 후자에는 폭력의 정당화 명분이자 위법성 조각의 근거인 자기 방어 차원의 정당방위가 포함되어 있다. 그래서 '대항폭력'에는 국가와 체제의 부당한 폭력, 즉 정당성을 결여한 폭력에 정당하게 맞서고 저항하는 수단으로 채택되는 폭력은 국가의 부당한 폭력과 동일한 수준의 폭력이 아니라는 저항권이 담겨 있는 것이다. 나아가 폭력에 맞섰던 대항폭력이 다시 폭력이 되는 일이 되풀이되는 '폭력의 순환'을 끊기 위해 폭력 일체를 부정하는 것이 '반폭력'이다.

'폭력은 나쁜가?'

폭력은 파괴를 수반할 수 있는 강력한 힘이기 때문에 두려움의 대상이다. 그러나 폭력과 관련해서는 그것에 대한 적응 정도에 따라 사람마다 상이한 반응을 보인다. 이것은 폭력의 상대성과 주관성에 관한 문제로 고된 훈련이 일상인 프로 격투기 선수의 신체가 그 자체만으로도 일반인에게는 폭력적일 수 있다는 데서 알 수 있다. 여기서 우리는 폭력의 폭력성을 결정하는 주체가 폭력의 사용자가 아니라 폭력의 피해자임을 깨닫게 된다. 그래서 젠더 폭력의 경우, 젠더 폭력 여부를 결정하는 기준은 결코 사회통념이나 가해자의 의도에 있을 수 없는 것이다.

그런데 무엇이 폭력인지를 결정하는 '사실 판단'에는 '폭력이 나쁜 것'이라는 '가치 판단'이 개입되어 있어서, 우리는 그러한 가치 판단 없이는 어떤 행위를 폭력이라고 사실적으로 판단하지 않는다. 그런데 이것은 어떤 힘의 사용이 정당한지 부당한지를 묻는 일이기도 하다. 바꿔 말하면, 그것은 정당성을 결여한 폭력과 정당성을 갖춘 폭력에 관한 비판적 고찰이다. 왜냐하면 파괴적인 힘이라고 해도 그것이 정당성을 갖추고 있다면 폭력이라고 말해지지 않기 때문이다.

이처럼 무엇이 폭력인지를 묻는 사실 판단은 힘의 정당성 여부를 묻는 가치 판단과 떼려야 뗄 수 없는 관계인 것이다. 왜냐하면 폭력의 정당성은 '어떤 힘의 사용이 정당한지 부당한지를 누가 판단할 것인가'라는 문제로써 가치 판단의 주체 논란이 포함되어 있기 때문이다. 그렇다면 '폭력은 나쁜 것'이라는 이데올로기 앞에서 사유를 멈추지 말고, 폭력에 대한 정의 구성을 누가 독점하고 있는지 그리고 폭력의 의미 구성에서 누가 배제되고 있는지를 면밀하게 따져봐야 한다. 이에 대한 본격적인 고찰에 앞서, 한국 민주주의의 상징인 5·18민주화운동의 전개와 현재적 의미부터 살펴보자.

'5·18 민주화운동'

'세월은 흘러가도 산천은 안다'

1980년 5월 17일 신군부는 비상계엄을 전국으로 확대하며 권력을 장악했다. 그 다음날인 5월 18일, 이에 반대하는 시민의 저항이 광주에서 일어났다. 5·18 민주화 운동은 1980년 광주·전남 시민들이 전두환 등 신군부에 맞서 민주주의를 위해 싸운 사건이다. 1997년 국가 기념일로 지정된 5·18민중항쟁에서 5월 18일은 광주에서 민주화운동이 본격화한 날이다. 법정 기념일 제정은 5·18 민주화 운동에 대한 역사적 평가를 확립하는 의미가 있고, 공식 명칭도 '5·18 민주화 운동'으로 통일됐다. 시민들이 '저항하고 싸웠다'는 점에 방점을 두어 '5·18광주항쟁'이나 '5·18민중항쟁'이라고 부르기도 한다. 그러나 '광주사태'라는 명칭은 잘못된 표현인데, 왜냐하면 '항쟁'이 '맞서 싸운다'는 의미를 띠고, '운동'이 '어떤 목적을 이루려고 힘쓰는 일'을 일컫는 데 반해, '사태'는 시위대의 폭력성에 무게를 둔 표현이기 때문이다. '광주사태'는 신군부가 사건을 은폐하고 진실을 왜곡하려 만들어낸 관청용어이기도 하다. 1988년 광주항쟁은 '민주화운동'으로 인정받았고, 국회 광주 청문회에서는 '폭동'으로 오도됐던 광주항쟁의 진실이 밝혀졌다.

그러나 한국 사회에서 민주주의의 위기가 일어날 때마다, 광주항쟁의 승리의 역사는 늘 새로운 도전에 직면하곤 한다. 가령, 뉴라이트 계열의 '교과서 포럼'을 이끈 이영훈 서울대 경제학부 교수가 집필한 경기도 공무원 교재 『경기도 현대사』의 5·18 민주화 운동 서술 부분은 문제가 많다. 미국의 역할과 책임에 관련된 부분에서 미국 책임론이 근거가 없다고 주장하는가 하면, 시민들에게 무차별 발포한 사실을 누락시켜서 시민 무장의 정당성에 의문을 갖게 만들었기 때문이다. 또한 극우 논객 지만원 씨는 5·18 당시 시민군으로 참여했던 광주 시민들을 북한 특수군이라고 주장하여 5·18을 광주에 침투한 북한군 특수부대원들의 소행으로 호도하다가 대법원으로부터 손해배상판결을 받았다. '송환법'에 반대하는 홍콩 집회에서 울려 퍼진 '임을 위한 행진곡'을 합창할 것인지 아니면 제창할 것인지에 관한 국론 분열을 야기했던 일부 극우 인사·단체가 끝내 부정하려던 것은 실상은 5·18의 존재 그 자체인지도 모른다.

갈수록 점입가경인 것은, 광주학살의 책임자인 전두환 씨가 최근 공개한 『전두환 회고록』에서 '나는 광주사태 치유를 위한 씻김굿에 내놓을 제물이었다. 발포명령은 없었다. 양민학살은 없었다.'면서 자신이 피해자라고 기술하는 대목이다. '이심전심'(?)이란 당대 유행어를 되살리듯 그의 부인 이순자 씨 역시 자서전 『당신은 외롭지 않다』에서 자신을 '5·18 사태의 억울한 희생자'라고 밝히고 있다. 부끄러움을 모르는 이들의 자기 합리화에도 불구하고, 미국 정부의 5·18 관련 기밀문서 공개 주역인 미국 언론인 팀 샤록은 '광주 전일빌딩' 헬기 기총소사에 부상당한 사람을 수술한 기록이 남아있다면서 헬기사격탄흔과 함께 발포 사실에 무게를 싣고 있다. 5·18에 대한 왜곡을 저지하고 희생자와 유족의 명예훼손을 근절하기 위해서라도, 광주 교도소 암매장이나 계엄군이 저지른 성폭행 사건 등 5·18에 대한 지속적인 실체적 진실규명과 함께 무차별 집단 발포 명령자가 누구였는지를 명명백백하게 밝혀서 더 이상 오월 정신이 훼손되지 않도록 공식적으로 명문화하는 일에 박차를 가해야 할 것이다. '5·18민주화운동'은 과거의 역사가 아니기 때문이다.

—

시민군 VS 계엄군

'앞서서 나가니 산자여 따르라'

1979년 10월 26일 박정희 전 대통령이 죽고 유신 독재체제가 붕괴하자, 민주화에 대한 열망이 타올랐다. 그러나 전두환 보안사령관이 이끄는 '하나회' 군벌, 이른바 신군부는 12월 12일 정승화 계엄사령관을 납치·구금하는 군사반란을 일으켜 군부권력을 장악했다. 1980년 5월 13-15일 서울역에서 대학생들의 계엄 철폐와 민주화 요구가 강하게 빗발치고 정치권의 개헌논의가 진전되자, 신군부는 5월 17일 준비된 각본대로 비상계엄을 전국으로 확대했다. 5월 18일 계엄령이 내려지자 광주 전남대 부근에도 계엄군이 투입됐다. 계엄군은 장갑차와 헬기를 동원하고 시민들에게 총을 겨눴다. 19일에는 공수부대를 증파했는데, 작전명은 영화제목이기도 한 '화려한 휴가'였다. 대학생들이 '비상계엄 해제'를 외치며 시위를 하자 공수부대는 강경 진압에 나섰고 많은 사람이 다치고 숨졌다. 무차별 폭력과 학살에 분노한 시민들이 적극적으로 시위에 나서기 시작했는데, 20일 도청 앞에는 200여대의 민주택시가 차량 시위를 벌였고 이에 대응해 공수부대가 총을 쏘기도 했다.

21일 계엄군은 이들의 만행에 항의하기 위해 전남도청에 모인 시민들을 폭도로 몰아 '무차별 발포'를 감행한다. 이 끔찍한 살육 사건으로 최소 54명이 숨지고 500여명이 부상당한 것으로 추정되고 있다. 무차별 발포는 무엇보다도 시민들이 '시민군'으로 바뀌는 결정적인 계기가 됐다. 무장의 필요성을 느낀 시민들은 광주·화순·담양 지역의 텅 빈 파출소 등에서 무기를 꺼내 광주 금남로와 충장로에서 계엄군과 시가전을 벌였다. 시민군은 21일부터 26일까지 항쟁의 중심이었던 전남도청을 사수했다. 5월 27일 새벽, 광주 도심 곳곳에는 '최후 항전'을 알리는 시민군의 목소리가 울려 퍼졌다. "계엄군이 쳐들어오고 있습니다. 광주 시민 여러분, 우리를 잊지 말아 주십시오!" 새벽 4시경 전남도청 진압을 시작한 계엄군은 1시간 30분 동안의 교전 끝에 도청을 접수했다. 죽거나 생포된 시민군의 최후 저항은 그렇게 막을 내렸다.

당시 "광주 시민군 궐기문-우리는 왜 총을 들 수밖에 없었는가?"(1980.5.25.)를 읽어보면, '대항폭력'으로서의 무장에 대한 간명한 대답은 이렇다. "너무나 무자비한 만행을 더 이상 보고 있을 수만 없어서 너도나도 총을 들고 나섰던 것입니다." 무자비하고 잔인한 만행과 시민을 향한 무차별 발포에 과연 그들은 어떤 선택을 해야만 했을까? 그들은 더 이상 당할 수만은 없었다고 말한다. 그래서 그들은 고장을 지키고 부모 형제를 지키고자 총을 들었고 그럴 수밖에 없었던 것이다. 그러면서 큰 울림으로 우리에게 묻고 있다. "여러분! 잔인무도한 만행을 일삼았던 계엄군이 폭돕니까? 이 고장을 지키겠다고 나선 우리 시민군이 폭돕니까? 아닙니다. 그런데도 당국에서는 계속 허위날조, 유포하는 데 혈안이 되어 있습니다." 그렇다면 국가폭력은 공권력인가 폭력인가? 이것에 대해 17세기 서양의 정치철학자 홉스T. Hobbes와 로크J. Locke의 사회계약론 각각을 살펴봄으로써, 국가폭력과 저항권 문제를 천착해보자.

사회계약론: 홉스와 로크

인간은 자신만의 선을 추구하고 자신만의 악을 회피하려고 하는 이기적인 존재인데, 이러한 인간의 욕구를 제어할 수 있는 어떤 도덕적 장치나 명령이 마련되지 않은 상태를 홉스는 '자연 상태(the state of nature)'라고 부른다. 그에 따르면, 인간은 기본적으로 '자기보존의 욕구(conatus)'를 가진 존재이고, 이 욕구를 충족시키기 위해서라면 자연 상태의 인간에게는 파괴적이고 공격적인 어떤 행동도 정당화된다. 사회가 구성되기 이전의 자연 상태는 따라서 개인에게 '만인에 대한 만인의 투쟁 상태'이고, '인간은 인간에 대해 늑대와 같은 존재(Homo homini lupus est!)'이다. 무엇보다도 이런 자연 상태에서 인간은 삶은 "고독하고 비참하고 외롭고 잔인하며 그리고 무엇보다도 짧다."

그렇다면 이러한 자연 상태에서 계속되는 전쟁의 위협과 폭력, 그리고 언제 닥칠지 모를 죽음의 공포에서 벗어나는 방법은 무엇일까? 만약 다른 모든 타인들이 각자에게 해를 끼치는 것을 자제한다면, 상호간에 위해 행위를 멈춤으로써 결국 각자의 상태는 더 나아질 것이다. 이렇게 타인에 대한 위해를 금지하는 규약은 상호이득일 수밖에 없다. 따라서 인간들은 '평화를 추구하라'는 자연법의 명령에 따라 자신의 권리 가운데 일부를 양도하는 계약을 맺게 된다. 이렇게 탄생하게 된 국가는 모든 사람이 포기한 권리, 모든 사람이 사용을 유보한 폭력의 집합적 구성물로 압도적인 힘의 비대칭을 통해 평화와 공존을 가능하게 만든다.

홉스에 따르면, 국가란 계약을 통해 각 개인이 양도한 자연권을 근거로 성립하는 것이지만 국가권력은 단일 의지 형태로 표명돼야 한다. 이 국가 의지의 소유자가 절대군주이며 '군주는 지상의 신'과 같은 존재여야 한다. 바꿔 말해서, 군주의 통치권은 국민에 의해서 변경, 몰수되거나 문책이나 처벌의 대상이 되지 않는다는 말이다. 나아가 국가의 통치권은 결코 분리돼서는 안 되며 쉽게 양도돼서도 안 된다. 국민은 통치권에 대해 저항하거나 혁명을 일으킬 수 있는 권리가 없으며, 한번 국가가 형성되고 통치권이 수립되기만 하면 이에 철저히 복종함으로써 자연 상태의 혼란과 전쟁으로 돌아가는 것을 막아야 한다는 것이 홉스의 논점이다. 물론 홉스가 절대 권력의 부패와 타락 가능성을 인식하지 못한 것은 결코 아니지만, 절대 권력이 내포한 위험성이 자연 상태의 비참함과 끝없는 전쟁으로 인한 공포와 죽음보다 선택할 만하다고 판단했던 것이다. 국가의 절대 권력을 옹호하는 그는 이러한 확고한 신념을 "최악의 정부도 무정부의 자연 상태보다는 낫다."는 말로 대신하고 있다. 중세를 탈피하지 못한 절대 권력의 옹호자라는 오명에도 불구하고, 왕권신수설이 아닌 사회계약론을 주장했다는 점에서만큼 홉스는 근대인이었음에 틀림없다.

홉스와 달리, 로크는 사회가 구성되기 이전의 자연 상태가 결코 개인의 무한한 욕망과 이익이 대립되는 투쟁 상태가 아니라 평화와 선의, 상호원조와 원활한 종족보존이 유지되는 상태라고 가정한다. 그에 따르면, 자연 상태는 이미 자연법과 자연권에 대한 존중이 이뤄지고 있고, 각 개인이 자신의 생명과 재산의 보호에 최선을 다하지만 동시에 다른 사람들의 소유와 권리에 대한 존중이 자연법상의 의무로서 받아들여지고 있는 상태이다. 자연 상태는 이미 자연법으로부터 비롯한 도덕적 권리와 의무가 어떤 구체적인 법률보다도 선행하여 확고하게 자리 잡은 상태인 것이다. 이러한 자연 상태에서는 모든 사람들이 자연이 제공하는 다양한 것들을 사용하여 자신의 삶을 유지할 자유와 권리를 갖고 있다. 이런 의미에서 자연 상태에서의 재산은 공동 소유인 것이다.

그렇다면 홉스의 자연 상태에 비해 자연법과 자연권이 존중되는 로크의 자연 상태에는 어떤 문제가 있어서 국가 상태로의 전환이 요구되는 것일까? 로크에 따르면, 이런 자연 상태에서도 일종의 불편이 발견되고 이로 인해 인간들이 정치적 공동체로서의 사회를 형성하게 된다. 이때의 불편이란 각자가 옳다고 생각한 대로 자신의 주장을 따라 행위하여 마찰이나 시비가 발생할 경우 이를 공정하게 판정할 수 있는 재판관이 없다는 것이다. 이런 불편을 해결하기 위해 정치 공동체를 구성하기로 결정한 개인들은 일단 자신의 권리 가운데 일부를 위임하는 것이다. 이렇게 위임된 권리를 바탕으로 구성된 정부가 자연 상태에서의 불편함을 해소한다는 논리이다.

하지만 홉스와 달리 로크에게는 이러한 권리 위임이 철저하게 조건적이다. 개인의 권리는 정부가 모든 사람들의 자유와 재산을 더욱 잘 보존한다는 조건을 충족시킬 경우에만 위임되며 동시에 정부는 모든 사람들의 소유권을 비롯한 각종의 권리들을 안전하게 보장해줄 의무를 다할 경우에만 성립하게 된다. 이렇게 로크가 조건적인 권리의 위임을 강조하는 것은 어떤 형태의 절대 권력도 허용하지 않겠다는 그의 정치철학적 신념의 표출이다. 조건적으로 권리를 위임받고, 조건을 충족시킬 경우에만 성립하게 되는 정부는 결코 절대 권력을 지닐 수 없기 때문이다.

홉스와 로크의 사회계약론에서 절대 권력과 관련하여 두 사람은 큰 입장 차이를 드러내고 있다. 자연 상태를 만인에 대한 만인의 투쟁 상태로 가정하는 홉스에 따르면 어떤 대가나 희생이 따르더라도 자연 상태로부터 벗어나야만 할 것이다. 따라서 절대 권력은 무정부적인 자연 상태에서 벗어나기 위한 수단으로 정당화가 가능하다. 하지만 단지 사소한 불편 정도가 따르는 자연 상태라면 거기에서 벗어나기 위해 절대 권력을 용인하는 일은 로크의 표현대로 "여우로부터 화를 피하기 위해 사자한테 몸을 맡기는 것"과 같은 중대한 실수일 것이다. 게다가 로크는 우리가 스스로 원한다고 해도 결코 모든 권리를 양도할 수 없다고 말한다. 우리는 자신의 생명에 대해 절대적인 권리를 지니고 따라서 자신의 생명을 유지하고 보존하기 위해 필요한 최소한의 권리는 결코 다른 사람들이나 사회에 양도할 수 없는 것이다. 이렇게 보면 절대 권력을 지닌 정부를 허용하는 것은 자신의 생명을 위협하는 행위이자 자연법에 반하는 것이기도 하다.

나아가 로크는 계약을 깬 권력에 맞서 시민 스스로 권리를 지켜내라고 요구한다. 그는 역성혁명론을 외친 맹자처럼 저항권을 처음으로 정립한 사회계약론자이다. 통제 불가능한 정부가 가진 절대 권력의 폐해를 알고 있던 로크는 절대 권력에 대한 일반 시민의 저항권을 옹호한다. 그는 정부를 최소한의 권력을 지닌 조직으로 필요에 따라 존속시킬 수도 있고 해체할 수도 있는 선택사항으로 보았던 것이다. 존재 가치가 없는 정부라면 우리는 그 정부를 폐기하고 다른 정부를 세울 수 있다. 또한 그는 부패한 정부에 대한 혁명이 시민의 권리이자 의무라고 강변하고 있다. 민주적 절차에 따라 합법적인 선거를 통해 창출된 정치 권력이라고 해도, 국민의 자발적 지지와 동의를 얻지 못한다는 정당성을 잃게 된다는 것이다. 정치 권력이 정당성을 인정받기 위해서는 국민의 기본권을 보장하고, 사회 정의를 실현하면서 법에 근거하여 권력이 행사돼야 한다. 따라서 정치 권력이 부당하게 시민의 기본권을 침해할 경우, 시민들은 복종을 거부하거나, 저항권을 행사할 수 있는 것이다. 저항권은 국가와 법이 국민 주권의 원칙을 위반하고 군사력과 같은 강제력으로 권력을 장악한 상황에서 등장한다. 국민의 기본적 인권과 자유권이 전면적으로 부인되고 그리하여 정의에 대한 억압이 지속적으로 나타나는 상황이라면, 법과 국가 권력에 대한 국민의 저항권은 곧 자연법적 권리이다.

국가와 폭력 독점

정치 권력은 폭력과 비폭력의 구분을 만들어내는 구조적 힘이다.

국가 상태에서는 무엇이 폭력이고 무엇이 폭력이 아닌지, 즉 무엇이 정당한 폭력이고 무엇이 부당한 폭력인지를 구분하는 권한이 각 사람에게 속해 있지 않고 오로지 국가에 속해 있기 때문이다. 국가는 폭력 사용을 독점함으로써 국민을 외부의 적과 내부의 질서 교란자로부터 효과적으로 보호할 수 있다고 주장한다. 이와 같이 국민의 생명과 재산을 보호하겠다는 약속에서 국가가 독점적으로 사용하는 폭력의 정당성이 찾아질 수 있다. 아울러서 국가의 폭력 독점은 국가에 의한 무기들의 독점적인 소유와 사용을 뜻한다. 국가가 폭력의 원천인 국민의 신체를 징집할 수 있고 이를 이용할 수 있을 때 우리는 국가가 폭력을 독점한다고 말할 수 있다.

방어(defensio)와 보호(protectio)를 목적으로 폭력을 전문적으로 관리하는 조직으로는 '군대'와 '경찰'이 있다. 국가 직영 폭력 전문 기관인 군대와 경찰 중 군대는 순치된 폭력을 국가의 필요에 따라 사용하도록 훈련시키는 기관이다. 그러나 특수 훈련으로 국민의 신체에 각인된 전투 성향은 군 복무가 끝나 무기를 회수한다고 해서 자동적으로 제거되거나 없어지는 애플리케이션이 아니다. 군필자의 신체와 정신에는 흔적과 기억이 남게 된다. 역사학자 박노자는 한국 남성들의 군 경험이 크든 작든 일종의 정신적 외상(trauma)으로 간직된다고 피력한 바 있다. 군대에서 겪은 폭력과 그 과정에서 자발적으로든 비자발적으로든 획득하게 된 폭력성 때문에 제대 후에도 괴로워한다는 것이다. 군필자들이 자연스럽게 갖게 된 폭력성에는 여성을 성적 대상으로만 취급하는 여성 비하와 폭력성과 남성성을 동일시하여 발현되는 소수자 또는 약자 혐오가 있는데, 이것들이 대학 내 폭력이나 가정 폭력 등으로 변환되어 지속된다는 것이다.

—

폭력과 공권력

앞서 살펴본 바와 같이, 국가는 폭력을 독점할 뿐만 아니라 폭력의 정당성까지 독점하고 있다. 그래서 국가가 사용하는 폭력은 '권력'이 되고, 국가의 허가 없이 사용된 폭력은 '폭력'이 되는 것이다. 동일하게 타인의 신체를 파괴할 수 있는 강력한 힘이지만, 그것을 국가의 공인된 폭력 기관인 군대나 경찰이 사용하면 우리는 그것을 폭력이라고 부르지 않고 국가의 '공권력'이라고 부르는 이유도 여기에 있다. 그런데 국가의 폭력 독점의 정당성이 의심받게 되는 상황들이 있다. 그것은 대개 폭력의 독점 기구인 국가의 자기 보존 노력이 폭력의 출처인 개개인의 자기 보존 노력과 충돌하는 지대에서 발생한다. 왜냐하면 국가의 폭력 독점은 그 폭력의 출처인 개개인의 폭력적인 힘의 자의적인 사용을 포기할 때 확보되며, 그것을 다시 개개인이 스스로 자기 보존을 추구하는 것보다 국가라는 폭력의 독점 기구를 통해 자기 보존을 꾀하는 것이 합리적이라고 여길 때 성립하기 때문이다.

그런데 헌법이 보장하는 정치적 기본권에도 불구하고 주권자인 국민이 국가와 정부에 영향력을 행사할 수 없을 만큼 민주주의의 원리가 무력화된 상황이라면 국가의 주인인 국민은 어떻게 해야 할까? 이때 시민들이 자신들의 의사와 뜻을 직접 전달하기 위해 거리와 광장으로 모이게 된다. 대한민국 헌법 제1조 제2항은 국가권력과 통치권의 민주적 정당성으로 요약되는 '국민주권주의'를 천명하고 있다. 민주국가와 공화국이 합쳐진 말인 민주공화국 대한민국에서 최종적 판단의 권한이 국민에게 있다는 것이다. 따라서 국민의 주권이 침해당했을 때는 정부의 폭정과 무능에 저항해야 한다. 정당성을 상실한 국가 폭력은 공권력이 아닌 부당한 폭력이기 때문이다.

〈박하사탕〉

한국을 넘어 세계적 거장으로 자리매김한 이창동 감독의 〈박하사탕〉(Peppermint Candy, 1999)은 한 개인의 삶과 한국현대사 간의 관계를 밀도 있게 파헤친 영화이다. 무엇보다도, 이 작품은 그러한 문제의식을 표현하는 영화 기법부터가 독특한데, 새로운 플롯을 통해 인과적이고 선형적인 내러티브만으로는 보여줄 수 없었던 영화 형식의 새로움과 낯섦을 보여주기 때문이다. 빅뱅으로 생겨난 시간은 우리의 직관처럼 과거에서 미래를 향해 일방통행으로 날아가는 화살 같은 것이기에 시간을 거슬러 올라가는 이 영화의 역행 구조는 참신한 시도라고 할 수 있다. 여기서는 대략적으로 다음 연도들 즉, 1999, 1994, 1987, 1984, 1980년에 발생했던 한국현대사의 중대 사건 다섯 가지와 '김영호'(설경구 분)의 개인사를 서로 비교하면서, 한 개인과 국가 폭력의 문제를 따라가 보려 한다.

1999년 봄, 김영호(설경구 분)는 실성한 채 야유회에 불쑥 나타나 "나 다시 돌아갈래."를 외치며 달려오는 기차에 몸을 던진다. 그런데 사흘 전 그는 권총 한 정을 구입했다. 자신의 인생을 나락으로 떨어뜨린 이들 중 저승길에 동행할 한 사람을 죽이려다 실패한 그에게 첫사랑 윤순임(문소리 분)의 남편이 찾아온다. 점차 드러나겠지만, 사업에 실패하고 빈털터리가 되어 이혼까지 당한 그는 증권사 직원, 사채업자 그리고 도주한 동업자 친구를 원망하며 자신의 인생을 망쳐놓은 사람이 너무 많아 끝내 한 명을 고르지 못했다며 순임의 남편에게 절망적인 분노를 토해낸다. 권총 자살을 시도하려는 그에게 윤순임의 남편은 그녀가 그를 만나고 싶어 한다는 절박한 소식을 전해준다. 그러나 안타깝게도 혼수상태에 빠져 있는 그녀 앞에서 영호는 선물로 산 박하사탕을 보여주며 오열한다.

김영호의 사업 실패는 1997년 11월 IMF 경제위기의 영향 하에 있다. 대외적으로 IMF 경제 위기는 그 원인이 국제투기세력들에 의한 동남아 금융시장의 불안정성이 확대된 데에 있는 것인데, 결국 이것이 아시아 경제위기로 발전하여 발생한 금융위기이다. 국내적인 요인으로는 심각한 도덕적 해이에서 비롯된 정경유착, 외환유동성 부족 그리고 금융자율화·자본시장자유화에 부합하는 금융감독체제의 미비 등을 꼽을 수 있다. 국가부도 사태로 IMF 관리체제에 들어간 한국은 말 그대로 뼈를 깎는 구조조정과 정리해고를 단행했고, 이로 인해 실업자와 비정규직이 급증했다. 또한 주가가 폭락하고 기업과 은행이 줄지어 도산했으며, 수많은 가정이 파탄 나고 노숙자가 양산됐고 자살율도 크게 증가했다. 잘나가던 사업은 쫄딱 망하고 홍자와도 이혼한 영호는 비가 새는 비닐하우스에 머물고 있는데, 그의 삶은 노숙인의 삶과 별반 달라 보이지 않는다.

1994년 여름, 김영호는 성공한 가구점 사장이다. 그는 자신이 보유한 주식이 오르고, 장사도 잘 되어 동업자의 부러움을 받지만, 정작 그의 아내 양홍자(김여진 분)는 운전교습강사와 바람이 난 상태이다. 외도 사실을 눈치챈 그가 심부름센터에 의뢰하여 아내의 불륜 현장을 급습해서 무자비한 폭력을 행사하지만, 아이러니하게도 그 역시 가구점 여직원과 바람을 피우고 있다. 부부간의 사랑은 불황이었지만, 경제만은 호황이었던 것이다. 한국 사회의 1994년과 1995년은 한국경제성장기로 9%의 고성장률을 기록했던 다시없는 호황기였다. 1988년 서울올림픽을 계기로 전 세계에 '대한민국'을 알렸고 이후 본격적인 경제 호황기를 맞게 된다.

1987년 4월, 김영호는 운동권 학생을 고문하는 악질 형사이다. 만삭인 아내에게조차 무심한 그이지만 동료 경찰들에게는 '미친 개'로 통한다. 그는 양심의 가책이 없는 고문 기계처럼 악랄하고 잔혹한 물고문을 열정적으로 행사하여 결국 자신이 검거한 학생에게서 학생 운동 간부의 은신처가 군산이라는 자백을 받아낸다. 1987년 6월 민주항쟁은 6월 한 달 동안 전국적으로 일어났던 전두환 독재에 대한 저항 운동으로 반독재 민주화 운동이다. 당시 12월에 시행될 대통령 선거를 앞두고 제5공화국의 대통령 간선제에 대한 비판과 직선제 개헌 요구가 강하게 제기되었다. '호헌철폐'와 '독재타도'를 외친 6월 항쟁은 학생, 노동자, 농어민 등 각계각층의 시민들이 참여해 '대통령 직선제'를 이끌어낸 민주화 운동으로 이후 한국 민주주의 시민운동이 발전하는 변곡점이 되었다.

1984년 가을, 김영호는 노동자를 고문하는 신참 형사이다. 그는 선배 형사들에 의해 반강제적으로 고문을 가하도록 요구받지만, 마침내 자신의 내면에 잠재되어 있던 인분人糞 같은 폭력성을 확인하고야 만다. 홍자는 김영호와 경찰이 전혀 어울리지 않는 조합이라고 말했는데, 면회 온 윤순임도 영호의 가족들조차 그가 왜 경찰이 됐는지 모르겠다고 한다는 말을 전한다. 그러나 이미 순수성을 상실한 그는 윤순임도 그녀가 건낸 사진기도 모두 거부하고 '자전거 시위'로 괴로움을 드러내다가 끝내 그를 짝사랑하던 홍자를 선택하고 만다. 1984년부터 한국 사회에서는 재야, 인권, 노동운동 단체들이 설립되어 활동을 시작하게 된다. 노조 활동을 했던 김영호가 노조원을 고문하는 형사가 된 사건은 비극적 아이러니가 아닐 수 없다.

1980년 5월, 김영호는 군대에 갓 입대한 신병이고 광주에 투입된 계엄군이기도 하다. 계엄령 발동으로 하달된 면회금지로 발길을 돌리는 윤순임을 뒤로한 채, 그는 전쟁터나 다름없는 광주에서 시민을 추격 중 오른쪽 다리에 총상을 입게 된다. 부상으로 혼자 남겨진 그는 여고생을 군인들로부터 안전하게 귀가시키려다 그만 실수로 그녀를 죽이고 만다. 이 오발 사건은 그의 인생을 송두리째 바꿔버렸다. 박하사탕처럼 순수하고 여린 마음을 갖고 있던 김영호는 이 운명적 사건으로 인한 죄책감에 자신의 삶을 제대로 살아갈 수 없게 되고 만다. 첫사랑을 외면하고, 악질 형사로 변모한 이유도 알고 보면 다 이 사건에서 비롯된 것이다. 김영호는 국가 직영 폭력 기관인 '군대'에서 국가폭력의 피해자였고, '경찰'이 돼서는 국가폭력의 가해자가 되었다.

1980년의 5월은 5·18민주화운동이 있었다. 5·18광주항쟁은 '군사독재 아래에서도 저항하는 민중이 있다.'는 새로운 인식의 모태가 되었고, 지금도 국가폭력에 맞선 투쟁과 연대에 큰 영향을 주고 있는 역사적인 사건이다. 광주항쟁은 일본의 식민 지배로부터 내려온 지배 레짐과 피지배 민중과의 갈등이 분출된 사건으로, 이런 제국-식민 역사는 동아시아의 보편적인 문제이고, 일본 제국주의를 겪은 모든 나라들이 비슷한 역사적 경험을 했다. 그러나 광주만이 승리의 역사를 썼다. 군사적으로는 졌지만, 정치·도덕적으로는 승리를 거뒀기 때문이다. 오랜 투쟁 끝에 진상규명과 명예회복까지 이끌어낸 광주의 역사는 세계적으로도 드문 성공과 승리의 역사이다. 하지만 지금도 '식민지 근대화론'을 넘어 '친일파는 애국자'라는 도식까지 등장할 정도로 지배 레짐의 역사 말살은 5·18광주항쟁에도 가해지고 있다. 한국사에서 '어둠은 결코 빛을 이길 수 없다.'는 것을 증명해 나가고 있는 대표적인 사건 중 하나인 5·18정신을 과거의 영광이 아닌 오늘의 살아 있는 주제로 만들어야 하는 이유가 바로 여기에 있다.

생각해 보기

〈박하사탕〉에서 대략적으로 다음 연도들(1999, 1994, 1987, 1984, 1980)에 발생했던 한국현대사의 중대 사건들 다섯 가지와 이것들과 점철된 '김영호'(설경구 분)의 개인사를 병치해서 구체적으로 밝히시오.

제12강

안락사

철학계, 의료계, 종교계, 법조계의 분야별 문제의식과 포괄적인 논의 끝에 이른바 '웰다잉법('존엄사법')'이 제정되어 2018년부터 본격적으로 시행되고 있다. 회생 가능성이 없는 환자의 자기 결정이나 가족의 동의로 무의미한 연명치료를 받지 않을 수 있도록 합법화한 '호스피스완화의료 및 임종과정에 있는 환자의 연명의료 결정에 관한 법률'(이하 '연명의료결정법')은 어디까지나 환자의 유효한 자기결정권과 관련된 법안이다. 사실상 적잖은 사회적 논란과 관련법의 필요성을 제기했던 사건이자 대법원이 연명치료 중단, 즉 '존엄사'를 인정한 첫 판례는 2008년 '김할머니 사건'이었다. 거기서 얻은 교훈은 개개인이 자기 자신의 생명과 죽음에 관한 의사표시를 미리 분명히 해 두어야 한다는 것이었다. 이보다 앞서 국내에서 생명의 자기결정권에 관한 구체적인 합의의 필요성이 제기됐던 사건은 1997년 '보라매 병원 사건'이었다. 환자의 유효한 자기결정권 행사가 없었음에도 가족의 지속적인 퇴원 요구에 응한 담당 의료진에게 부작위에 의한 살인으로 살인방조죄가 인정되었던 사건이다.

그렇다면 이들 사건에서 알 수 있듯이, 현대에 들어와서 왜 죽음이 고유한 과학적 개념이 아니라 사회적 개념이 되었을까? 그것은 현대의학의 발달과 밀접한 연관이 있다. 우선 평균 수명의 연장은 위생과 영양, 쾌적한 주거 환경에서 기인한 생활 수준의 향상이 기여한 바가 크지만, 획기적인 치료술로 과거의 불치병을 치료 가능한 것으로 만든 현대의술의 개가凱歌 또한 분명히 큰 역할을 담당했다. 게다가 1950년대 말 인공호흡기가 대중화되어 호흡과 심장의 고동이 완전히 멎은 상태를 사망 시점으로 보던 전통적인 '심장사' 판정이 모호해지고 말았다. 결국 죽음에 대한 새로운 기준 마련이 절실했고, 뇌의 기능이 완전히 정지되어 회복이 불가능한 상태를 의학적 죽음으로 간주하는 '뇌사'라는 개념을 도입하게 됐다.

이뿐만이 아니다. 소생의학의 발달로 죽음의 과정이 무한정 늘어나게 되었다. 의학적으로 환자의 의식의 회복 가능성이 없고 생명과 관련된 중요한 생체 기능의 상실을 회복할 수 없으며 환자의 신체 상태에 비추어 짧은 시간 내에 사망에 이를 수 있음이 명백한 경우에 환자를 대상으로 인위적인 호흡장치를 통해 심폐

기능을 대체하여 생명 보조 장치들로 생명현상을 지속시키는 진료 행위를 '연명치료'라고 한다. 사정이 이렇다 보니, 연명치료에 의존하는 환자들에게 그들의 의사에 반하면서까지 인위적인 연명치료를 계속하는 것이야말로 오히려 의료의 본질에 반하고 인간의 존엄을 해치는 반反인격적 처사일 수 있다는 주장이 대두되기에 이른 것이다. '어떻게 죽을 것인가?'와 관련하여, 이런 환자에게 존엄하게 죽을 권리를 인정해야 한다는 의미에서 '존엄사'라는 말이 등장했고, 고통이 적은 방법으로 환자를 인위적으로 죽음에 이르게 하는 '안락사'라는 말도 사용되기 시작했다.

그런데 안락사는 살아 있는 사람을 죽이는 행위로서, 본인이 감행하면 자살, 다른 사람이 시행하면 살인 그리고 본인의 요청에 의해 다른 사람이 시행했을 때는 촉탁 자살 또는 촉탁 살인이 된다. 이렇게 되면 안락사는 의료기술상의 문제만이 아니라 사회적 승인과 합의를 필요로 하는 법률적 문제로도 다뤄져야 하는 뜨거운 이슈인 것이다. 한편에서는 인간의 품위를 침해하면서까지 온갖 의료기술을 동원하여 수명을 연장하는 것이야말로 비인간적인 행위이고, 따라서 안락사를 통해 품위 있게 생을 마감하도록 하는 것이 인도주의적인 행위라고 주장한다. 반면에 법률가들은 현행법을 근거로 안락사가 범법 행위임을 분명히 하면서, 촉탁 승낙에 의한 살인 행위와 자살 관여가 처벌 대상이라는 입장이다. 그렇다면 과연 인간에게는 '살 권리'와 마찬가지로 '죽을 권리'

도 있는 것일까?

안락사 개념과 유형

에피쿠로스의 『메노이케우스에게 보내는 편지』를 탐독한다 해도, 대부분의 보통 사람들에게 죽음은 지독하게 무섭고 두려운 불안의 대상이다. 그래서 인간은 편안하고 행복하게 죽기를 원한다. 안락사安樂死란 인위적으로 죽음에 이르게 하는 편안한 죽음 또는 고통 없는 죽음을 의미한다. 안락사를 뜻하는 영어 '유타나시아euthanasia'도 그 어원을 살펴보면 고대 그리스어로 '좋다'는 뜻의 '에우eu'와 '죽음'을 뜻하는 '타나토스thanatos'가 결합해 만들어진 용어이다.

안락사의 문제는 타인이 불의의 사고나 치료 불가능한 병으로 인해 극심한 고통을 받고 있는 사람을 그 고통으로부터 벗어나게 해주는 행위의 생명 윤리와 관련된 문제를 말한다. 그래서 안락사 행위에는 적어도 두 사람이 관여되어 있다. 한 명은 안락사를 행하는 사람으로 '시행자' 또는 '의사'이고, 나머지 다른 한 사람은 안락사를 당하는 사람으로 '당사자' 또는 '환자'이다. 따라서 안락사 유형은 크게 당사자(환자)의 동의 여부에 따른 구분과 시행자(의사)의 행위 측면에서 의도에 따른 구분으로 나눌 수 있다.

먼저 당사자의 동의 여부에 따라 자발적(voluntary) 안락사, 비자발적(involuntary) 안락사 그리고 반자발적(non-voluntary) 안락사의 세 가지 유형으로 구분될 수 있다. 자발적 안락사는 의사표시능력도 있고(conscious) 정신적으로 정상인(competent)인 환자의 요청에 의한 경우인데, 신체적 고통이 너무 심해서 안락사를 선택하는 것으로 말기암 환자가 대표적이다. 다음으로 비자발적 안락사는 의사표시능력이 없고(unconscious) 정신작용 자체가 없는(incompetent) 환자의 경우로 식물인간이나 혼수상태의 환자, 정신불구자 등이 있다. 그러면 비자발적인 안락사의 경우는 환자의 치료 중단 의사를 어느 범위까지 인정해야 할까? 구두나 문서상의 증거가 없는 경우에도 비자발적 안락사가 시행될 수 있을까?

환자 자신의 정상적인 의사 표시가 불가능한 경우에는, 사전의료지시서, 환자 가족이나 친지들이 환자가 의식을 잃기 전 정신이 올바른 상태에서 안락사를 희망한다는 의사 표시를 했었다는 구두나 문서상의 증거인 사전 유언(living will)을 통해 행해질 수 있다. 따라서 평소 가치관이나 신념 등에 비추어서 자기결정권을 행사할 수 있는 기회가 주어졌을 때 연명치료 중단을 선택했을 것으로 판단할 수 있는 경우라면, 환자의 치료 중단 의사를 확인할 수 있다고 보는 것이다. 그러나 이것은 어디까지나 '추정적 의사'일 뿐인데, 그것이 건강한 상태에서 흔히 가질 수 있는 태도일 수 있기 때문이다. 사망의 단계에 이르렀을 때 그것은 자신의 운명에 관해 깊이 숙고하여 내린 결정으로 인정하기 힘들 뿐만 아니라 이전 결정을 번복할 수도 있기 때문에 논란은 쉽게 가라앉지 않는다.

끝으로, 반자발적 안락사는 단적으로 살인에 해당한다. 의식이 있고(conscious) 정신적으로 정상이 아닌(incompetent) 환자의 의사에 반하여 주변인의 요청에 의해 타인이 안락사를 시행하기 때문이다. 그렇지만 치매환자의 자기결정권은 치매 당사자의 안락사에 대한 반대 논리로 작용하는 것 같다. 가령, 치매가 올 것을 대비하여 안락사를 선택하는 사람이 있다고 해보자. 그 또는 그녀는 치매가 걷잡을 수 없이 진행되어 급기야 자신이 안락사를 요구했다는 것을 모두 잊고 어린아이처럼 살아가길 원할 수도 있다. 안락사를 시행하지 않으면 갖게 될 치매환자의 삶의 의지를 보호하기 위해 치매에 걸리기 전 그 환자의 자기결정권을 인정하지 말아야 하는가? 아니면 극단적인 참혹함으로부터 그나 그녀를 구해내기 위해 '온정주의(paternalism)'로 안락사를 정당화할 수 있겠는가?

다음으로 당사자의 상태에 근거하여 시행자(의사)의 행위 의도에 따라 행해지는 안락사는 적극적(능동적) 안락사와 소극적(수동적) 안락사로 나뉜다. 적극적 안락사는 환자의 생명을 단축시키려는 의도를 갖고 고의적으로 환자의 죽음을 초래하는 것으로 죽음의 최종 원인이 의사인 경우를 말한다. 환자에게 일산화탄소를 흡입시키거나 아드레날린 같은 독극물을 다량 주사하여 죽이기 때문에 인과적 책임 소재를 명확하게 확인할 수 있다. 이 경우 의사는 형법 제250조와 제252조에 의해 처벌이 불가피하다. 이와 달리, 소극적 안락사는 '치료 중단'이나 '존엄사(death with dignity)'라고 불린다. 소생 가능성이 없을 경우 의학적으로 무의미한 모든 치료를 중단하는 것으로 치료로부터 얻는 것보다 잃는 것이 더 많은 경우 시행하게 된다. 따라서 환자의 생명을 단축하려는 어떤 의도도 없고, 다만 사망을 막기 위한 제반 조치를 취하지 않고 방관하거나 방치하여 죽게 내버려두는 안락사이다. 환자에 대한 의료조치는 인공호흡기 제거 또는 영양 공급 장치의 전원 차단이고, 죽음의 최종 원인은 질병이 된다.

의사원조자살과 적극적 안락사

이미 전 국민의 상식이 다되었지만, 우리나라의 자살률은 경제협력개발기구(OECD) 국가 중 부동의 1위이다. 그런데 자살이 개인의 권리가 될 수 있다면, 이는 법적으로 보호받을 수 있는 권리일까? 다시 말해서, 자살하겠다고 자기 운명을 결정한 사람은 우리나라 헌법상 어떻게 될까? 자살 문제는 개인이 자신의 운명을 결정할 권리와 국가의 생명권 보호 의무의 관계에 대한 사안이다.

만약 안타깝게도 다행히 자살에 성공했다면, 그 사람에 대해 국가가 개입할 여지는 없다. 그러나 그가 의사에게 독약을 처방해 달라고 요구하고 그 약을 구입해 자살했다면 의사는 자살방조죄로 처벌을 받게 된다. 만일 자살에 실패했더라도 자살을 시도한 당사자는 처벌받지 않지만 의사는 동일하게 처벌받는다. 이를 통해 우리나라에서는 간접적인 방식이긴 하지만 자살을 규제하고 있다고 할 수 있다.

개인의 인격권과 행복추구권을 보장하는 헌법 제10조에는 개인의 자기운명결정권이 전제되어 있다. 다른 한편으로 헌법 제10조는 생명권에 관한 법조문이기도 하다. 기본권 중의 기본권으로서 생명권의 핵심은 생명이 보호돼야 한다는 것이다. 하위법인 형법 제250조와 제252조 각각은 살인행위를 금지하고, 자살관여죄를 규정해 촉탁이나 승낙에 의한 살인과 자살방조, 즉 당사자의 부탁이나 승낙을 받고 생명을 빼앗거나 자살을 도와주는 행위를 처벌 대상으로 삼고 있다. 헌법상 기본권인 자기운명결정권과 국가의 생명 보호 의무 사이에서 자기운명결정권의 법리적 한계에 비춰 볼 때, 자신의 생명을 저버릴 권리, 즉 죽을 권리가 인정되지 않는다는 것을 알 수 있다. 따라서 의사가 자살할 수 있는 수단이나 지식을 제공하는 행위인 '의사조력자살(physician-assisted suicide, PAS)'은 처벌 대상인 것이다.

마찬가지로, 환자의 생명을 빼앗는 '적극적 자발적 안락사

(active-voluntary euthanasis, AVE)'도 인정되지 않는다. 환자의 부탁에 따랐다 해도 자발방조죄가 되거나 촉탁에 의한 살인죄가 적용된다. 우리나라에서는 의료행위와 관련된 생명권 보호 의무는 형법 이외에도 의료법, 응급의료에 관한 법률 등에 규정되어 있다. 관련 법규에 따르면, 의료인은 환자의 진료 요청이 있으면 정당한 사유 없이 이를 거부할 수 없으며, 진료 요청이 없는 경우에도 응급환자의 생명을 보호하기 위한 최선의 처지를 해야 한다. 만약 자살을 시도해 생명이 위급한 상황이라도 응급환자로 보고 치료를 서둘러야 하며, 본인이 아무리 치료를 거부해도 응급상태를 벗어나기까지는 치료를 강행해야 하는 것이다.

〈밀리언 달러 베이비〉

스크랩(모건 프리먼 분)에 따르면, 권투는 존경이고 변칙이기 때문에 거친 것만으로는 충분하지 않다. 거기에다 권투는 어마어마한 인내심으로 자신의 꿈을 위해 모든 것을 견뎌내는 것이기도 하다. 항간에 알려진 것과 달리, 클린트 이스트우드의 〈밀리언 달러 베이비〉(Million Dollar Baby, 2004)는 권투 영화가 아니다. 간간이 아일랜드에 대한 애정도 드러내는 거장의 새로운 대작인 이 영화는 어린 시절 매기(힐러리 스웽크 분) 집에 살았던 뒷다리가 불편해 제대로 서지 못하던 독일산 쉐퍼드 '액슬'과 영화의 마지막 1/4에 나오는 매기 자신의 안락사가 중심 사건인 작품이기 때문이다.

한때 빼어난 선수를 길러내던 권투 트레이너 프랭키(클린트 이스트우드 분)는 끝까지 이유가 드러나지 않지만 그의 유일한 혈육인 딸 케이트와의 소원해진 관계를 풀려고 무던히도 애를 쓴다. 딸에 대한 미안함 때문인지 그는 죄책감에 교회에 나가고 가능한 한 세상과 거리를 두면서 은퇴 복서 스크랩과 티격태격하며 체육관을 꾸려나간다. 그러던 중 우여곡절 끝에, 프랭키는 권투에 인생 전부를 건 31살 매기의 트레이너가 된다. 그는 '항상 자신을 보호하라'는 규칙으로 매기를 훈련시켰고, 그 결과 1년 반 동안 그녀는 연전연승을 거둔다. 모든 상품이 1센트에 판매되는 1센트 가게에서 백만 불 이상의 가치를 가진 물건을 발견한다는 영화 제목의 함의에서도 알 수 있듯이, 매기는 예상하지 못했던 곳에서 얻은 보물같이 진귀한 선수였다.

이 과정에서 두 사람은 코치와 선수 관계를 넘어서 아버지와 딸과 같은 친밀한 관계로 발전한다. 그 이유를 우리는 프랭키가 딸에게 보냈지만 매번 반송되는 편지들과 매기가 어릴 적에 여읜 아버지에 대한 그리움에서 자연스럽게 엿볼 수 있다. 하지만 그녀가 그토록 원했던 챔피언 전에서 매기는 상대 선수의 반칙으로 경추가 부러져 전신 마비 상태가 된다. 그녀는 자발 호흡이 불가능하여 24시간 내내 산소 호흡기에 의지해야 하고 몸을 움직일 수 없어 생긴 욕창 때문에 다리 절단까지 걱정해야 해야 하는 절망적인 처지로 떨어진다. 딸의 사고 소식에도 디즈니랜드부터 들른 엄마와 가족을 기다린 매기는 그들에게는 자신이 아닌 돈 걱정이 우선이란 것을 알고 깊이 절망한다. 끝내 매기는 프랭키에게 안락사를 부탁했고, 그가 이를 거절하자 혀를 2번이나 깨물어 자살을 시도함으로써 자신의 죽으려는 결연한 의지를 분명하게 각인시킨다.

그럼 프랭키 던(클린트 이스트우드 분)이 매기 피츠제럴드(힐러리 스웽크 분)에게 행한 안락사를 앞서 살펴본 안락사 유형 구분을 통해 자세히 설명해보자. 우선 당사자(환자)의 동의 여부에 의거하여 볼 때, 의사표시능력은 물론이고 정신적으로도 정상인 매기 자신이 안락사를 요청했기 때문에 자발적 안락사이다. 다음으로 당사자의 상태에 근거한 시행자의 행위 의도에 따른 안락사 구분에 의하면, 프랭키가 행한 안락사는 적극적 안락사이면서 동시에 소극적 안락사임을 알 수 있다. 프랭키가 인공호흡기를 제거하고 전원 장치를 끈 것은 소극적 안락사이지만, 그 후 주사기를 사용해 다량의 아드레날린을 주입한 행위는 적극적 안락사에 속하기 때문이다.

다음으로 안락사 시행 전의 결정적 단서와 시행 후의 프랭키의 행적에 대한 분석을 통해 볼 때, 이 영화가 안락사를 '자비'로 보는지 아니면 '살인'으로 보는지를 고찰해보자. 권투 영화로 알려져 있듯이, 안락사에 대한 이 영화의 입장은 '자비'로 해석되는 경우가 많다. 전미장애인협회에서도 아무것도 할 수 없고 쓸모없는 사람은 죽어야 한다는 것이냐면서 이 영화가 장애인 인권을 폄훼했다며 항의와 혹평을 하기도 했으니 하는 말이다. 그런데 문제가 그렇게 간단하지 않다. 처음에는 매기의 안락사 부탁을 거절했지만 매기의 거듭된 자살 시도로 고뇌에 빠진 프랭키는 자신이 다니던 교회 신부와 매기의 안락사 문제로 대화를 나눈다. 프랭키가 죽기를 원하는 매기의 부탁을 들어주겠다고 말하자, 신부는 안락사가 프랭키가 딸에게 한 것보다 더 큰 죄이고 만일 그것을 행하게 되면 자신 속 깊은 무엇인가를 잃게 되어 다시는 자신을 찾을 수 없을 것이라고 잘라 말한다.

또한 이 영화는 시종일관 스크랩의 보이스 오버 내레이션voice-over narration으로 진행되어 미해결의 모호한 상태를 극대화하고 있다. 이 영화의 결말에서 스크랩은 '프랭키에게 남아 있는 것이 없다고 생각하지 않는다'고 말한다. 게다가 프랭키는 그 사건 후에 다시는 체육관으로 돌아오지 않았다. 다만 엔딩 장면에서 실루엣으로 처리되어 어렴풋이 형체만 보이긴 해도 매기가 아빠와 오곤 했다는 레몬 파이 집에 앉아 있는 사람이 아무래도 프랭키인 것만 같다. 매기와 그곳에 들렀던 프랭키는 당시에 그녀에게 레몬 파이 맛을 극찬하며 '이젠 죽어도 여한이 없다'고 말했었다. 다른 무엇보다도 시행 전의 가장 결정적인 단서는 프랭키가 매기의 안락사를 준비하면서 주사기 2개와 다량의 아드레날린을 준비했다는 사실이다. 나머지 한 개의 주사기와 남은 아드레날린은 어디로 갔을까. 살아 있는 사람을 죽이는 일은 결국 살인을 저지르는 것이기 때문에 프랭키는 산자를 죽였다는 죄책감에 자살하지 않았을까. 만일 그렇다면, 이 영화는 안락사가 자비가 아닌 살인이라고 말하는 것이 아닐까. 권투는 변칙이고 정반대로 하는 것이니까.

안락사 찬반 논쟁

안락사 찬반 논쟁은 환자 권리와 생명 윤리 간의 여러 쟁점들, 즉 생명의 내재적 가치, 최선의 이익 그리고 인도주의적 차원에서 다뤄지고 있다. 먼저 가장 큰 쟁점이 되는 생명의 내재적 가치, 즉 생명의 신성성과 관련된 찬반 입장부터 살펴보자. 안락사에 찬성하는 입장에서는 생명을 그 생명을 가진 사람의 소유물로 간주하여 자살권을 옹호한다. 특히, 로널드 드워킨이나 로버드 노직 같은 자유주의 정치철학자들은 '삶의 가치는 무엇인가?'에 대해 각자의 신념에 따라 사람들이 삶을 살 그리고 죽음을 선택할 권리를 지녔음을 존중해줘야 한다고 주장한다. 자유와 선택을 강조하는 이들은 우리의 생명을 우리 스스로가 만든 창조물로 여기면서 자신의 의도에 따라 자율적으로 삶을 살거나 죽음을 선택하는 것이 최선이라는 태도를 취한다. 스스로를 연극에 참여하는 인물이 아니라 연극 그 자체를 만든 사람으로 여기는 것이 가장 바람직한 삶을 사는 것이라는 입장이다. 이들은 안락사가 개인의 자유와 자율성의 문제이기 때문에 생명에 대한 환자의 자기결정권(autonomy)이 보호되려면 안락사가 허용돼야 한다고 본다. 안락사가 환자가 원해서 하는 것이기 때문에 환자의 살 권리를 침해하는 것은 아니라는 것이다. 정신이 온전한 환자들이 원한다면 의사의 조력을 얻어 자신의 죽음을 실행하도록 허용해야 한다고 주장하는 사람들은 죽겠다는 의사가 수용될 권리인 자기결정권 원칙에 호소하고 있다.

생명의 신성성에 대한 세속적 해석과 달리, 종교적 해석은 생명이 신성불가침의 영역으로서 존엄하기 때문에 안락사에 반대한다. 십계명 중 제5계명인 '살인하지 말라'에 근거하고 있는 이 입장은 생명이 우리에게 주어진 선물이며 우리는 일정한 의무감을 갖고 그 생명을 지키는 관리인이 되어야 한다는 도덕적 관점이기도 하다. 예컨대, 로크는 생명권은 양도할 수 없는 권리이기 때문에 절도 또는 횡령이나 다름없는 자살에 건네줄 수 없다고 말한다. 칸트도 자율에 관한 존중에 타인에 대한 의무뿐 아니라 자기 자신에 대한 의무도 수반되기 때문에 고통스러운 상황에서 벗어나려 자살한다는 것은 인간을 수단으로 이용하는 것이라며 반대 입장을 분명히 하고 있다. 여기에 자살은 신이 부여한 '자기 보존'이라는 자연의 법칙을 위반한 행위라는 자연법적 견해도 안락사 반대 입장을 뒷받침하고 있다.

다음으로 당사자(환자)에게 최선의 이익(best interests)이 무엇이냐에 따라 안락사에 대한 찬반 입장이 나뉜다. 안락사에 찬성하는 사람들은 환자의 최선의 이익과 관련하여 비판적 이익(critical interest)과 향유적 이익(experiential interest)을 구분한다. 향유적 이익과 달리, 비판적 이익은 타인이 논리적으로 납득하기 어려운 대단히 개인적인 사안이다. 그래서 한 사람의 비판적 이익을 올바르게 이해하기 위해서는 그 사람의 일생과 평소 신념을 알아야 한다는 것이다. 물론 환자가 의식이 있고 부당한 압력이 없더라도, 질병으로 고통받고 약에 취하거나 혼란스러운 상태에서 죽을 것인가 살 것인가에 대해 합리적인 결정을 내리기란 쉽지 않을 것이다. 그러나 환자가 무의식 상태에 있다면, 국가가 무엇이 환자의 비판적 이익에 부합하는지를 결정할 것이 아니라 환자와 친밀했던 친지나 가족들에게 결정을 맡기는 것이 바람직하다는 것이다. 심지어 국가에서 치료비 전액을 부담한다고 해도, 친족들은 환자에게 죽음이 더 좋은 것이라고 믿기 때문에 그가 죽기를 바라는 경우도 있을 수 있다.

이와 달리 안락사에 반대하는 입장의 사람들은 가족이나 사회의 이익이 환자의 최선의 이익과 일치하지 않을 수 있다는 점을 강조한다. 그들은 안락사 문제가 젊음과 속도, 힘을 숭배하는 현대 사회와 늙고 병든 사람은 사회적으로 무거운 짐이라는 극단적인 경제 논리라는 사회적 병폐를 드러낼 뿐이라고 말한다. 그래서 환자는 불치병으로 인한 치료비가 부담스럽거나 친족이나 친구의 돈과 보살핌에 대한 죄책감에 안락사를 요청할 수도 있다는 것이다. '미끄러운 경사면 논변(Slippery Slope Argument)'에서 보듯이, 그들은 안락사가 합법화되어 제도적으로 양성화되면 살기를 원하는 사람들이 죽임을 당할 수 있다면서 심각한 우려를 표명한다. 의료 보험 혜택이 모두에게 공평하게 돌아가지 않는 사회에서라면 병들고 나이든 사람에게 친척들이 빨리 삶을 끝내라고 암묵적으로라도 압력을 가할 수도 있고, 나아가 살인을 저지르고 안락사를 요청한 것처럼 조작할 수도 있기 때문이다. 게다가 사전 유서나 가족이나 친족들에게 행한 반복적인 의사표명을 통해 안락사를 선택했다고 하더라도, 환자가 자신의 의사를 공식적으로 또는 비공식적으로 바꾸지 않으리란 보장도 없다며 안락사에 반대한다.

또한 환자가 죽음을 원하고 죽음이 환자의 최선의 이익에 부합한다고 해도, 인간의 존엄성에 최고의 가치를 두면서 인간답게 산다는 것의 의미를 문제 삼고 있는 인도주의적 차원에서 안락사에 찬성할 수도 있다. 안락사를 인정하는 이들은 생존 가능성이 전혀 없거나 심한 상해를 입어 견딜 수 없는 고통 속에서 사투를 벌이는 환자에게 생명 유지를 지속시켜주는 의료 행위보다는 인간의 품위를 지키도록 자연스러운 죽음을 맞게 하는 것이 더 가치 있는 일이라고 주장한다. '존엄사'를 지지하는 그들에게는 기계에 몸을 맡기고 아무 것도 할 수 없는 상황에 자신의 생명을 맡기는 것보다는 그런 상황을 피하기 위해 먼저 죽는 것이 환자의 존엄성을 보호하는 일인 것이다. 환자도 인간답고 품위 있게 죽을 권리가 있다면서 이들은 치료 불가능한 환자의 생명 연장이 환자나 가족에게 되레 고통만 가중시키는 비인간적인 행위라고 말한다.

그러나 이 차원에서 안락사에 반대하는 이들은 도덕 행위자(moral agents)와 도덕 무능력자(moral patients)의 구분을 통해 '존엄사'를 논박한다. 유아, 정신지체아 그리고 혼수상태에 빠진 인간 등인 도덕 무능력자는 도덕 행위자는 아니지만 도덕적 지위(moral standing)를 갖는다. 도덕 행위자가 아니라고 해도, 그들은 도덕적으로 대우받아야 한다는 것이다. 도덕 무능력자라고 해도, 이들을 음식, 사냥표적, 오락, 노예로 삼는 것은 도덕적으로 잘못된 것이고, 사회도 그들의 나머지 모든 권리를 빼앗을 수 없다는 것이다.

다른 한편으로, 안락사에 찬성하는 이들의 또 다른 주장에 따르면, 임종말기 환자의 경우 죽음이 임박했기 때문에 실제로는 이제 더 이상 하나의 '인격체'로 볼 수 없고 생명유지의술에 의해 생명만 연장하고 있는 하나의 '신체'에 불과하다고 한다. 목적, 꿈,

포부, 업적, 인간관계 등의 총합인 전기적 삶(biographical life)이야말로 인격성의 본질이고, 신체에 불과한 생물학적인 삶(biological life)과 구분해야 한다는 것이다. 그러나 임종말기 환자 역시 숨을 거둘 때까지는 여전히 존엄한 인격체이다. 왜냐하면 인격성은 정도를 허용하는 속성이 결코 아니기 때문에, 안락사에 반대하는 사람들은 인간의 존엄성은 건강 상태와 같이 가변적인 척도로 평가되는 것이 아님을 강조한다. 그러므로 노화나 질병이 존엄성의 상실을 가져오는 것이 아니기 때문에 '존엄한 죽음'이나 '품위 있는 죽음'은 없다면서 안락사에 반대한다.

안락사의 대안

국내에서 존엄사에 관한 논의가 오랫동안 금기시 되어 온 이유는, 뿌리 깊은 유교의 효孝 정신과 인간을 신의 창조물로 보고 신으로부터 부여받은 생명을 인간 스스로 마음대로 처분할 수 없다는 종교적 가르침에서 찾아질 수 있다. 그러나 생의 마무리와 관련해서 환자의 자율성과 자유를 내세워 모든 경우의 안락사를 허용하자는 극단적인 찬성론자나, 그 어떤 경우에도 안락사는 살인과 다를 것이 없기 때문에 절대 허용할 수 없다는 극단적인 반대론자는 사실상 거의 없다고 봐야 한다. 찬반양론 모두가 안락사의 허용 범위를 일부 제한하고 있으며, 따라서 그 제한 폭을 어떻게 설정하느냐가 사실상 논란의 핵심이다. 그래서 가장 쟁점이 되는 경우는 바로 적극적 자발적 안락사(AVE)와 의사원조자살(PAS)이다.

그런데 불치병으로 극심한 고통에 시달리는 환자 앞에서 우리는 과연 안락사를 배제할 수 있을까? 인간의 목숨을 보전할 의무가 있다고 믿는 사람조차도 경우에 따라서는 의무보다 연민을 앞세울 수 있기 때문이다. 또한 생명권이 가장 중요한 기본권이라고 해도 인간의 생명 역시 인간의 존엄성이라는 인간 존재의 근원적인 가치에 부합하는 방식으로 보호돼야 한다. 그러므로 안락사에 대한 대안은 죽음을 다루는 행위의 도덕성과 생명에 대한 경외감을 모두 갖춰야만 한다. 그 하나가 완화의료체계로서의 호스피스Hospice 제도이다. '연명의료결정법'의 핵심이기도 한 호스피스는 죽음을 앞둔 환자에게 연명의료 대신 평온한 죽음을 맞을 수 있도록 치료(curing)에서 보살핌(caring)으로 의료 패러다임을 전환하는 획기적인 조치이다. 진통제와 마취제로 신체적 고통은 완화하면서 항우울제 등을 처방하여 마음의 평화와 안정을 통해 정신적 고통을 줄이는 완화의료기관은 환자와 가족에게 죽음이 삶의 자연스러운 과정임을 일깨우고 환자가 평안하게 임종을 맞을 수 있는 '웰다잉'을 도와줄 것이다.

생각해 보기

1. 〈밀리언 달러 베이비〉에서 프랭키 던(클린트 이스트우드 분)이 매기 피츠제럴드(힐러리 스웽크 분)에게 행한 안락사를 '안락사 유형 구분'을 통해 구체적으로 설명하시오.

2. 프랭키 던이 매기에 대한 안락사를 시행하기 전의 결정적 단서와 시행 후의 그의 행적에 대한 분석을 통해 이 영화가 안락사를 '자비'로 보는지 아니면 '살인'으로 보는지를 말하시오.

제13강

사형제

'7 대 2'와 '5 대 4'는 사형제 위헌 여부에 대한 헌법재판소 재판관들의 합헌 대 위헌 비율의 추이이다. 1996년 7 대 2로 합헌 결정을 내렸던 헌재가 2010년에는 거의 반반으로 나뉜 재판관 5 대 4라는 근소한 차이로 합헌 의견을 냈다. 국민의 법감정과 극악범죄에 대한 응보 욕구 등 입법 정책적 문제를 중심으로 판단했던 1996년 합헌 결정과 달리, 2010년 헌재 결정은 주로 '헌법이 사형제를 허용하고 있느냐'는 법리적 해석을 둘러싸고 치열한 내부논쟁을 거쳤다. 첫 번째 쟁점은 '헌법이 사형 제도를 명문으로 인정하고 있느냐'는 것이었는데, 일부 위헌 의견도 있었지만 다수의 재판관이 헌법 제110조 제4항을 근거로 헌법이 사형 제도를 명문화하지는 않아도 간접적으로 인정하고 있다고 판단했다. 비록 단서조항이지만, 헌법이 사형제를 미리 전제하고 있다고 판단한 것이다.

두 번째 쟁점인 '생명권이 법률로 제한할 수 없는 절대적 기본권인가'에 대해 생명권은 헌법상 제한이 불가능하다는 의견도 있었지만, 재판관 다수가 헌법 제37조 제2항에 의해 생명권이 국가안전보장이나 공공복리를 위해 제한될 수 있다고 판단했다. 다음으로 사형제의 범죄 예방 가능성에 대해서 다수 재판관이 효과가 있다고 판단했으며, 사형 폐지 대안으로 거론되는 '가석방이나 감형이 없는 무기형'(절대적 종신형)에 대해서는 위헌 문제가 제기될 수 있을 뿐만 아니라 절박한 필요성도 없다고 보았다. 그렇다고 해도 2010년 헌재의 사형제 합헌 결정은 사형제 존치를 지지하는 것으로 받아들여져서는 안 된다. 합헌 쪽에 손을 든 재판관 2명이 국회에서 폐지를 검토해 보라는 의견을 덧붙였고, 이렇게 되면 사실상 재판관 9명 중 6명이 현 사형 제도에 문제가 있다고 본 것이기 때문이다. 헌재 선고는 법적 판단일뿐이고, 존치 여부는 입법부가 결정할 입법정책의 사안이기 때문에, 사형 폐지 여부는 헌재가 아닌 국회에서 국민 여론과 시대 상황의 변화를 반영하여 결정할 문제로 보는 것이 적절하다고 할 것이다.

사형: 형벌 VS 살인

형벌 제도에서 신체형의 소멸이 갖는 중요성을 계보학적으로 파헤친 미셸 푸코의 『감시와 처벌』에서도 논증됐듯이, 응징과 경각심을 목적으로 하던 형법 및 형벌이 근대 이후 교화라는 명분을 찾아냈다고 해도 형벌의 근본정신은 '복수'와 멀지 않다. 다만 국가 성립 이후 국가는 모든 형벌권을 갖게 되었고, 국가가 형벌권을 행사함으로써 개인적 복수로부터 국가적 복수의 형태로 변모했을 따름이다. 특히, 사형(死刑, Death Penalty)은 범죄자의 생명을 박탈해 사회에서 영원히 격리시키는 형벌로 생명형이자 극형이다. 사형집행이 1998년부터 중지되어 현재에 이르고 있는 대한민국은 10년 이상 사형을 집행하지 않아서 '실질적인 사형폐지국'으로 분류되고 있다. 그러나 여론 조사를 실시해 보면, 대부분의 국가에서 사형제가 필요하다는 대중 여론은 대체로 60%를 오르내린다. 물론 잔인무도한 흉악범죄가 발생하거나 연쇄살인범이 검거되기라도 하면 70% 가까이 육박하고, 사형제에 관한 감동적인 영화가 흥행에 성공하면 50%대로 내려간다.

그렇다면 사형은 형벌인가 아니면 살인인가? 하나의 인권침해(살인)에 대한 반응이 또 다른 인권침해(사형)로 이어지기 때문에, "살아 있는 사람을 어떻게 죽입니까."라는 말은 살인자뿐 아니라 사형 찬성론자에게도 해당되는 금언이다. 국가의 합법적 살인인 사형 제도는 사실상 인간이 인간을 죽이는 또 다른 형태의 '살인 제도'이고 인간 양심에도 어긋나는 야만적 행위이다. 극악한 범죄에 대한 처벌이라고 하더라도, 최고 가치인 인간의 존엄성과 생명권이라는 인권 차원에서 인도적으로 집행돼야 하기 때문이다. 하지만 완전한 사형제 폐지 국가도 아니고 복수에 대한 성찰도 부족한 한국 사회에서 사형 제도를 객관적인 시선으로 바라본다는 것은 결코 쉽지 않은 일이다.

〈데드 맨 워킹〉

영화 제목인 '데드 맨 워킹'이란 말은 사형 집행장에 입장하는 사형수를 일컫는 간수들의 은어이다. 균형 잡힌 시선으로 사형 제도를 다룬 팀 로빈스의 매력적인 영화 〈데드 맨 워킹〉(Dead Man Walking, 1995)은 사형을 앞둔 한 흉악범의 영적 안내자가 된 수녀 헬렌 프리진(수잔 서랜든 분)의 실제 경험을 기록한 실화 영화이다. 감독은 사형수를 순교자로 묘사해 동정여론을 만들거나 피해자 가족의 고통을 위로하려고 하지 않는다. 오히려 헬렌 수녀의 과장되지 않은 연기와 죽음을 눈앞에 둔 인간의 극한 공포를 통해 살아 있는 사람을 죽이는 것이 어떤 의미가 있는지를 진지하게 생각할 수 있도록 이끌 뿐이다.

납치, 강간 그리고 잔혹한 살인까지 저지른 사형수 매튜 폰슬릿(숀 펜 분)은 거친 욕설도 모자라 히틀러를 위대한 지도자라고 말하는 나치 추종자이자 인종차별주의자이다. 심지어 교도소에 수감된 그를 돕기 위해 방문한 헬렌 수녀를 희롱하기까지 한다. 그럼에도 헬렌 수녀는 사면위원회, 주지사 그리고 연방법원 상고심을 통해 매튜의 사형만이라도 막아보려 동분서주한다. 이 과정에서 그녀는 따돌림과 괴롭힘에 시달리는 살인범 매튜의 가족, 이혼으로 치달은 피해자 가족 델라크로와 그리고 매튜를 직접 죽일 기회를 놓친 것을 몹시 후회하는 홉 부부를 차례로 찾아간다. 모든 노력이 무산되고 사형 집행일이 결정되자 매튜는 헬렌 수녀에게 영적 조언자가 되어 달라고 부탁하고 그녀는 주위의 만류에도 불구하고 그를 구원하려 이를 수락한다.

매튜의 정신적 조언자가 된 헬렌 수녀는 매튜에게 자신의 책임을 인정하라며 사건 당일 있었던 일에 대해 말하라고 요구한다. 헬렌의 거듭된 노력에 마침내 매튜는 홉을 강간하고 월터를 죽였다고 고백하기에 이른다. 게다가 그는 사형 전날 홉과 월터를 위해 기도했고 죄책감을 느낀 것도 처음이라고 털어놓는다. 그런데 왜 그는 이런 절망적인 순간에 자신이 저지른 행위에 대해 깊이 참회를 하는 것일까? 죽음에 대한 두려움이 그를 후회하고 자백하게 만들었던 것은 아닐까? 아마도 헬렌 수녀의 종교적 사랑이야말로 매튜의 심경 변화의 주된 원인일 것이다. 왜냐하면 사형을 당하면서도 끝까지 참회하지 않는 사형수들이 있기 때문이다.

그렇다면 이 영화는 사형 제도에 대해 어떤 입장을 취하고 있을까? 우리는 가장 문명화된(?) 주사 투약법이 행해지는 사형 집행장에서 그 실마리를 찾을 수 있다. "살인은 나쁩니다, 그 주체가 누구든 간에. 그게 나든 여러분이든 정부든 말입니다."사형수 매튜의 이 유언과도 같은 단말마를 통해 감독은 사형 제도가 살인 제도임을 단언하고 있다. 감독은 매튜의 사형 장면을 그의 범죄 장면과 교차 편집하여 사형수에 대한 동정론을 불식시키면서도 개인이든 국가든 인간이 인간을 죽이는 일은 결국 살인이라며 사형제의 민낯을 극적으로 보여준다.

이 영화는 사형제 폐지에 관한 영화일 뿐만 아니라 '용서'를 역설하는 영화이기도 하다. 여섯 개의 실린더가 있는 죽음의 주사장에서 매튜는 유족인 얼 델라크로와(레이몬드 배리 분)에게 미움을 남기고 떠나긴 싫다면서 진심으로 용서를 구한다. 그래서일까 먼발치에서나마 그의 장례식을 지켜본 얼 델라크로와는 헬렌 수녀에게 아직도 그를 증오하는데 자신이 왜 이곳에 왔는지 모르겠다고 토로한다. 그러자 그녀는 '미움에서 벗어나는 길', 즉 용서는 믿음의 문제가 아닌 일평생에 걸친 지난한 노력이라고 말한다. 얼 델라크로와는 용서가 가능한지 여전히 모르겠다면서 영화의 마지막 장면에서 수녀 헬렌 프리진과 성당으로 들어가 기도한다.

결국, 용서만이 살 길이다.

사형제 찬반 논쟁

종교적 배경이나 법철학적 확신을 갖고 있는 사람들은 사형제 폐지를 주장하고, 법 집행에 종사하는 법조인들이나 잔인무도한 반인륜적 범죄 현장을 누빈 이들은 사형제 존치를 지지하게 마련이다. 얼핏 보면 처참한 살인 현장을 본 사람이 사형 존치론자가 되거나 처연한 사형집행을 목격한 사람이 사형폐지론자가 되는 것은 전혀 문제될 것이 없어 보인다. 『데드 맨 워킹』의 저자이자 전 세계를 다니며 사형제 폐지 운동에 앞장서고 있는 헬렌 프리진 수녀는 "만일 여러분이 진실로 사형 제도가 필요하다고 믿는다면, 목숨을 끊는 독약을 직접 주사할 생각이 있는지 스스로에게 물어보십시오."라는 주장을 애용한다.

그러나 누구나 갖고 있는 원초적 감정으로 '당한 만큼 돌려줘야 한다.'는 응보 원리를 정의라고 믿는 피해자 가족이라면 헬렌 수녀의 기대와 달리 일말의 망설임도 없이 기꺼이 독극물을 주사할 것이다. 왜냐하면 극악 범죄에 대해 응보 욕구를 지닌 사람이라면 살인자에게 사형은 인과응보일 뿐이라고 생각할 것이기 때문이다. '눈에는 눈, 이에는 이'라는 응보적 처벌관은 사형제 찬성 측의 전가의 보도나 다름없다. 이에 맞서는 사형제 반대 논거가 법의 형평성 문제이다. 헬렌 수녀가 지적한 것처럼, 사형수의 90% 이상이 빈곤층이다. 실제로 미국에서 대부분의 사형수들이 가난하거나 흑인이라는 관련 자료에서도 '유전무죄 무전유죄'의 법 현실을 외면하기 힘들다.

다른 한편으로 사형제를 옹호하는 사람들은 사형이 범죄 억제력을 갖고 있어서 범죄 예방 가능성이 있다고 입을 모은다. 심지어 2010년 사형제 합헌 결정을 내렸던 헌재 재판관들 다수도 이 입장에 동의한 바 있다. 그런데 사형제 폐지론자들에 따르면, 사실상 사형집행이 종신형보다 살인범죄율을 억제하는 데 더 효과적이라는 가설은 과학적으로 입증되지 않는다. 되레 축적된 연구결과는 사형제와 범죄 예방 사이에는 아무런 관련이 없다는 점을 확인시켜 줄 뿐이다. 살인범은 자기도취적·유아적 충동에 따라 행동하기 때문에 사형 가능성을 고려하여 범죄를 억제하는 흉악범은 없다고 보는 편이 설득력이 있기 때문이다. 더욱이 한 명의 사형수가 죽었다고 다른 흉악범들이 그를 반면교사로 삼아 겁을 먹고 범죄를 그만둔다는 근거 역시 어디에도 없다. 그들은 범행을 하면서도 자신은 결코 검거되지 않으리라는 망상에 가까운 확신을 품고 완전범죄를 꿈꿀 뿐이기 때문이다.

사형제 존치론자들의 또 다른 근거는 사형보다 종신형이 오히려 간수나 교도관을 위험에 노출시킨다는 데에 있다. 간수의 권익이나 교도관의 신변 보호 차원에서라도 사형이 꼭 필요하다는 이야기이다. 그런데 동서양을 막론하고 아이러니하게도 가장 열렬하게 사형을 없애라고 주장하는 사람들이 다름 아닌 사형집행인들이었다. 왜냐하면 사형제는 사실상 국가가 사형집행관으로 차출된 교도관들에게 살인을 하도록 강요하는 것이나 다름없는 제도이기 때문이다. 사형집행자로 발탁된 교도관은 사직하거나 사형집행일은 물론이고 그 후로도 외상으로 인해 잠을 이룰 수 없다고 한다.

사형제 폐지론자를 위선자라 부르며 사형을 옹호하는 이들은 사형수가 인간이 아니라 괴물이고 따라서 괴물을 죽이는 것은 하등 문제될 것이 없다는 논리를 편다. 누군가를 우리와 근본적으로 다른 존재로 범주화하면, 결국에 우리는 그들에게 악을 행할 수 있게 되기 때문이다. 이와 달리, 인간은 신의 창조물이고 따라서 생명의 신성성을 내세워 야만적 행위인 사형제를 반대하는 입장이 있다. 이러한 종교적 신념에 따르면, 사람의 생사를 결정하는 것은 피조물인 인간이 아니라 신의 고유 영역에 속한다. 이 전통은 1948년 유엔총회에서 결의된 '세계인권선언'을 통해 재확인된 바 있다. 생명권 조항인 제3조는 '모든 사람은 생명에 대한 권리를 가진다.'고 규정하고, 제5조는 '누구를 막론하고 잔혹하거나 비인도적이거나 굴욕적인 처우 또는 형벌을 받게 해서는 안 된다'고 적시되어 있다. 그러므로 아무리 극악무도한 살인범이라고 해도 양도할 수 없는 기본적인 인권이 있는 것이고 그 기본권은 보호돼야 마땅하다는 것이다.

또한 법철학적 견지에서 사형제 폐지를 주장하는 입장을 살펴보면, 사형은 국가에 의해 자행되는 제도적이고 계획적인 또 다른 살인으로서 비인간적이고 잔인한 행위이다. 요컨대, 사형은 국가에 의한 살인인 것이다. 그런데 근대 정치철학자들의 사회계약론에 따르면, 핵심 논점은 국가라 할지라도 구성원의 절대 권리인 생명까지 박탈할 수 있는 권한을 가진다고 볼 수 없다는 것이다. 인간의 존엄과 가치를 보호하는 헌법 질서 하에서 인간 존엄의 핵심이라고 할 수 있는 생명권을 적극적으로 침해하는 형벌의 존재는 국가의 존재 이유 자체를 무색하게 만드는 자충수일 따름이다.

물론 범죄자가 피해자보다 더 잘 돼선 안 된다는 피해자의 법감정에 비추어 사형을 유지해야 한다는 입장도 있다. 범죄자에 대한 유족의 분노는 지극히 당연한 것이다. 사형을 통해 유족은 살인범에 의한 또 다른 살인이 재발할 가능성을 원천 봉쇄할 수 있고, 피해자와 가족의 상실감과 아픔도 다소 누그러질 수 있기 때문이다. 하지만 유족이 아닌 우리는 살인자를 규탄하면서 사실상 피해자들 뒤에 숨어 그들의 정당한 분노를 내 것처럼 포장하여 우리 자신의 보복 충동을 좀 더 편안하게 표출할 수단으로 삼고 있는 것은 아닐까? 게다가 범죄 예방을 위한 효과적인 대책을 마련하는 데 실패하여 흉악범죄를 막지 못한 검·경의 책임을 엉뚱한 곳으로 향하게 하는 것은 아닐까? 잔혹한 범죄의 피해자들에게 절실한 것은 범죄 피해자의 인권 보호와 실질적인 정신적·물질적 지원 대책인 강화된 범죄피해자보호법이기 때문이다.

잃을 것이 없는 사람은 좋은 룸메이트가 되기 힘들기 때문에 사형수 감방은 독방으로 운영되는 경우가 많다. 이 때문에 사형제 찬성론자들은 사형이 살인범을 살려두는 것보다 비용이 더 많이 든다면서 세금 낭비 문제를 제기한다. 그런데 미국의 경우 사형 사건에 소요되는 비용이 가석방 없는 무기징역의 총비용보다 3분의 1 이상이 더 든다고 한다. 무엇보다도 비용 절약 문제는 사형을 정당화하는 근거도 아니고 또한 그것이 사형을 반대할 강력한 논거가 되는 것도 아닌, 그야말로 우리의 주의를 흐트러뜨리는 논점 일탈일 뿐이다.

이외에도 사형 반대론자들의 사형 폐지 근거들은 많이 있다. 국가가 사용하는 교수형, 총살형, 전기형, 약물 투여형 등의 처형 방식도 본질적으로 인간의 생명을 억지로 끝내버리는 잔혹하고 폭력적인 형벌이라는 사형제도 자체의 잔혹성이 사형 폐지의 근거로 지적된다. 게다가 인간이 불완전한 탓에 발생하는 사형 선고의 오판 가능성도 사형 폐지 논거로 인용된다. 미국의 「결백 프로젝트(innocence Project)」에도 잘 나타나 있듯이, 사형 제도는 역사적으로 수없이 많은 무고한 희생자를 양산했다. 강압수사로 허위

자백을 하게 만들어 죄가 없는 사람을 처형할 수 있다면, 법은 문명의 힘이 아니라 야만의 힘일 뿐이다. '진보당 조봉암 사건'에 대한 재심 재판에서도 알 수 있듯이, 사상범을 처리하거나 정적을 제거하는 유력한 수단으로 사형이 정치적으로 악용될 수 있다는 점과 사형이 무죄를 입증할 희망도 없고 속죄도 불가능하게 만드는 생명을 박탈하는 돌이킬 수 없는 처벌이라는 데서 사형 폐지를 지지하기도 한다.

복수에 대한 성찰: 지혜로운 복수

이렇듯 다양한 이유들을 들어 우리는 사형 제도를 옹호하거나 반대할 수 있다. 사실상 사형을 둘러싼 논쟁은 구약과 신약의 대립, 복수와 용서의 대립이기도 하다. 그렇다면 평범한 인간이 자신에게 결코 잊을 수 없는 상처를 준 당사자를 용서한다는 것이 과연 가능한 일일까? 미국의 인권을 위한 살인피해자 가족모임(MVFHR)이나 국내 살인범죄피해자 가족모임인 '해밀'에는 가해자를 죽여도 마음에 평화가 없었다면서 가해자를 죽이는 것의 허망함을 깨달은 이들의 외침이 있다. 범인을 죽여야 한다는 증오와 분노가 유족을 치유하기는커녕 파괴한다는 것을 깨닫고 '용서'를 택한 이들이 있다. 가족의 죽음을 똑같은 죽음으로 되갚는 사형이 결국 불행한 가족을 더 많이 만드는 어리석은 행위라면서, 그들은 우리에게 살인자를 죽이는 것이 정녕 지혜로운 일인지를 묻고 있다. 그리고 '우리의 이름으로 죽이지 말라'며 연쇄살인범 유영철 사건의 유족 고정원 씨는 그를 용서하는 길을 택했다. 그는 증오로 가득한 삶을 사는 것보다는 미움에서 벗어나는 길을 택한 것이다. 이 결정은 신앙의 힘 덕분에 가능했지만 딸들과 소원해지는 안타까운 상황에 직면해 있다.

3800여년 전 바빌로니아 왕 함무라비의 공식 '눈에는 눈, 이에는 이'라는 인류의 유구한 복수 원칙은 '탈리오의 법칙(lex talionis)', 즉 동해보복법同害報復法이라고도 불린다. 피해자의 감정과 사적 보복 심리로부터 악을 악으로 응징하는 함무라비의 법정신은 과연 지혜로운 복수라고 할 수 있을까? 누군가가 당신에게 불의한 일을 저질렀다고 해서, 당신이 그에게 똑같이 불의한 일을 행하거나 다른 어떤 불쾌한 행동을 하는 것을 결코 도덕적으로 정당화되지는 않는다. 우리가 다른 사람에게 나쁜 일을 행하는 것은 행위자인 우리 자신에게 나쁠 뿐만 아니라 피해 당사자에게 나쁘고, 그러한 나쁜 행위를 통해 얻은 좋은 어떤 것도 우리가 저지른 악한 행위에 대한 보상이 될 수 없기 때문이다. 단언컨대, 나쁜 일을 행하는 것은 결코 좋지 않다.

피해자 감정과 사적 보복 심리만 강조되는 사회에서 이런 개인정의 차원의 위해금지원칙危害禁止原則은 큰 울림으로 다가온다. 그런데 사회의 공공질서를 해치는 범죄 행위에 대해 우리는 공적 정의를 실현하지 않으면 안 된다. 자력 구제 행위는 금지되어야 하겠지만, 공적으로는 처벌해야 한다. 그렇다면 범죄와 처벌의 등가성 원칙을 옹호한다고 해도 살인에 대한 형벌이 반드시 또 다른 살인이어야만 할까? 살인자를 죽이는 것이 진정 지혜로운 복수일까? 매년 평균적으로 3개국 이상의 국가가 사형 제도를 폐지하고 있는 추세이다. 이미 법률상 완전히 사형제를 폐지하거나 전쟁범죄에 대한 예외를 둔 채 폐지한 국가가 총 102개국을 넘어섰다. 이들 나라의 국민들이 응보감정이 적어서 폐지한 것이 아니고 국민 대다수가 찬성해서 그런 것은 더더욱 아니다. 오히려 사형 폐지는 그 사회의 근본 가치의 확인 문제이다. 사형은 인간 존엄성과 생명권에 대한 존중이라는 근본 가치와 양립 불가능하다. 우리 헌법 제10조에도 '모든 국민은 인간으로서의 존엄과 가치를 지닌다.'고 명문화되어 있다. 사형 폐지는 궁극적으로 우리 사회를 떠받치고 있는 이러한 근본 가치를 강화시키는 일이다. 사형제 폐지라는 범세계적인 추세와 한국의 국제적 위상에 비춰 볼 때도, 한국 사회의 정의실현과 인권의 척도가 되는 사형제는 폐지돼야 마땅하다. 더 늦기 전에 한국에서 사형제가 폐지되길 바란다.

생각해 보기

1. 〈데드 맨 워킹〉영화 전반과 특히 사면 위원회 공청회에서 제시된 사형제 존치와 폐지 논거를 각각 두 가지씩 말한 뒤 이 영화가 사형제에 반대하는지 여부와 그 근거를 밝히시오.

2. 수녀 헬렌 프리진(수잔 서랜든 분)과 얼 델라크로와(레이몬드 배리 분)가 사형수 매튜 폰슬릿의 장례식에서 나눈 "미움을 벗어나는 길"이 무엇인지 말하시오.

| 참고 문헌 및 추천 영화 |

제1강 언젠가 세상은 '철학'이 될 것이다

루이스 자네티. 『영화의 이해』. 서울: 도서출판 K-books. 2009.
요슈타인 가아더. 『소피의 세계』. 장영은 옮김. 서울: 현암사. 1996.
장일 · 김예란. 『대중영화의 이해』. 서울: 한국방송통신대학교출판부. 2008.
젝 보웬. 『드림위버』. 하정임 옮김. 서울: 다른. 2009.
리처드 링클레이터. 〈비포 선라이즈〉(Before Sunrise, 1995)
에릭 구스타프슨, 〈소피의 세계〉(Sofies Verden, 1999)

제2강 가면의 사랑

서동욱. 『일상의 모험』. 서울: 민음사. 2006.
신영복. 『나무야 나무야』. 파주: 돌베개. 2011.
플라톤. 『잔치』. 조우현 옮김. 서울: 성우. 1991.
크세노폰. 『향연, 경영론』. 오유석 번역. 서울: 작은이야기. 2005.
오우삼. 〈페이스 오프〉(Face Off, 1997)

제3강 성과 사랑

김상봉. 『나르시스의 꿈』. 서울: 한길사. 2002.
롤랑 바르트. 『사랑의 단상』. 김희영 옮김. 서울: 동문선. 2004.
윌리엄 셰익스피어. 『한여름 밤의 꿈』. 김용태 옮김. 서울: 동인. 2016.
플라톤. 『향연』. 강철웅 옮김. 서울: 이제이북스. 2010.
필립 카우프먼. 〈프라하의 봄〉(The Unbearable Lightness of Being, 1988)
존 카메론 미첼. 〈헤드윅〉(Hedwig and the Angry Inch, 2000)

제4강 그리스 소년애와 철학적 에로스

강대진. 『신화와 영화』. 서울: 작은이야기. 2004.

호메로스. 『일리아스』. 천병희 옮김. 서울: 단국대학교출판부. 2003.
이태수. 「호메로스의 영웅주의 윤리관」. 『서양고전학연구』제50집. 2013.
Clarke, W. M.. "Achilles and Patroclus in Love."Hermes 106. 1978.
조나단 드미. 〈필라델피아〉(Philadelphia, 1993)

제5강 현상과 실재

로버트 노직. 『아나키에서 유토피아로』. 남경희 옮김. 2000.
슬라보예 지젝. 『매트릭스로 철학하기』. 이운경 옮김. 서울: 한문화. 2009.
플라톤. 『국가』. 박종현 역주. 서울: 서광사. 1997.
글렌 예페스. 『우리는 매트릭스 안에 살고 있나』. 이수영 옮김. 서울: 굿모닝 미디어. 2003.
폴 버호벤. 〈토탈리콜〉(Total Recall, 1989)

제6강 자유와 운명

김상봉. 『그리스 비극에 대한 편지』. 서울: 한길사. 2003.
보에티우스. 『철학의 위안』. 정의채 옮김, 서울: 바오로딸. 2017.
소포클레스. 『소포클레스 비극』. 천병희 옮김. 서울: 단국대학교출판부. 2005.
안건훈. 『자유 의지와 결정론』. 파주: 집문당. 2006.
임철규. 『그리스 비극』. 서울: 한길사. 2007.
정혜신. 『그리스 문화 산책』. 서울: 민음사. 2003.
스티븐 스필버그. 〈마이너리티 리포트〉(Minority Report, 2002)

제7강 확실성과 퓌론주의

김용규. 『설득의 논리학』. 서울: 웅진지식하우스. 2008.
댄 오브라이언. 『지식론 입문』. 한상기 옮김. 파주: 서광사. 2011.
박병철. 『생각의 창, 키노 아이』. 서울: 서광사. 2009.
수잔 헤이워드. 『영화 사전』. 이영기 옮김. 서울: 한나래. 2012.
섹스투스 엠피리쿠스. 『퓌론주의 개요』. 오유석 옮김. 서울: 지만지. 2008.
크리스토퍼 놀란. 〈메멘토〉(Memento, 2000)

제8강 악의 문제

마이클 피터슨 외. 『종교의 철학적 의미』. 하종호 옮김. 서울: 이화여자대학교출판부. 2005.
아우구스티누스. 『자유의지론』. 성염 옮김. 왜관: 분도출판사. 1998.
정희진. 『정희진처럼 읽기』. 서울: 교양인. 2014.
테일러 핵포드. 〈데블스 에드버킷〉(The Devil's Advocate, 1997)
스튜어트 하젤딘. 〈오두막〉(The Shack, 2017)

제9강 법의 정신

권창은 외. 『소크라테스는 악법도 법이라고 말하지 않았다』. 서울: 고려대학교출판부. 2005.
심재우. 『저항권』. 서울: 고려대학교출판부. 2002.
플라톤. 『에우티프론, 소크라테스의 변론, 크리톤, 파이돈』. 박종현 역주. 서울: 서광사. 2003.
프란시스 포드 코폴라. 〈레인메이커〉(The Rainmaker, 1997)

제10강 내부고발

김용철. 『삼성을 생각한다』. 서울: 사회평론. 2010.
박홍식. 『내부고발의 논리』. 서울: 나남. 1999.
최정학.「내부고발자 보호제도의 법적 문제점」. 『刑事政策』 제15권 제1호. 2003.
한학수. 『진실, 그것을 믿었다』. 서울: 사회평론. 2014.
토니 길로이. 〈마이클 클레이튼〉(Michael Clayton, 2007)
임순례. 〈제보자〉(The Whistleblower, 2014)

제11강 폭력의 본질

김인걸 외. 『한국현대사 강의』. 서울: 돌베개. 1998.
공진성. 『폭력』. 서울: 책세상. 2009.

서양근대철학회. 『서양근대철학의 열가지 쟁점』. 파주: ㈜창비. 2004.
임지현 외. 『우리 안의 파시즘』. 서울: 삼인. 2005.
장욱 외. 『폭력에 대한 철학적 성찰 』. 서울: 철학과 현실사. 2006.
윤종빈, 〈용서받지 못한 자〉(The Unforgiven, 2005)
이창동, 〈시〉(Poetry, 2010)
장훈, 〈택시운전사〉(A Taxi Driver, 2017)

제12강 안락사

김영란. 『판결을 다시 생각한다』. 파주: ㈜창비. 2015.
데릭 험프리. 『마지막 비상구』. 김종연·김설아 옮김. 서울: 지상사. 2007.
로널드 드워킨. 『생명의 지배영역』. 박경신·김지미 옮김. 서울: 이화여자대학교 생명의료법연구소. 2008.
정동호 외. 『철학, 죽음을 말하다』. 서울: 산해. 2004.
제럴드 드워킨 외. 『안락사 논쟁』. 석기용·정기도 옮김. 서울: 책세상. 2002.
티아 샤록, 〈미 비포 유〉(Me Before You, 2015)

제13강 사형제

김욱. 『법을 보는 법』. 서울: 개마고원. 2009.
박병철. 『영화 속의 철학』. 서울: 서광사. 2001.
스콧 터로. 『극단의 형벌』. 정영목 옮김. 서울: 교양인. 2004.
임지선. 「우리의 이름으로 죽이지 말라」. 『한겨레 21』 제817호. 2010.
크쥐시토프 키에슬로브스키, 〈살인에 관한 짧은 필름〉(A Short Film About Killing, 1988)
알란 파커. 〈데이비드 게일〉(The Life of David Gale, 2003)
송해성. 〈우리들의 행복한 시간〉(Maundy Thursday, 2006)
최진호. 〈집행자〉(The Executioner, 2009)

철학영화제
위로의 인문학

지은이 조홍만
펴낸이 김동원
펴낸곳 소리내

초판 1쇄 인쇄 2019. 8. 26
초판 1쇄 발행 2019. 8. 31

소리내 전라북도 전주시 완산구 어진길 32 (풍남동2가)
전화 (063) 219-5322
FAX (063) 219-5323
출판등록 2012년 8월 20일 제465-2012-000021호

값 15,000원

ISBN 979-11-6372-040-9 03680

이 도서의 국립중앙도서관 출판예정도서목록(CIP)은 서지정보유통지원시스템 홈페이지(http://seoji.nl.go.kr)와 국가자료종합목록 구축시스템(http://kolis-net.nl.go.kr)에서 이용하실 수 있습니다. (CIP제어번호 : CIP2019032338)

'소리내'는 전북대학교출판문화원의 임프린트입니다.